私募股权投资基金

入门十二讲

TWELVE INTRODUCTORY LECTURES ON PRIVATE EQUITY FUNDS

王　鑫◎著

法律出版社 | LAW PRESS
北京

图书在版编目(CIP)数据

私募股权投资基金入门十二讲 / 王鑫著. -- 北京 : 法律出版社, 2022
ISBN 978-7-5197-6693-1

Ⅰ. ①私… Ⅱ. ①王… Ⅲ. ①股权-投资基金 Ⅳ. ①F830.59

中国版本图书馆 CIP 数据核字(2022)第 068856 号

私募股权投资基金入门十二讲
SIMU GUQUAN TOUZI JIJIN RUMEN SHIERJIANG

王 鑫 著

责任编辑 慕雪丹 章 雯
装帧设计 汪奇峰

出版发行 法律出版社
编辑统筹 法商出版分社
责任校对 赵明霞
责任印制 胡晓雅
经 销 新华书店

开本 710 毫米×1000 毫米 1/16
印张 18 **字数** 312 千
版本 2022 年 8 月第 1 版
印次 2022 年 8 月第 1 次印刷
印刷 固安华明印业有限公司

地址:北京市丰台区莲花池西里 7 号(100073)
网址:www.lawpress.com.cn
投稿邮箱:info@lawpress.com.cn
举报盗版邮箱:jbwq@lawpress.com.cn

销售电话:010-83938349
客服电话:010-83938350
咨询电话:010-63939796

书号:ISBN 978-7-5197-6693-1
定价:78.00 元

序

2007 年 6 月 1 日,修订后的《合伙企业法》开始施行,其创设了有限合伙企业这一企业类型,为有限合伙型私募基金扫清了设立上的法律主体障碍,私募投资引来新的发展机遇。

2012 年修订的《基金法》首次对非公开募集基金(私募基金)作出定义,并新增一章单独进行规定,私募基金自此取得法律上的“身份”。2012 年修订后的《基金法》同时对私募基金管理人及私募基金备案进行了规定,要求私募基金管理人按照规定,向基金行业协会履行登记手续,报送基本情况;并要求私募基金募集完毕后,基金管理人应向基金行业协会备案。

随同《基金法》的修订,基金业协会也于 2012 年 6 月正式成立并开始开展针对私募证券基金的登记备案工作。其时,私募股权投资基金并没有被纳入证监会和基金业协会的监管范围,私募股权投资基金和创业投资基金按照《创业投资企业管理暂行办法》等规定,由国家发改委监管并备案。

鉴于私募证券基金和私募股权基金存在多头监管的情况,2013 年 6 月,中央编制办公室发布《关于私募股权基金管理职责分工的通知》,明确由证监会来负责私募股权基金的监督管理。自此,证监会及基金业协会才获得包括创业投资基金在内的私募股权基金的监管权限。

2014 年,证监会发布《私募投资基金监督管理暂行办法》,对私募基金登记备案、合格投资者、资金募集、投资运作等以部门规章的形式作出规定。基金业协会同时也配合制定了诸多自律规范和实施细则,为私募基金的监管提供制度支持。

2014 年 2 月 17 日,基金业协会开始正式受理私募基金的登记备案,私募基金管理人登记及备案开始进入常态化的运行。2015 年年底,私募基金管理机构达到了 25000 多家。随着数量的急剧增加,行业乱象也开始出现。一些机构利用私募基金管理人登记身份，非法自我增信，故意夸大宣传，误导投资者。一些机构备案空壳公司，不开展业务，根本不具备从业人员、营业场所、资本金等运营的基本设施和条件。一些机构公开推介私募基金，承诺保本保收益，又因投资失败而“跑路”；更有甚者，借私募基金名义搞非法集资，从事利益输送、内幕交易、操纵市场等违法犯罪行为。总之，私募基金管理人数量的“井喷”，监管没有及时跟上，这些问题给整个私募基金行业的形象和声誉造成了恶劣的社会影响。

于是，基金业协会开始从严监管。2016 年 2 月 5 日，基金业协会发布《关于进一步规范私募基金管理人登记若干事项的公告》，从私募基金管理人高管人员从业资格、新申请私募基金管理人法律意见书等四个方面对私募基金管理人进行了类牌照的监管。2016 年，基金业协会几乎每个月都发布行业自律规则，全面覆盖了登记备案、募集行为、投资顾问、信息披露、内部控制、合同指引、法律意见书、托管业务、外包业务等环节，搭建起了私募基金行业的整体监管框架。

2017 年至今，私募基金行业因为监管的不断规范，在持续稳定的发展。期间，《私募投资基金管理暂行条例（征求意见稿）》公布，中国人民银行等 4 部门联合发布《关于规范金融机构资产管理业务的指导意见》等，这些规定为解决私募基金实务中的一些问题，提供了法律依据。

笔者自 2012 年毕业后涉足私募基金行业以来，参与和见证了私募基金从无序到规范的整个过程。作为律师，办理了私募基金管理人登记、私募基金产品设计、私募基金备案、私募基金投资尽调、私募基金退出、私募基金投资者兑付争议等案件，可以说，涉及私募基金的各个方面。回想刚进入私募基金行业之初，对私募基金一无所知，限于行业规范较少，专业书籍也比较少，一切都是自己在摸索中学习。逐渐开始有专业人士出版私募基金实务方面的书籍，但笔者拜读后感觉这些专业书籍都只是从一个模块切入，比如私募基金实务类书籍，可能只专注于对“募投管退”内容的介绍，而对于行业监管、内部合规流程，甚至私募基金的起源发展，介绍得较少。笔者认为，要进入一个行业，需要从它的历史开始了解，比如从事公司法领域的律师，首先需要了解公司的起源、第一家公司的产生等。私募基金行业也一样，进入这个行业，我们需要对什么是私募基金、私募基金的类型、私募基金的起源和发展讲起，溯其源流；其次才是深入了解其"募投管退"的流程;最后对于一些重点难点问题专门研究,这样才能搭建自己对这个行业的分析框架。遗憾的是,笔者尚未发现一本以这样思路去写作的私募基金方面的入门书籍。

如果时间回到笔者刚入行的时候,有这样一本类似的书籍,能快速搭建起这个行业的知识结构框架,或许笔者能更快速地了解这个行业,工作中也能更快上手,可以避免走很多弯路。这本书可以作为任何想了解或进入私募股权投资基金行业的第一本专业书籍,这也是笔者写作此书的初心。

是为序。

王　鑫

2022 年 8 月于上海

目　录

第一讲　私募基金概述

第二讲　私募股权投资基金的政府监管

第三讲　私募股权基金的行业自律规范

第四讲　四部门《关于规范金融机构资产管理业务的指导意见》对私募基金行业的影响及展望

第五讲　私募股权投资基金的募集设立

第六讲　私募基金的托管

第七讲　私募基金的投资

第八讲　私募基金的投后管理

第九讲　私募基金的退出

第十讲　私募基金的税收

第十一讲　私募基金结构化产品设计

第十二讲　私募基金实务中的几个法律问题

附　录

第一讲　私募基金概述

一、私募基金的概念

（一）什么是基金

在解释什么是私募基金之前，我们先了解一下基金的概念。

生活中，我们经常听到“基金”这个词语，接触过很多“基金”的形式。比如，我们在银行办理业务的时候，客户经理向我们推荐银行代销的基金理财产品，告诉我们“买股票，不如买基金”，“买基金，相当于你买了‘一揽子’的股票”；我们将银行卡里的钱转到“余额宝”里面，其实是在购买“天弘增利宝货币市场基金”这只货币市场基金①产品。

还有和我们每一个人息息相关的社会保险基金。它是国家为发展社会保障事业而筹集的，用于支付我们劳动者因暂时或永久丧失劳动能力或劳动机会时所享受的保险金和津贴的资金。

还有一种基金是公益基金。比如，“红十字基金”“壹基金”等慈善基金，此类公益基金也是一种基金形式。

此外，我们还会在一些新闻报道中看到“国家自然科学基金”“国家社会科学基金”“×××大学出版基金”等基金。

第一类基金，我们称为投资基金，包括私募投资基金和公募投资基金，主要是以投资为目的。

第二类基金，我们可以称为社会保障基金，主要目的是在我们发生特定情况时，为我们提供相应的保障，为了保值增值，可以进行部分投资。

---

①　货币市场基金是指仅投资于货币市场工具的基金，主要包括短期（1 年内）的货币工具，如国债、商业票据、银行定期存单、金融债、政府短期债券等有价证券。

第三类基金，我们可以称为公益基金，它的目的是用于慈善和公益，不能用于投资营利。

第四类基金，我们可以称为专项基金，是国家或有关部门设立的，指定用途或具有特殊用途的资金。

这些都是“基金”，它们虽然名称不同，形态各异，但是有一个共同的特点：都是为了某种特定的目的汇集资金形成的一笔财产。

这样，我们就可以归纳出基金的概念。基金，是指为了某种特定的目的，汇集众多人的资金形成的独立财产集合。这种独立财产集合，在法律上有个专门的术语，称之为财团法人[①]。财团法人区别于社团法人，它没有自己的意思机关，其从事的活动由基金管理人或者理事会作出。投资基金、社会保障基金、公益基金、专项基金等基金本质上都符合这个特征。

（二）什么是私募投资基金

有了对基金的基本定义，投资基金和私募投资基金的概念就好理解了。

投资基金，就是以投资活动为目的，汇集众多人的资金进行投资的独立财产集合。

根据募集方式不同，我们把投资基金分为私募投资基金和公募投资基金两大类。私募投资基金，是指通过非公开方式（即“私下”）向合格投资者进行募集设立的投资基金。公募投资基金，就是可以通过各种公开的方式向投资者进行募集设立的投资基金。公募投资基金一般只能在公开市场上进行投资，所以，公募投资基金一般只能投资上市交易的股票、债券或者其他国家规定的证券及衍生品等标的。私募投资基金的投资范围不限于公开市场，所以，我们根据投资标的不同，又可以把私募投资基金分为私募证券投资基金、私募股权投资基金和其他投资基金（如投资红酒、艺术品、收益权等）以及私募资产配置基金等四类。

（三）私募股权投资基金与创业投资基金

根据上文的定义，私募股权投资基金就是指通过非公开方式向投资者进行募集设立，主要以股权投资为目的的基金。

经常和私募股权投资基金一起出现的还有创业投资基金。比如，中国证券投

---

① 法律理论上，我们把法人分为财团法人和社团法人，基金属于财团法人；社团法人，如我们的公司、工会等组织，主要以人为基础而集合成立。

资基金业协会（以下简称基金业协会）在基金管理人分类里面，就把私募股权投资基金和创业投资基金并列在一起，表述为“私募股权投资/创业投资基金”。这两种基金有什么区别呢？

在基金业协会《有关私募投资基金“业务类型/基金类型”和“产品类型”的说明》中，对私募股权投资基金和创业投资基金做了如下的定义：

创业投资基金是指主要向处于创业各阶段的未上市成长性企业进行股权投资的基金（新三板挂牌企业视为未上市企业）。

私募股权投资基金是指除创业投资基金以外主要投资于非公开交易的企业股权的基金。私募股权投资基金对应的产品类型，包括并购基金、房地产基金、基础设施基金、上市公司定增基金等。

为方便大家理解各类私募投资基金在监管层语境中的含义，我们将基金业协会《有关私募投资基金“基金类型”和“产品类型”的说明》[①]摘录如下，见表 1.1、表 1.2 和表 1.3：

表 1.1　各类私募投资基金的类型和定义

基金类型	定　　义
私募证券投资基金	主要投资于公开交易的股份有限公司股票、债券、期货、期权、基金份额以及中国证监会规定的其他证券及其衍生品种
私募证券类 FOF[②]	主要投向证券类私募基金、信托计划、券商资管、基金专户等资产管理计划的私募基金
创业投资基金	主要向处于创业各阶段的未上市成长性企业进行股权投资的基金（新三板挂牌企业视为未上市企业）；（对于市场所称“成长基金”，如果不涉及沪深交易所上市公司定向增发股票投资的，按照创业投资基金备案）如果涉及上市公司定向增发的，按照私募股权投资基金中的“上市公司定增基金”备案
创投类 FOF	主要投向创投类私募基金、信托计划、券商资管、基金专户等资产管理计划的私募基金
私募股权投资基金	除创业投资基金以外主要投资于非公开交易的企业股权
私募股权类 FOF	主要投向股权类私募基金、信托计划、券商资管、基金专户等资产管理计划的私募基金
其他私募投资基金	投资除证券及其衍生品和股权以外的其他领域的基金

① https://ambers.amac.org.cn/web/app/static/template/orgType.pdf.

② FOF，即 Fund of Fund，母基金。

续表

基金类型	定　　义
其他私募 FOF	主要投向其他类私募基金、信托计划、券商资管、基金专户等资产管理计划的私募基金
私募资产配置基金	主要采用基金中基金的投资方式进行证券、股权等跨类别资产配置投资,80% 以上的已投基金资产应当投资于已备案的私募基金、公募基金或者其他依法设立的资产管理产品

表 1.2　各类私募投资基金对应的产品类型

基金类型	产品类型
私募证券投资基金	权益类基金、固定收益类基金、混合类基金、期货及其他衍生品类基金、其他类基金
私募证券类 FOF	—
创业投资基金	—
创投类 FOF	—
私募股权投资基金	并购基金、房地产基金、基础设施基金、上市公司定增基金、其他类基金
私募股权类 FOF	—
其他私募投资基金	红酒、艺术品等商品基金和其他类基金
其他私募 FOF	—
私募资产配置基金	—

表 1.3　产品类型的定义

产品类型	定　　义
股票类基金	根据合同约定的投资范围,投资于股票或股票型基金的资产比例高于 80%(含)的私募证券投资基金
固收类基金	根据合同约定的投资范围,投资于银行存款、标准化债券、债券型基金、股票质押式回购以及有预期收益率的银行理财产品、信托计划等金融产品的资产比例高于 80%(含)的私募证券投资基金
混合类基金	合同约定的投资范围包括股票、债券、货币市场工具但无明确的主要投资方向的私募证券投资基金

续表

产品类型	定　　义
期货及其他衍生品类基金	根据合同约定的投资范围，主要投资于期货、期权及其他衍生品、现金的私募证券投资基金
并购基金	主要对处于重建期企业的存量股权展开收购的私募股权投资基金
房地产基金	从事一级房地产项目开发的私募基金，包括采用夹层方式进行投资的房地产基金
基础设施基金	投资于基础设施项目的私募基金，包括采用夹层方式进行投资的基础设施基金
上市公司定增基金	主要投资于上市公司定向增发的私募股权投资基金
红酒、艺术品等商品基金	以艺术品、红酒等商品为投资对象的私募投资基金

从基金业协会给出的定义来看，创业投资基金才是真正只投企业股权的基金。私募股权投资基金包括了并购基金、房地产基金、基础设施基金和上市公司定增基金，并不纯粹是股权投资。

但是，在现实生活中，一般我们在说私募股权投资基金时，并没有严格地从狭义上去讲，而是将创业投资基金也包含其中。只要满足“私募”和“股权投资”两个形式要件的基金，我们都称为私募股权投资基金。

本书从广义的角度去表述私募股权投资基金，即如未特别说明，本书所称私募股权投资基金包括狭义的私募股权投资基金和创业投资基金。为行文简洁和方便，本书私募股权投资基金又简称为私募股权基金或者私募基金；如未特别说明，本书下文中出现的私募股权投资基金、私募股权基金和私募基金为同一概念，具有相同的含义。

根据国际证监会对私募股权基金的定义，“私募股权基金是通过非公开方式募集形成的权益性资本”。国际证监会在2010年10月发布的《私募股权基金的利益冲突》的报告中归纳了私募股权基金的几个核心特征：

第一，它是权益性资本，处在资产负债表的权益位置，而不是债务性资本，所以对外募集时不得以基金名义承诺收益。第二，它是通过非公开方式面向合格投资者发行形成的资本，私募股权基金属于高风险产品，只能面向具有风险承受能力的合格投资者募集，采用公开方式募集就免除了基金的公开信息披露义务。第三，私募股权基金是长期性资本，在存续期内封闭运作，不是投机性资本，封闭期内不可以赎回。第四,私募股权基金是专业管理的组合投资,不是基于单一项目的针对性融资。第五,私募股权基金的投资范围没有限制。传统的私募股权基金主要为公司不同发展阶段提供融资,投资策略包括早期/创业投资、成长期资本和后期/杠杆收购。随着市场的发展,越来越多的私募股权基金将投资领域拓展到不良债权、基础设施建设和上市公司股票。

以上是私募股权基金的“国际标准”。此外,在国内的一些教材[①]里面,还归纳了私募股权基金的几个特点:

1. 投资期限长、流动性差

私募股权基金主要投资的是未上市企业股权或者上市企业的非公开交易股权,通常需要 3 ~7 年才能完成投资的全部流程后实现退出。所以,私募股权基金也因此被称为“有耐心的资本”。

2. 投资后管理投入资源较多

私募股权投资是一种“价值增值型”投资,基金管理人通常在投后管理阶段需要投入大量资源。一方面,要为被投资企业提供各种商业资源和管理支持,帮助被投资企业更好地发展;另一方面,通过参加被投资企业股东会、董事会等形式,对被投资企业进行一定程度的管控,以应对被投资企业的信息不对称和企业管理层的道德风险。

3. 专业性强

私募股权基金的投资决策与管理涉及企业管理、资本市场、财务、行业、法律等多个方面,其高收益与高风险的特征也要求基金管理人必须具备很高的专业水准,特别是要具备善于发现具有潜在投资价值的企业的独到眼光,具备帮助被投资企业创立、发展、壮大的经验和能力。因此,私募股权基金对专业性的要求较高,需要更多的投资经验的积累、团队培育和建设,体现出较明显的智力密集型特征,人力资本对私募股权基金的成功运作发挥决定性作用。

正因为私募股权基金对专业性的高要求,所以私募股权基金通常需要委托专业的管理人(机构)进行管理,并在利益分配环节对基金管理人的价值给予更多的认可。在基金管理机构内部,也需要针对投资管理团队成员建立有效和充分的激励约束机制。

---

① 由中国证券投资基金业协会组编写、中国金融出版社出版的基金从业资格考试统编教材《股权投资基金》。

4. 私募基金的收益波动较大

在整个金融资产类别中，私募股权基金属于高风险、高预期收益的资产类别。高风险主要体现为投资项目的收益呈现出较大的不确定性，创业投资基金通常投资处于早期与中期的成长性企业，投资项目的收益波动性更大，有的投资项目会发生本金亏损，有的投资项目则可能带来几百倍的收益。并购基金通常投资于陷入困境从而价值被低估的重建期企业，投资项目的收益波动性也较大。高预期收益主要体现为，在正常的市场环境中，私募股权基金作为一个整体，为投资者实现的投资回报率总体上处于一个较高的水平，期望收益率较高。

二、私募股权投资基金的起源及发展

（一）投资基金的起源

上面我们说到投资基金是财团法人，是一笔财产的集合，没有独立实体。为什么这么说？是因为世界上第一只投资基金，就是通过一份契约（合同）的形式募集的。

投资基金起源于19世纪的英国。第一次工业革命后，英国社会凭借发达的工业积累了大量财富；一方面为了寻求资本的增值，另一方面为了满足殖民扩张的需要，英国政府在1868年成立了“海外及殖民地政府信托”基金。并且，还在《泰晤士报》上刊登招募说明书，公开向社会公众发售认股凭证。“海外及殖民地政府信托”主要是投资英国政府海外殖民地的公司债，包括南北美洲、中东、东南亚和意大利、葡萄牙、西班牙等国家；募资规模为100万英镑；基金存续期限为24年；由英国政府授权的专职经理人负责管理和运作；收益分配采用固定利率，存续期内不能赎回，认购者的权益仅限于分红和派息两项。

“海外及殖民地政府信托”开创了一种集合众多小额资本，通过委托专业管理人的方式进行规模投资的模式。正如该基金在招募说明书中所述，其宗旨是“运用基金达到小投资者与大资本家一样享受海外投资收益的目的”，这在许多方面为现代基金的产生奠定了基础。正因如此，金融史学家将之视为投资基金的雏形，公认其为世界上第一只投资基金。当然，按照今天的标准来看，“海外及殖民地政府信托”在基金属性上是一只契约型、封闭式投资基金。

投资基金虽始于英国，但其发展和盛行却是在美国。1924年，哈佛大学200名教授共同出资5万元设立了“马萨诸塞州投资信托公司”，委托马萨诸塞金融服务公司进行专业管理，对公开发行的股票进行组合投资，刚开始构建的投资组合是19

只蓝筹股、14 只铁路股、10 只公用事业股和 2 只保险公司股。它规定在基金存续期内投资者可以按照基金的资产净值随时申购和赎回,这就创造性地把基金由封闭式改为开放式;按照净值申购和赎回,也将之前基金的收益模式由固定利率转变成了风险共享、收益共担的分配模式,因此它被认为是开放型投资基金的始祖,是第一个具有现代投资基金面貌的基金,目前仍然存续。

投资基金在早期发展阶段,都是这种公开募集、投资证券市场的基金。投资股权的基金什么时候出现的呢?

(二)私募股权投资基金的起源与发展

私募股权投资肇始于美国,起源于创业投资。在第二次世界大战结束以前,其实就有个人投资者的股权投资出现,一些富人和银行家将富余的资金通过律师、会计师的介绍和安排,直接投资于风险较大的石油、钢铁、铁路等新兴产业。那时的投资完全由投资者个人自行决策,没有专门的投资管理机构或者私募股权基金等机构进行组织和管理,比较零散,没有组织化的力量,因此不能称为一个行业。直到 1946 年,美国研究与发展公司成立,才有了创业投资基金的出现,美国研究与发展公司也被公认为全球第一只具有现代意义的创业投资基金。

当时,美国金融界和科技界的一批有识之士认为,美国经济的繁荣不能建立在已有的旧产业和企业的扩张上,而是需要新兴的企业不断补充活力,但是这些新兴的产业和企业需要资金支持。于是,1946 年 6 月,在时任波士顿联储主席拉弗·弗朗得斯和哈佛商学院教授乔治·奥特的主持下,美国研究与发展公司成立。它用风险资本支持波士顿地区拥有科学家身份的企业家,协助他们将科研成果转化为能被市场广泛接受的产品,这就是创业投资的雏形。

1957 年,美国研究与发展公司以 7 万美元投资美国数字设备公司①,持有其 77% 的股份。14 年后,美国数字设备公司上市,美国研究与发展公司售出其股权,获得近 3.55 亿美元的报酬,与投资额相比,增加了 5000 多倍。

1958 年,美国《小企业法》的颁布被认为是创业投资基金发展的里程碑。《小企业法》规定,联邦政府为小企业申请贷款提供优惠的政策支持,下设小企业管理局为小企业贷款提供服务。随后,美国小企业管理局又设立了一个“小企业投资公司计划”,以低息贷款和融资担保的形式鼓励成立小企业投资公司。通过小企业投资

① 美国数字设备公司,英文为 Digital Equipment Corporation,是仅次于 IBM 的全美国最大的计算机制造公司,1998 年被康柏以 96 亿美元收购。

公司增加对小企业的股权投资，规定由小企业管理局审查和核发许可的小企业投资公司可以从联邦政府获得非常优惠的信贷支持，这大大刺激了美国创业投资基金的发展。从此以后，创业投资基金在政府政策的扶持下迅速发展起来。

1973 年，美国风险投资协会的成立标志着创业投资在美国发展成为专门的行业。20 世纪 50～70 年代，创业投资基金主要投资于中小成长型企业，此时的创业投资基金就是经典意义上的创业投资基金，又称为风险投资基金。

20 世纪 70 年代以后，一些创业投资基金将其投资领域拓展到大型成熟企业的并购投资。因为此类并购投资需要的资金量很大，政府的低息贷款和融资担保满足不了其资金需求。于是，一些创业投资基金转向机构投资者进行募集，这样，私人股权投资，或者说私募股权投资（Private Equit，PE）出现了。狭义的私募股权投资基金就是指此类面向私人的并购投资基金。之前投资中小企业股权的基金，我们可以称为创业投资或者风险投资（Venture Capital，VC）。

1976 年，KKR 公司[①]成立，KKR 是一家专门从事并购投资的并购投资基金，也是最早的私募股权投资公司。20 世纪 80 年代，美国出现了第四次并购浪潮，催生了一些著名的并购基金，如黑石（1985 年成立）、凯雷（1987 年成立）等，极大地促进了私募股权投资基金的发展。

随着私募股权基金的发展，并购基金数量越来越多，规模也越来越大。2007 年，KKR、黑石、凯雷、德太投资等并购基金管理机构脱离了美国创业投资协会，发起设立了主要服务于并购基金管理机构即狭义的股权投资基金管理机构的美国私人股权投资协会。至此，私募股权投资基金和创业投资基金开始区分开，并购基金（狭义的私募股权投资基金）也在全世界发展开来。

三、我国私募股权投资基金的发展[②]

我国私募股权投资基金行业的发展在很大程度上体现了我国作为新兴加转轨经济形态的基本特点，政府推动对促进早期股权投资基金发展起着关键的作用，我国股权投资基金行业发展可以总结归纳为三个历史阶段。

---

① Kohlberg Kravis Roberts & Co. L. P.，克拉维斯（Henry Kravis）和表兄罗伯茨（George Roberts）以及他们的导师科尔博格（Jerome Kohlberg）于 1976 年共同创建司，公司名称正源于这三人姓氏的首字母。KKR 公司是以收购、重整企业为主营业务的股权投资公司，尤其擅长管理层收购。

② 本部分参考了中国证券投资基金业协会组编：《股权投资基金》，中国金融出版社 2017 年版。

（一）探索与起步（1985～2005 年）

1985～2005 年是我国私募股权投资基金的探索与起步阶段。此阶段的探索与起步主要沿两条主线进行：一是科技系统对创业投资基金的最早探索；二是国家财经相关部门对产业投资基金的探索。

1. 科技系统对创业投资基金的最早探索

1985 年 3 月，原国家科委牵头有关部委草拟《中共中央关于科学技术体制改革的决定》，首次明确提出对于变化迅速、风险较大的高技术开发工作，可以设立创业投资给以支持。随后，根据中央文件精神，1985 年 9 月，经国务院批准，原国家科委出资 10 亿元成立了中国新技术创业投资公司。

1992 年，国务院下发《国家中长期科学技术发展纲领》，明确要求开辟风险投资等多种资金渠道，支持科技发展。随后，上海、江苏、浙江、广东、重庆等地分别由地方政府出资设立了以科技风险投资公司为名的创业投资机构。特别是在 1995 年，中央提出在全国实施科教兴国战略，原国家科委进一步研究推动创业投资发展的政策措施。基于原国家科委、计委的研究成果，1999 年国务院办公厅发布了《国务院办公厅转发科技部等部门关于建立风险投资机制若干意见的通知》（国办发〔1999〕105 号），为建立创业投资机制明确了相关原则。这是我国第一个有关创业投资发展的战略性、纲领性文件。

2. 国家财经相关部门对产业投资基金的探索

鉴于当时在全球范围内“股权投资基金”的概念还没有流行起来，人们使用较多的是“创业投资基金”，而创业投资基金与证券投资基金的显著区别是“证券投资基金投资证券，创业投资基金投资产业”。当时国家从广义的角度去理解，结合国内政策背景，强调支持产业发展。于是在拟定相关政策时，将创业投资基金升级为产业投资基金。

1993 年 8 月，为支持淄博作为全国农村经济改革试点示范区的乡镇企业改革，原国家体改委和中国人民银行支持原中国农村发展信托投资公司率先成立了淄博乡镇企业投资基金（工商登记名称为“淄博乡镇企业投资基金管理公司”）并在上海证券交易所上市，这是我国第一只公司型的创业投资基金①。1996 年 6 月，在总结

① 淄博基金发起人共 5 家，分别为中国农村发展信托投资公司、淄博市信托投资公司、交通银行淄博支行、山东证券公司、工商银行山东信托投资股份公司。淄博基金是第一只由中国人民银行总行批准设立的公司型封闭式投资基金。

淄博乡镇企业投资基金运作经验的基础上，原国家计委向国务院上报《关于发展产业投资基金的现实意义、可行性分析与对策建议》，提出“借鉴创业投资基金运作机制发展有中国特色产业投资基金”的设想，“产业投资基金”开始被国家财经相关部门系统地研究和探索。

1998 年，民建中央向当年的全国政协会议提交了《关于尽快发展我国风险投资事业的提案》，这个提案对于促进社会各界对创业投资的关注和重视起到了积极作用①。原国家计委也向国务院提出开设创业板作为风险投资退出的渠道之一，以推进创业投资制度建设，经国务院批示同意以后，证监会积极研究推进开设创业板。

2001 年，“入世”以后，原对外贸易经济合作部、科学技术部、原国家工商行政管理总局联合发布《关于设立外商投资创业企业的暂行规定》、北京市人民政府颁布《有限合伙管理办法》等法规和规章，标志着我国股权投资吸引外资、外商投资股权投资基金开始起步。

2004 年，在创业板因为市场原因暂时中止启动的情况下，深圳中小企业板正式启动，首次为股权投资机构境内退出打通了渠道。

2005 年，国家外汇管理局发布《关于境内居民通过境外特殊目的公司融资及返程投资外汇管理有关问题的通知》（以下简称 75 号文），重新开启外资创投投资境外注册中国企业以及海外红筹上市的大门。在此环境下，中国股权投资市场开始进入蓬勃发展阶段。到 2005 年年末，中国境内的股权投资机构大约有 500 家，比较知名的包括红杉资本、IDG 资本、现赛富亚洲的前身软银亚洲以及凯鹏华盈中国基金等，一批本土的机构（如深创投、达晨创投、联想投资）也开始崭露头角。

（二）快速发展（2005～2012 年）

2005～2012 年这 8 年是我国私募股权投资基金的快速发展阶段。

2005 年 11 月，国家发改委等十部委联合颁布了《创业投资企业管理暂行办法》（发展改革委等十部委令第 39 号）。随后，国务院有关部门于 2007 年出台了针对公司型创业投资基金的所得税优惠政策，又于 2008 年发布了《国务院办公厅转发发展改革委等部门关于创业投资引导基金规范设立与运作指导意见的通知》（国办发〔2008〕116 号），形成了对股权投资行业的初步管理规范。

---

① 该提案披露了一个令人担忧的现实：全国一年有 3 万多项科技成果，仅有 20% 转化成产品，而建厂生产真正转化为生产力的不足 5%，而海外风险投资正准备大举进入中国寻找投资机会。由此，该提案所呼吁的风险投资在中国才真正引起政府和国人的重视。

之后，我国相关主管部门也在积极讨论制定《产业投资基金试点管理办法》，2006 年 12 月 30 日，我国首只产业基金——渤海产业投资基金在天津挂牌成立，该基金以私募方式面向特定机构以契约形式募集设立，标志着我国产业基金探索试点落地。

2007 年，受美国主要大型并购基金管理机构脱离美国创业投资协会并发起成立美国股权投资协会等事件的影响，“私募股权投资基金”的概念在我国流行起来。特别是 2007 年 6 月修订后的《合伙企业法》开始正式实施，为有限合伙型基金的设立提供了法律依据，各级地方政府为鼓励设立合伙型股权投资基金出台了种类繁多的股权投资基金税收优惠政策，各类私募基金迅速发展起来。

2009 年，创业板正式启动，私募股权基金增加了一个重要的资本市场退出渠道，标志着我国创业投资迈上了一个新的台阶。

2010 年 3 月 1 日，《外国企业或者个人在中国境内设立合伙企业管理办法》正式实施，使外国企业或者个人在我国设立合伙企业成为可能，从而为外资设立合伙型股权投资基金提供了法律依据。本土机构投资者随着政策的放开进一步扩容，随着房地产市场的繁荣，在高投资回报的吸引下，民间资本参与股权投资的热情进一步高涨，中国创业投资暨私募股权市场开始进入高速发展阶段。到 2010 年年底，中国市场中的投资机构激增至 2500 多家。

2011 年，鉴于股权投资机构的增长趋势，国家发改委先后发布《关于进一步规范试点地区股权投资企业发展和备案管理工作的通知》（发改办财金〔2011〕253 号）和《关于促进股权投资企业规范发展的通知》（发改办财金〔2011〕2864 号），在全国范围内推行私募基金的备案管理，确立向国家发改委和地方备案部门的两级备案监管体制。将股权投资企业由自愿备案转为强制备案，强化了对股权投资的监管，各地关于促进及规范股权投资发展的各项工作也稳步开展，股权投资基金的管理开始趋严。

（三）证监会统一监管下的规范化发展（2013 年至今）

2013 年至今是我国私募基金在统一监管下的规范化发展阶段。这个阶段主要是私募股权基金和私募证券基金由多头监管转向统一监管，对私募基金的监管更加规范化。

从上述我国私募股权基金发展的前两个阶段可知，私募股权基金主要是国家和地方发改委等部门监管。那么，私募证券基金的发展情况是怎样的呢？为方便大家理解证监会统一监管的过程，这里简单介绍一下私募证券基金的发展。

在很长一段时间内，我们国家对私募证券投资基金的管理都处于没有法律规定，也没有部门监管的状态。对证券市场进行投资的基金主要是公开募集的基金，即公募基金。因为没有明确的法律规定，非公开募集并进行证券投资活动的基金，处于监管的“灰色地带”，其募集和投资都是私下通过合同进行约定，业内称为“灰色私募”。当然，“灰色私募”合同效力也面临着无效的风险。正因如此，私募证券投资基金为了合法运作，就借助信托公司的通道，采取担任信托计划投资顾问的方式，间接地实现对募集而来的基金进行管理并在二级市场（证券市场）投资的目的。这种借助信托公司通道发行的基金，就是我们所说的“阳光私募”。阳光私募虽然叫“私募基金”，但实际上是一种信托产品。2004 年，赵丹阳与深国投信托有限公司合作，成立“深国投·赤子之心（中国）集合资金信托计划”，被业内视为国内首只阳光私募产品。也是在 2004 年这一年，《证券投资基金法》（以下简称《基金法》）①正式生效施行，为证券投资类信托提供了制度基础和法律依据。之后，“阳光私募”模式成为私募证券投资基金的主要投资模式，直到 2012 年《基金法》修订。

2012 年，立法部门对《基金法》进行修订，专门新设了一章“非公开募集基金”章节，对私募证券投资基金作出了规定。自此，私募证券基金才取得了合法的身份，正式在中国私募基金的舞台上登场。当然，既然是证券投资基金，涉及证券，它的监管部门还是证监会。

股权投资基金、证券投资基金在本质上都是投资基金，但股权投资基金归发改委备案管理，证券投资基金归证监会备案管理，这就存在私募基金多头监管的情况，不利于对基金行业进行统一管理。监管部门也考虑到这个问题，于是在 2013 年 6 月，中央编制办公室发出《关于私募股权基金管理职责分工的通知》，明确由证监会统一行使股权投资基金监管职责。证监会受命以后，成立了私募部，同时，基金行业协会——中国基金业协会也开始设立并运作起来。

2014 年 8 月，证监会正式发布《私募投资基金监督管理暂行办法》（以下简称《私募监管暂行办法》），对创业投资基金、并购投资基金等在内的私募股权投资基金以及私募类证券投资基金和其他投资基金实行统一监管。基金业协会也陆续发布了登记备案、信息披露、募集管理等自律规则，开始推进行业自律。

自此，中国的私募基金从设立、募资、投资到退出环节的相关政策法规逐步统

---

① 《证券投资基金法》于 2003 年 10 月 28 日通过，2004 年 6 月 1 日起施行；后于 2012 年 12 月 28 日修订通过，于 2013 年 6 月 1 日起施行；又于 2015 年 4 月 24 日修正通过。

一建立起来，行业呈现出稳健发展态势。截至 2021 年 12 月底，在中国基金业协会登记的存续私募基金管理人有 24577 家，存续私募基金有 124391 只，管理规模达到 19.78 万亿元①。

四、私募股权投资基金的类型

（一）公司型基金、合伙型基金、契约型基金

根据私募基金组织形式的不同，我们把基金分为公司型基金、合伙型基金和契约型基金三种。

上面提到的我国第一只创业投资基金——淄博乡镇企业投资基金就是公司型基金，也是我国第一只公司型基金。1991 年 8 月，经中国人民银行珠海分行批准，珠海国际信托投资公司发起设立珠信基金，该基金被公认为我国第一只契约型投资基金。2007 年 6 月由同创伟业投资设立的深圳市南海成长创业投资合伙企业（有限合伙）②，被业内认为是我国第一只有限合伙型基金。2012 年修订的《基金法》于 2013 年 6 月 1 日起施行以后，上海重阳投资有限公司发行的"重阳 A 股阿尔法对冲基金"成为我国首只私募基金管理人独立发行的契约型私募基金。

公司型基金、合伙型基金和契约型基金的主要区别如表 1.4 所示：

表 1.4　公司型基金、合伙型基金和契约型基金的主要区别

	公司型基金	合伙型基金	契约型基金
法律主体	法人企业	非法人企业	非法人
投资者地位	股东	合伙人	份额持有人
基金运营依据	公司章程	合伙协议	基金合同
人数限制	50 人	50 人	200 人
所得税	缴纳企业所得税	不缴纳企业所得税，合伙人自行缴税	份额持有人自行缴纳

① 相关数据源于中国基金业协会网站，https://www.amac.org.cn/researchstatistics/datastatistics/privategravefundindustrydata/。

② 南海成长（一期）期限 5 年，规模 2.5 元人民币。由 3 名普通合伙人和 45 名有限合伙人组成，普通合伙人中有 2 名自然人和 1 名法人，自然人普通合伙人承担无限连带责任，法人普通合伙人作为投资顾问收付所有费用并承担无限连带责任。同创伟业董事长郑伟鹤担任执行事务合伙人，同创伟业任主投资顾问，深圳国际高新技术产权交易所任联席投资顾问，托管机构未工行深圳分行。管理费为 2.5%，业绩提成为 20%。有限合伙人不参与企业管理和投资决策，投资决策委员会由普通合伙人及投资顾问派员组成。

1. 公司型基金

公司型基金采用公司的组织形式，公司又可以分为有限责任公司和股份有限公司两种类型。投资者的身份是公司股东，依法享有股东权利，股东以投资额为限对公司承担有限责任。公司型基金可自行管理或委托专业基金管理人进行管理。

公司型基金主要有以下特点：

第一，公司在很多国家比合伙企业、契约结构有着更悠久的历史和更为健全的法律环境，公司型基金有着更完整的组织结构和更规范的管理系统，可以有效降低运作风险。

第二，公司型基金是独立的法人，其独立的法人地位在获取银行贷款上比契约型基金、合伙型基金更有优势。

第三，公司是有限责任，意味着股东承担的是有限责任。

公司型基金基本结构如图 1.1 所示：

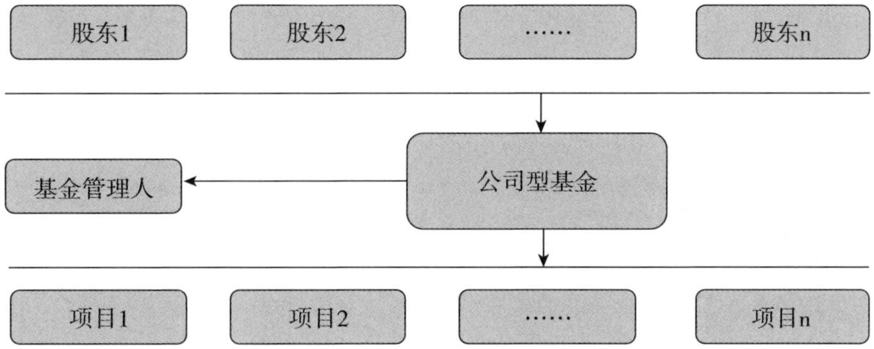

图 1.1　公司型基金基本结构

2. 合伙型基金

合伙型基金一般采用有限合伙企业的组织形式。投资者作为合伙人参与投资，依法享有合伙企业财产权。合伙人分为普通合伙人和有限合伙人，普通合伙人对合伙债务承担无限连带责任，有限合伙人以其认缴的出资额为限对合伙企业债务承担责任，普通合伙人可作为执行事务合伙人自行担任基金管理人，也可以委托专业的基金管理机构担任基金管理人，由基金管理人具体负责投资运作。合伙型基金不具有独立的法人地位，有限合伙人一般不参与投资决策。

有限合伙基金的基本结构如图 1.2 所示：

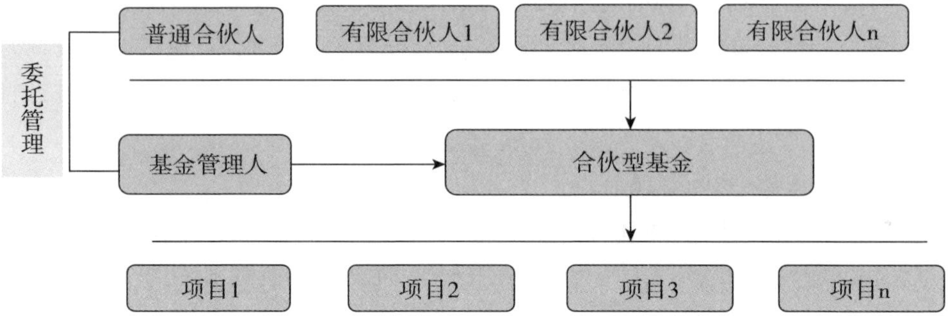

图 1.2　有限合伙基金基本结构

合伙型基金本质上是一种合伙关系，适用的法律为《合伙企业法》。

有限合伙人与普通合伙人承担的责任不同，这也就决定了他们对有限合伙企业享有的权利也不同。有限合伙人承担有限责任，按期、足额认缴出资后，不参与合伙事务的执行。普通合伙人承担无限连带责任，对外执行合伙人事务。此外，有限合伙基金因为不是企业法人，不能独立于合伙人而存在，必须依附于各合伙人之间的契约关系，按照我国税法的规定，有限合伙企业不是企业所得税的纳税主体，采用“先分后税”的原则，由各合伙人承担纳税义务。这是合伙型基金的两个特点。

3. 契约型基金

契约型基金是最古老的投资基金的形式，在“公司”这种组织形式未出现以前，投资基金采用的都是这种形式；在“公司”和“有限合伙企业”这两种组织形式出现以后，投资基金才开始逐渐地发展出不同的形式。因为契约型基金在设立程序、运作成本、基金份额转让及税收方面存在一定的制度红利，所以现在也有很多私募股权基金管理人成立契约型基金进行股权投资。

契约型基金本质上是一份契约（合同），就是投资人签署一份契约，认购管理人发行的一部分份额，享受份额收益。基金管理人依据该契约负责基金的经营和管理，基金托管人负责保管基金资产、执行管理人的指令、办理基金名下的资金往来。基金管理人、基金托管人、投资人共同签署，三方之间是一种契约关系。所以，各方可通过契约进行权利义务的约定，比较灵活。契约型基金不需要工商注册，设立比较简单；也不是纳税主体，不需要缴纳所得税，由基金投资者对获得的收益缴纳所得税，和合伙型基金一样避免了双重纳税。契约型基金的投资者也是以出资为限承担有限责任，除非合同另有约定。

契约型基金的结构如图 1.3 所示：

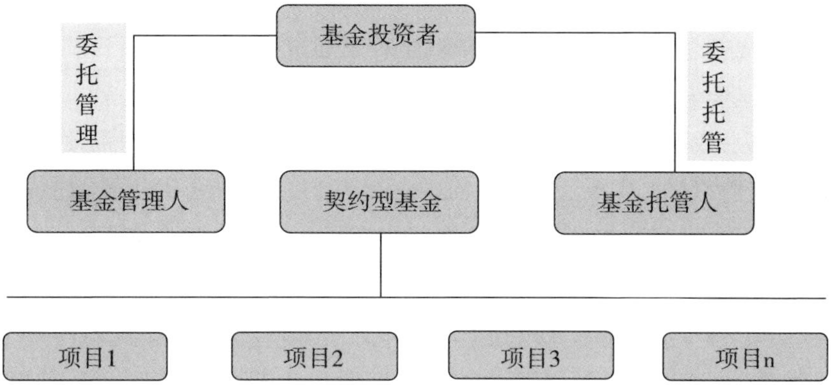

图 1.3　契约型基金结构

(二)母基金

母基金(FOF)又称为基金中的基金，根据不同的投资对象，又可以分为私募证券类 FOF 基金、私募股权类 FOF 基金等。私募股权类 FOF 基金就是指以股权类私募基金、信托计划、券商资管、基金专户等资产管理计划为主要投向的私募基金。母基金相比股权投资基金(子基金)有以下优势或特点：

1. 母基金通常将所募集的资金分散投资于多只股权投资基金，避免了集中的风险。通过分散投资多只股权投资基金，母基金的投资得以实现多样性，如投资阶段、时间跨度、地域、行业、风格等的多样化，从而投资者可以有效地实现风险分散。

2. 母基金还有规模优势和杠杆效应。母基金可以通过帮助投资者“缩小规模”或“放大规模”来解决投资者资金太大或太小的问题。比如用 2 亿元的资金，投资十只 2 亿元的基金，每只投 2000 万元，2 亿元就放大到了 20 亿元的规模。

母基金在投资时，有几种常见的方式：一种是在基金募集时对基金进行投资(一级投资)，这是母基金的本源业务；另一种是在股权投资基金募集设立完成以后，对存续基金或其投资组合公司进行投资(受让股权或份额)，我们称为二级投资。① 此外，有的母基金也会因为一些比较好、极具吸引力的项目，直接对企业股权进行投资，或者和所投资的股权基金联合投资。

---

① 目前，母基金二级投资比例不断增加，主要原因是有价格折扣、加速投资回收、投资已知组合等优势。

（三）政府引导基金

政府引导基金是一类特殊的母基金，主要是通过投资于创业投资基金，达到支持创业投资基金发展的目的。

具体来说，政府引导基金是由政府设立并按照市场化方式运作的政策性基金，一般不以营利为目的，主要通过扶持创业投资基金发展，引导社会资金进入创业投资领域。政府引导基金本身不直接从事创业投资业务。政府引导基金的宗旨是发挥财政资金的引导和聚集放大作用，引导民间投资等社会资本投入，增加创业投资资本的供给。通过鼓励创业投资基金投资处于种子期、起步期等创业早期的企业，弥补一般创业投资基金主要投资成长期、成熟期和重建期企业的不足。当然，政府引导基金也起到招商引资的作用。政府引导基金对创业投资基金的支持方式包括参股、融资担保、跟进投资等方式。

1999 年 8 月，上海市政府批准成立的上海创业投资有限公司，是我国政府出资引导创业投资的最早尝试。2002 年 1 月，中关村管委会出资设立的“中关村创业投资引导资金”，是我国第一只由政府出资设立的具有“引导”名义的创业投资引导基金。

（四）产业基金

2001 年，原国家计委制定过《产业投资基金管理暂行办法》，在该办法中，对产业投资基金做了如下的定义：“本办法所称产业投资基金（以下简称产业基金或基金），是指一种对未上市企业进行股权投资和提供经营管理服务的利益共享、风险共担的集合投资制度，即通过向多数投资者发行基金份额设立基金公司，由基金公司自任基金管理人或另行委托基金管理人管理基金资产，委托基金托管人托管基金资产，从事创业投资、企业重组投资和基础设施投资等实业投资。”这个定义其实就是股权投资/创业投资基金的含义。《产业投资基金管理暂行办法》提交国务院后，后续没有正式出台，也并未真正实施。

2005 年，由国家发改委牵头制定的《产业投资基金试点管理办法》发布征求意见稿，该办法对产业基金的定义为：“产业基金是指在境内以产业投资基金名义，通过私募形式主要向特定机构投资者筹集资金设立的产业投资基金，由基金管理人管理，在境内主要从事未上市企业股权投资活动。”该办法认定的“特定机构投资者”包括五类：国有及国有控股企业；商业银行、保险公司、证券公司以及其他金融机构；全国社会保障基金理事会及以社会保障基金或企业年金进行投资的法人受托机构或投资管理人；以国家财政拨款为主要资金来源的企事业单位；发改委规定的其他特定机构投资者。但是，《产业投资基金试点管理办法》最终也没有正式出台，没有真正实施。

2016年，国家发改委制定发布《政府出资产业投资基金管理暂行办法》，这是目前唯一一个现行有效的对产业基金进行定义的法律规范，但是需要注意的是，该办法规范的是政府出资产业投资基金，并不纯粹是产业基金。该办法规定，“政府出资产业投资基金，是指有政府出资，主要投资于非公开交易企业股权的股权投资基金和创业投资基金”。

由此可见，产业基金是一个带有中国特色的概念。产业基金也是一种投资于企业股权的基金，并且也通过私募募集。鉴于产业基金和私募股权投资基金在本质上并没有多大的差别，目前对产业基金的相关立法也已经停止。我们一般所说的产业基金，主要指的是政府出资产业基金，根据《政府出资产业投资基金管理暂行办法》的规定，政府出资产业基金的资金来源包括财政预算内投资、中央和地方各类专项建设基金及其他财政性资金，政府出资产业基金可以采取全部由政府出资、与社会资本共同出资或向符合条件的已有产业投资基金投资等形式。政府出资产业投资基金的社会资金部分应当采取私募方式募集，募集行为应符合相关法律法规及国家有关部门规定。

（五）私募资产配置基金

2018年8月29日，基金业协会发布《私募基金登记备案相关问题解答（十五）》，私募资产配置基金正式成为我国的一种基金产品类型。所谓私募资产配置基金，是指主要采用基金中基金的投资方式进行证券、股权等跨类别资产配置投资的基金。该基金要求80%以上的已投基金资产应当投资于已备案的私募基金、公募基金或者其他依法设立的资产管理产品，即私募资产配置基金是一种可以横跨证券类基金、股权类基金等资产类别进行资产配置投资的母基金。这就打破了之前证券类FOF只能投证券类资产、股权类FOF只能投股权类资产的限制，是私募基金投资的一个重大创举。根据基金业协会的规定，私募资产配置基金必须满足以下条件：

1. 初始规模要求。私募资产配置基金初始募集资产规模应不低于5000万元人民币。

2. 封闭运作要求。私募资产配置基金合同应当约定合理的募集期,且自募集期结束后的存续期不少于两年。私募资产配置基金存续期内,应当封闭运作。

3. 组合投资要求。私募资产配置基金应当主要采用基金中基金的投资方式,80%以上的已投基金资产应当投资于已备案的私募基金、公募基金或者其他依法设立的资产管理产品。私募资产配置基金投资于单一资产管理产品或标的的比例不得超过该基金资产规模的20%。

4. 杠杆倍数要求。结构化私募资产配置基金投资跨类别私募基金的,杠杆倍数(优先级份额/劣后级份额,中间级份额计入优先级份额)不得超过所投资的私募基金的最高杠杆倍数要求。

5. 基金托管要求。私募资产配置基金应当由依法设立并取得基金托管资格的基金托管人托管。基金托管人不得从事与其存在股权关系以及有内部人员兼任职务情况的基金管理人管理的基金托管业务。

6. 信息披露要求。私募资产配置基金进行信息披露时,应当符合《私募投资基金信息披露管理办法》(以下简称《信息披露管理办法》)及协会相关自律规则的规定,明确信息披露义务人向投资者进行信息披露的内容、披露频度、披露方式、披露责任以及信息披露渠道等事项。

7. 关联交易要求。私募资产配置基金管理人运用基金财产投资基金管理人、托管人及其控股股东、实际控制人、关联机构或者与其有重大利害关系的机构的权益性资产或者从事其他重大关联交易的,应当防范利益冲突,遵循持有人利益优先原则,建立健全内部审批机制和评估机制,符合基金的投资目标和投资策略,按照市场公允价值执行,并按照协会规定,履行信息披露义务。

8. 单一投资者的基金要求。仅向单一的个人或机构投资者(依法设立的资产管理产品除外)募集设立的私募资产配置基金,除投资比例、托管安排或者其他基金财产安全保障措施等由基金合同约定外,其他安排参照上述要求执行。

(六)平行基金

虽然平行基金架构在境内外私募基金运作中均已有较为广泛的运用,且平行投资实体、平行投资载体等法律措辞已频频在私募基金的法律文件中现身,但目前我们暂未发现相关法律法规或其他权威渠道对平行基金给出明确定义。平行基金通常是指由同一或关联的私募基金管理人在同一时期募集设立并以相似投资策略进行投资运作的多只私募基金。平行基金虽然在法律上是各自独立的法律实体,但在投资业务方面基本采用“同进同出”的方式,模拟成一只基金进行运作。

平行基金架构最初系基于中国境内资金出境较为困难和中国境外资金入境进行股权投资也有诸多不便的实际情况,而采取的一种以境内和境外资金各设立一只基金的模式,即在境内和境外同时设立一只私募基金,并由同一管理团队将两只基金在项目投资、收益分配和亏损分担等方面通过收益互换协议等方式,实际上模拟成一只基金进行运营,灵活利用境内基金及境外基金进行投资并获取收益,同时在退出渠道上也可通过两只基金的相互协调实现多样化灵活退出。

早期的境内外平行基金架构在一定程度上为境外资金在境内开展股权投资提供了更便捷的渠道,也便利了国内资金走出国门投资,但这种理想化的平行基金架构因为外汇、税务等方面的严格监管以及境内外投资者之间缺乏相互信任等导致实际案例并不多,大多最终演化成境内基金与境外基金的收益和亏损分别计算、独立运作的模式,在特定时间与空间内共存和共投。

双币平行基金典型架构如图 1.4 所示:

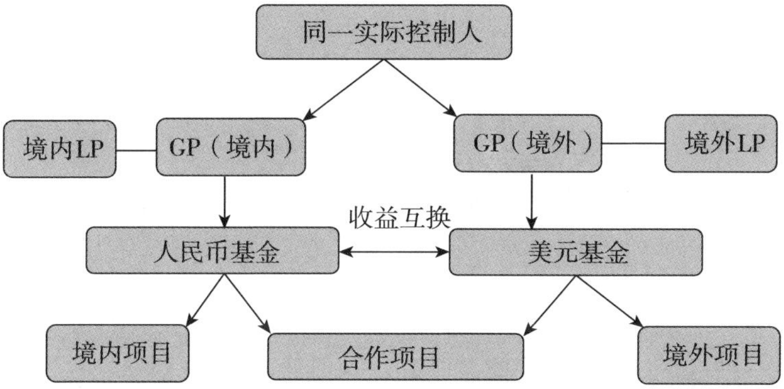

图 1.4　双币平行基金典型架构

随着中国境内人民币私募基金的迅猛发展,因为外资、国资、险资以及其他特殊资金来源或投资人特别要求等,在境内独立运作的人民币私募基金也逐渐出现了搭建平行基金架构的特殊需求,纯境内的平行基金架构也越来越多。尤其是地方政府引导基金在出资反投、注册地、奖励优惠政策等方面各有不同,大多比较排斥与异地的财政资金共处同一只基金,由此,基金管理人就只好采用平行基金的方式进行处理。

平行基金架构如图 1.5 所示:

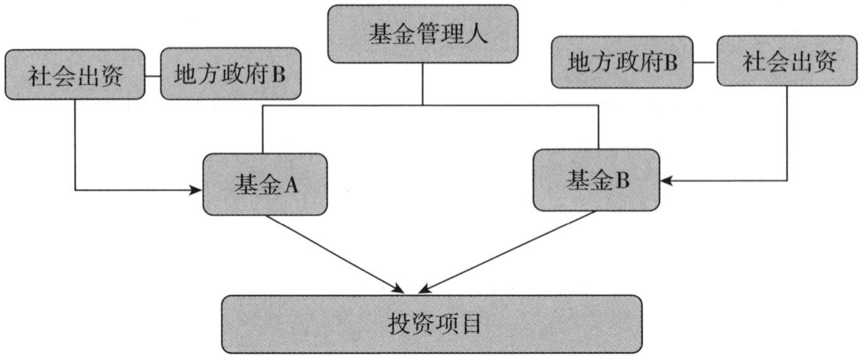

图 1.5　平行基金架构

平行基金架构，尤其是双币平行基金架构是目前所采用的较为复杂的产品结构设计之一，虽然在商业应用方面已经有了非常多的成熟的尝试，但是一些协议的效力在司法实践中尚未形成裁判规则。此外，在平行投资策略下，利益冲突、关联交易、信息披露等投资人权利保护的环节方面主要有赖于基金管理人规范和落实，需要投资人重点关注。平行基金是一种机制创新，值得我们在实务中去探讨更成熟、健全的保障机制。

五、私募股权基金的运作模式——“募投管退”

股权投资基金运作流程是实现资本增值的全过程。从资本流动的角度出发，资本首先从投资者流向股权投资基金，经过基金管理人的投资运作再流入被投资企业。在投资后的阶段，基金管理人通常会以各种方式参与被投资企业的管理，待企业经过一定时期的发展后，再选择合适的时机从被投资企业退出，进行下一轮资本流动循环。由此，股权投资基金生命周期运作的四个阶段就是——募集、投资、管理和退出。

1. 在募集阶段，基金管理人向投资者募集资金并发起设立基金。基金管理人可以选择自行募集，也可以选择委托有资质的第三方募集机构代为募集。就募集方式来说，私募基金只能通过非公开的方式募集。就募集对象而言，只能向合格投资者募集。

2. 在投资阶段，基金管理机构将资金投向被投资企业。这一阶段主要包括项目开发与初审、立项、签署投资备忘录、尽职调查、投资决策、签订投资协议、投资交割等。

3. 在投后管理阶段，基金管理机构一方面对被投资企业的运作进行一定的跟踪与监控，实施投资风险管理；另一方面也会以各种方式向被投资企业提供增值服务，帮助被投资企业成长和发展。

4. 在退出阶段，股权投资基金将其在被投资企业中的股权以上市、挂牌转让、协议转让、清算等形式变现，从而“退出”其在企业中的投资，然后根据约定的退出所得分配给基金的投资者和管理人。

私募基金“募投管退”的具体内容，在后面实务部分会详细介绍。

第二讲　私募股权投资基金的政府监管

一、政府管理的历史演变过程

私募股权投资基金的政府管理主要涉及发改委、财政部、证监会这几个部门。私募股权投资基金政府管理的历史演变，也就是从由发改委监管演变到由证监会监管的过程。

2005 年 11 月，经国务院批准，国家发改委、科技部、财政部等十部委联合发布《创业投资企业管理暂行办法》，这是我国第一部对创业投资企业进行系统规范的部门规章，经国务院批准、十部委联合发布，具有较高的效力层级和影响力。

《创业投资企业管理暂行办法》明确了创业投资系指向创业企业进行股权投资，以期所投资的创业企业发展成熟或相对成熟后，通过股权转让等方式获得资本增值收益的投资方式。明确创业企业系指在中华人民共和国境内注册设立的处于创建或重建过程中的成长性企业，但不含已经在公开市场上市的企业。

《创业投资企业管理暂行办法》对创业投资企业的设立条件、经营范围、闲置资金使用、组合投资要求、管理费和业绩报酬的支付进行了规定：创业投资企业实收资本不得低于 3000 万元；创业投资企业可以以全额资产对外投资，对企业的投资，仅限于未上市企业；闲置资金只能存放银行、购买国债或其他固定收益类的证券；创业投资企业对单个企业的投资不得超过创业投资企业总资产的 20%；创业投资企业可以事先确定有限的存续期限，但是最短不得短于 7 年。

《创业投资企业管理暂行办法》规定了对创业投资企业的政策扶持。经与被投资企业签订投资协议，创业投资企业可以以股权和优先股、可转换优先股等准股权方式对未上市企业进行投资。创业投资企业可以在法律规定的范围内通过债权融资方式增强投资能力。国家与地方可以设立创业投资引导基金，通过参股和提供融资担保等方式扶持创业投资企业的设立与发展。国家运用税收优惠政策扶持创业投资企业发展并引导其增加对中小企业特别是中小高新技术企业的投资。创业投资企业可以通过股权上市转让、股权协议转让、被投资企业回购等途径，实现投资退出。国家有关部门应当积极推进多层次资本市场体系建设，完善创业投资企业的投资退出机制。

《创业投资企业管理暂行办法》以当时中国法律制度为背景，搭建起了中国创业投资企业运营的基本法律框架和监管要求，此后，国务院及各部委陆续发布了若干配套性政策和相关规则，引导、规范、促进创业投资企业的发展。

在对创业投资企业的税收支持方面，2007 年 2 月，财政部、国家税务总局发布《关于促进创业投资企业发展有关税收政策的通知》，明确创业投资企业采取股权投资方式投资于未上市中小高新技术企业 2 年以上（含），凡符合条件的，可按其对中小高新技术企业投资额的 70% 抵扣该创业投资企业的应纳税所得额。

2017 年 4 月，财政部、税务总局又发布《关于创业投资企业和天使投资个人有关税收试点政策的通知》（财税〔2017〕38 号），就创业投资企业和天使投资个人投资初创科技型企业出台了试点政策。

2018 年 5 月，该试点政策根据财政部、国家税务总局《关于创业投资企业和天使投资个人有关税收政策的通知》（财税〔2018〕55 号）正式在全国全面铺开。

在政府引导基金方面，2008 年 10 月，国务院办公厅发布《国务院办公厅转发发展改革委等部门关于创业投资引导基金规范设立与运作指导意见的通知》（国办发〔2008〕116 号），就创业投资引导基金的规范设立与运作，扶持创业投资企业发展提出了重要意见。

在国有股转持豁免方面，2010 年 10 月，财政部、国资委、证监会、全国社保基金会《关于豁免国有创业投资机构和国有创业投资引导基金国有股转持义务有关问题的通知》发布，豁免国有创业投资机构和国有创业投资引导基金国有股转持义务，从转持豁免政策上支持创业投资企业的发展。

2011 年 11 月，国家发改委发布《关于促进股权投资企业规范发展的通知》，明确了股权投资基金的运作规范和备案监管制度。该制度实际上是现在的私募基金管理人登记及私募基金备案制度的雏形。①

2012 年 12 月修订的《基金法》于 2013 年 6 月 1 日起施行，该法第 10 章对非公开募集基金作出了原则性的规定，并授权国务院证券监督管理机构细化监管；《基

---

① 该通知根据国家发展和改革委员会公告 2016 年第 13 号——国家发展改革委宣布失效的文件目录已失效。

金法》第2章第31条授权“对非公开募集基金的基金管理人进行规范的具体办法，由国务院金融监督管理机构依照该法第2章的原则制定”。同年6月，中央机构编制委员会办公室（以下简称中央编办）印发《关于私募股权基金管理职责分工的通知》，明确股权投资基金的监督管理由中国证监会负责，实行适度监管，保护投资者利益。

至此，股权投资基金的监督管理正式划归证监会负责。

2014年8月，证监会发布《私募监管暂行办法》，《私募监管暂行办法》规定，“本办法所称私募投资基金（以下简称私募基金），是指在中华人民共和国境内，以非公开方式向投资者募集资金设立的投资基金。私募基金财产的投资包括买卖股票、股权、债券、期货、期权、基金份额及投资合同约定的其他投资标的。非公开募集资金，以进行投资活动为目的设立的公司或者合伙企业，资产由基金管理人或者普通合伙人管理的，其登记备案、资金募集和投资运作适用本办法”。这意味着，所有私募基金，不管是股权投资基金还是证券投资基金或者其他类投资基金，只要是以非公开方式向投资者募集资金设立的，都归入证监会《私募监管暂行办法》的监管范围。《私募监管暂行办法》发布后，证监会设立私募基金监管部，具体负责证监会对私募基金的监管职能。随着私募基金监管部及各地证监局私募基金监管部门的成立，对私募股权投资基金的政府管理体系初步形成。

2016年12月，证监会发布《证券期货投资者适当性管理办法》（以下简称《适当性管理办法》），要求私募基金管理人在销售产品和提供服务过程中，基于投资者的不同风险承受能力以及产品或者服务的不同风险等级等因素，进行适当性匹配，要求将合适的产品推介给合适的投资者。这也是私募基金政府管理规范体系中的一个重要部门规章。

2018年4月，中国人民银行、银保监会、证监会、国家外汇管理局联合发布了《关于规范金融机构资产管理业务的指导意见》（业内称为“资管新规”），这是对整个资产管理行业提出的最新的管理要求，对一些资产管理行业乱象进行了进一步的明确和规范，本书将专设一章进行讲述。

需要注意的是，国务院相关部门正在制定的《私募投资基金管理暂行条例》已于2017年8月30日发布了征求意见稿，该条例如正式发布，将形成私募基金政府管理法律规范层级中的行政法规。届时，私募基金的政府管理将形成由《基金法》《私募投资基金管理暂行条例》《私募监管暂行办法》组成的法律、行政法规、部门规章三级监管规范，这也意味着我国对私募基金的监管立法全部完成。截至本书定稿之日,《私募投资基金管理暂行条例》尚未正式发布。

二、政府监管的八个主要内容

《基金法》《私募监管暂行办法》是目前政府管理的最主要的法律依据。我们国家对私募基金的政府监管,主要是从基金、基金管理人、登记备案、合格投资者、资金募集、投资运作、信息披露、服务机构等八方面进行管理。我们首先要了解这些内容,然后再进一步了解基金业协会对私募基金的行业性自律规范。

(一)对私募基金产品的基本要求

首先,对私募基金的第一个要求是,需要具备一定的规模。广义的私募股权投资基金是指投资于非上市企业股权的投资基金,包括私募股权投资基金和创业投资基金。创业投资基金投资初创期或成长期的未上市企业,风险较大,往往需要分散投资;私募股权投资基金(狭义)主要是并购基金等,因为进行控股型收购,所需资金体量也较大,因此也需要一定规模。

其次,根据《基金法》的规定,私募基金财产应该独立于基金管理人、基金托管人的固有财产。基金管理人、基金托管人不得将其固有财产与将股权投资基金财产产生混同;基金管理人、托管人因依法解散、依法撤销或被宣告破产等原因清算的,基金财产也不属于其清算财产。

再次,私募基金不能从事承担无限责任的投资,不能违规向他人贷款或提供担保,不得从事法律、行政法规以及金融监管部门禁止的其他投资活动。

最后,私募股权投资基金的闲置资金一般只能存放于银行、购买国债或其他固定收益类的证券。

(二)对私募基金管理人的基本要求

保护投资者权益是资产管理行业监管制度设计的核心要求,允许管理人向社会公众公开、小额募集资金时,因涉及广大中小投资者的利益,且社会普通民众的风险识别与风险承受能力相对较低,因此对管理人设置较高的准入要求很有必要。从规范要求来看,我国对私募基金管理人的管理要求包括:名称要求、专业化经营、注册资本、办公场所、高管及从业人员要求、内部治理结构、完善的内控管理制度、对关联机构和分支机构的管理等八个方面。

1. 名称要求。股权投资基金管理人应当为依法设立的公司或者合伙企业,根据证监会2020年12月30日发布施行的《关于加强私募投资基金监管的若干规定》第3条的规定，私募基金管理人应当在名称中标明“私募基金”“私募基金管理”“创业投资”字样，并在经营范围中标明“私募投资基金管理”“私募证券投资基金管理”“私募股权投资基金管理”“创业投资基金管理”等体现受托管理私募基金特点的字样。

2. 专业化经营。股权投资基金管理人的经营范围和实际经营中不得经营或兼营与股权投资基金无关的业务；不得直接或者间接从事民间借贷、担保、保理、典当、融资租赁、网络借贷信息中介、众筹、场外配资等任何与私募基金管理相冲突或者无关的业务，中国证监会另有规定的除外。

3. 注册资本。私募基金管理人应具有开展股权投资基金管理业务所需的资本金；注册时实缴的注册资本应能覆盖公司一定时期内人力、物业、办公、差旅等合理运营成本。

4. 办公场所。私募基金管理人应具备开展股权投资基金管理业务所需的固定营业场所以及满足业务运营需要的办公设施。

5. 高管及从业人员要求。私募基金管理人应具有与其股权投资基金管理业务相匹配的一定数量的从业人员。并且，法定代表人或者执行事务合伙人委派代表、高级管理人员，以及从事销售、投资、风险控制、运营等核心岗位的从业人员应当符合相应资质要求。

6. 内部治理结构。私募基金管理人应建立与其业务特点和规模相匹配的内部治理结构。应当指定至少1名高级管理人员专职担任风控合规负责人，负责对机构经营运作的合法合规性和风险管理状况进行监督检查。

7. 完善的内控管理制度。私募基金管理人应当建立资金募集、投资运作、信息披露、合规风控、业务外包、会计核算、投资者适当性管理等各个业务环节的管理制度，并有效实施。管理多只基金的，还应当建立防范可能导致利益输送或利益冲突机制。

8. 对关联机构和分支机构的管理。私募基金管理人还应该加强对关联机构和分支机构的关联，不得与关联机构进行非公允的关联交易，不得进行利益输送。

（三）需登记备案才能开展资金募集和投资活动

根据证监会《关于加强私募投资基金监管的若干规定》的规定，私募基金管理人在初次开展资金募集、基金管理等业务活动前，应当按照规定在基金业协会完成登记。

根据《私募监管暂行办法》的规定，各类私募基金管理人应当根据基金业协会的规定，向基金业协会申请登记。对私募基金管理人和私募基金采取登记备案管理不是行政许可，无须履行审批程序。允许私募基金管理人在依法合规的基础上，向累计不超过法律规定数量的投资者发行基金。

登记备案是引导、督促行业规范发展，加强事中事后监管，监测行业发展情况和系统性风险的要求。基金业协会根据登记股权投资基金管理人备案股权投资基金的合规情况、诚信情况、规模和风险状况等进行分类公示，并建立黑名单制度。基金业协会为私募基金管理人和私募基金办理备案登记不构成对股权投资基金管理人投资能力、持续合规情况的认可，不是对基金财产安全的保证。

（四）面向合格投资者募集

合格投资者制度是私募基金监管制度的核心内容之一。《私募监管暂行办法》规定，私募基金应当向合格投资者募集，单只私募基金的投资者人数累计不得超过《基金法》《公司法》《合伙企业法》等法律规定的特定数量，即有限责任公司型和有限合伙型股权投资基金投资者人数不超过 50 人，股份有限公司和信托（契约）型股权投资基金投资者人数不超过 200 人。

投资者转让基金份额的，受让人应当为合格投资者且基金份额受让后投资者人数应当符合前款规定。任何机构和个人不得通过将股权投资基金份额或者其收益权进行拆分转让的方式，变相突破合格投资者标准或投资者人数限制，且份额转让不得采用公开或者变相公开转让的方式。

合格投资者是指达到规定资产规模或者收入水平，并且具备相应的风险识别能力和风险承担能力，其基金份额认购金额不低于规定限额的单位和个人。根据《私募监管暂行办法》的规定，合格投资者是指具备相应风险识别能力和风险承担能力，投资于单只私募基金金额不低于 100 万元的单位和个人；其中，要求单位净资产须不低于 1000 万元，个人金融资产不低于 300 万元或者最近三年个人年均收入不低于 50 万元。金融资产包括银行存款、股票、债券、基金份额、资产管理计划、银行理财产品、信托计划、保险产品、期货收益等。下列投资者被视为合格投资者：社会保障基金、企业年金等养老基金，慈善基金等社会公益基金；依法设立并在基金业协会备案的投资计划；投资于所管理私募基金的私募基金管理人及其从业人员及中国证监会规定的其他投资者。被视为合格投资者的投资人，投资私募基金时，无须再对其履行合格投资者认定的风险评估程序。

如果是以合伙企业、契约等非法人形式，通过汇集多数投资者的资金直接或间接投资于股权投资基金的，基金管理人应当穿透核查最终投资者是否为合格投资者，并合并计算投资者人数。

（五）资金募集需要履行严格程序

“募投管退”是股权投资基金业务的四个流程，资金的募集是股权投资基金管理的起点，也是后续投资管理的基础。总体而言，向合格投资者募集、非公开方式募集、充分信息披露、遵循投资者适当性匹配、不做本金不受损失及固定收益的承诺，是对私募基金募集的主要要求。关于资金募集，应遵守以下规则：

1. 股权投资基金管理人可以自行宣传推介股权投资基金，或者委托有资质的销售机构宣传推介其管理的基金。股权投资基金管理人委托销售机构宣传推介基金的，应当建立遴选机制，制作统一的宣传推介材料，向销售机构详细说明基金有关信息。

2. 股权投资基金管理人、股权投资基金销售机构在宣传推介过程中不得有以下行为：

（1）向合格投资者之外的单位和个人募集资金，或者为投资者提供多人拼凑、资金借贷等满足投资金额的建议或者便利；

（2）通过报刊、电台、电视、互联网等公众传播媒体或者讲座、报告会、分析会和布告、传单、手机短信、微信、博客和电子邮件等方式，向不特定对象宣传推介；

（3）口头或通过签订回购协议、承诺函等方式直接或间接向投资者承诺本金不受损失或者最低收益，或者预测收益率；

（4）宣传推介材料中虚假宣传、夸大宣传或片面宣传私募基金，违规使用安全、承诺、保险、避险、有保障、无风险、本金无忧等可能使投资者认为投资基金没有风险的表述；

（5）诋毁其他股权投资基金管理人、托管人或者销售机构；

（6）登载任何自然人、法人或者其他组织的祝贺性、恭维性或者推荐性文字；

（7）宣传的投资方向和基金合同中约定的投向不符；

（8）未充分披露基金交易结构、各方权利义务、收益分配安排、费用安排、关联交易、委托顾问等。

2016 年 7 月，证监会发布《证券期货经营机构私募资产管理业务运作管理暂行规定》（业内称为“新八条底线”）对此又进一步做了新的规定，但该规定规定，私募证券投资基金管理人参照执行，暂不适用于私募股权投资基金/创业投资基金管理人。

3. 私募基金管理人自行销售股权投资基金的，应当采取问卷调查等方式对投资者的风险识别能力和风险承担能力进行评估，由投资者书面承诺符合合格投资者条件；应当制作风险揭示书，由投资者签字确认。股权投资基金管理人委托销售机构销售股权投资基金的，股权投资基金销售机构应当采取前述评估、确认措施。

4. 私募基金管理人自行销售或委托销售机构销售私募基金，应当自行或者委托第三方机构对私募基金进行风险评级，向风险识别能力和风险承担能力相匹配的投资者推介私募基金。

5. 私募基金管理人或者销售机构在销售股权投资基金时，应当核查投资者的身份、财产与收入状况、投资经验和风险偏好等信息，审查是否符合合格投资者条件。投资者应当如实填写风险识别能力和风险承担能力问卷，如实承诺告知资产或者收入情况，并对其真实性、准确性和完整性负责。填写虚假信息或者提供虚假承诺文件的，应当承担相应的责任。

（六）投资运作要求

私募股权投资基金的投资管理是管理人的核心工作内容。通常，如何进行投资，如何进行投资后管理，由管理人决定。但是在投资运作过程中，投资人、管理人、托管人之间关系的处理，权责利的安排，往往需要加以规范。投资者购买基金、交付出资后，资金就脱离投资者控制，如不在相关环节进行规范，容易引发道德风险。为保护投资者的利益，从基金合同、托管、投资运作等方面政府有必要进行规范和管理，明确各方权利、义务与责任。

《私募监管暂行办法》规定，募集基金应当制定并签订基金合同，并且规定了基金合同应当包含的内容。基金业协会为此特意制定并公布了基金合同指引，包含公司型基金公司章程必备条款指引、合伙型基金合伙协议必备条款指引及契约型基金合同指引，对合同必备条款进行了指导和规范。

在私募基金托管方面，《基金法》规定，托管人发现股权投资基金管理人的投资指令违反法律、行政法规和其他有关规定，或者违反基金合同约定的，应当拒绝执行，立即通知私募基金管理人，并及时向证监会报告。托管人发现管理人已经生效的投资指令违反法律、行政法规和其他有关规定，或者违反基金合同约定的，应当立即通知基金管理人，并及时向证监会报告，持续跟进股权投资基金管理人的后续处理，督促股权投资基金管理人依法履行披露义务。管理人的上述违规失信行为给基金财产或者基金份额持有人造成损害的，托管人应当督促管理人及时予以赔偿。私募股权投资基金托管人应当按照中国证监会和基金业协会的要求，报送相关信息。

在私募股权投资基金的投资运作中，禁止基金管理人、托管人、销售机构从事下列行为：

1. 将其固有财产或者他人财产混同于基金财产从事投资活动；

2. 不公平对待其管理的不同基金财产；

3. 利用基金财产或者职务之便，为本人或者投资者以外的人牟取利益，进行利益输送，或者以利益输送为目的，与特定对象进行不正当交易，或者在不同股权投资基金账户之间转移收益或亏损；

4. 侵占、挪用基金财产；

5. 泄露因职务便利获取的未公开信息，利用该信息从事或者明示、暗示他人从事相关的交易活动；

6. 从事损害基金财产和投资者利益的投资活动；

7. 玩忽职守，不按照规定履行职责；

8. 从事内幕交易、操纵市场及其他不正当交易的活动；

9. 未针对每只基金设置单独账户，或者开展借新还旧、期限错配等业务；

10. 进行商业贿赂；

11. 将账户出借给第三方进行交易，或者违反账户实名制的规定，下设子账户、分账户、虚拟账户等；

12. 直接或间接参与场外配资活动或者为场外配资活动提供服务或便利；

13. 外接未经监管机构或者自律组织认证的其他交易系统，为违法证券期货业务活动提供端口服务便利；

14. 通过境外机构或者境外系统下达投资交易指令；

15. 法律、行政法规和证监会规定的其他禁止行为。

在交易运作的档案管理方面，私募基金管理人、托管人及销售机构应当妥善保存基金决策、交易和投资者适当性管理方面的记录和其他相关资料，保存期限自基金清算终止之日起不低于10年。

（七）信息披露要求

信息披露是保护投资者知情权、选择权，由投资者与管理人形成市场化选择与博弈的重要方式。股权投资基金管理人应当按规定及时、充分地向投资者披露信息，并按规定向监管部门、行业自律组织报送信息。

1. 私募基金管理人按规定向基金业协会报送相关信息。根据《信息披露管理办法》的规定，私募基金管理人应当于每个会计年度结束后 4 个月内，向基金业协会报送经会计师事务所审计的年度财务报告和所管理基金的年度投资运作情况。

2. 私募基金管理人应当在基金合同中明确向投资者进行信息披露的内容、频次、披露方式、披露责任以及披露渠道等。在基金运行期间，管理人应当在每个季度结束之日起 10 个工作日内向投资者披露基金投资项目、额度、基金资产等信息；在每年度结束之日起 4 个月内，向投资者披露基金对外投资情况、基金财务情况、项目运营和风险情况、投资收益分配和损失承担情况、基金费用支出情况及基金合同约定的其他信息；在发生重大事项变更（触及止损线预警线、管理费率、清盘或者清算、重大关联交易）的时候，应当在 10 日内向投资者披露。

（八）对私募基金服务机构的管理

私募基金服务机构包括为私募基金提供份额登记、估值核算、信息技术系统服务的机构，私募管理人可以自行办理也可以委托基金服务机构代为办理股权投资基金的销售、份额登记、核算、估值等事项。委托服务机构代为办理时，应当向投资者充分披露，股权投资基金管理人依法承担的责任不因委托而免除。

私募基金管理人委托服务机构提供服务时，应当注意防范利益冲突、禁止委托服务事项的转包或变相转包、保障基金财产独立。私募基金管理人在聘请股权投资基金服务机构前，应当对股权投资基金服务机构的基本情况进行尽调。

私募股权投资基金销售机构应当具有基金销售业务资格，股权投资基金销售结算资金、股权投资基金份额独立于股权投资基金销售机构、销售支付机构或份额登记机构的自有财产。销售结算资金从投资者账户划出，到达股权投资基金账户或者托管账户之前，属于投资者合法财产。非因投资者本身的债务或者法律规定的其他情形，不得查封、冻结、扣划或者强制执行股权投资基金销售结算资金、股权投资基金份额。

私募股权投资基金管理人委托第三方机构担任投资顾问的，应当在合同中明确约定基金管理人和投资顾问的权责划分。投资顾问不得泄露委托人的投资决策信息;不得利用投资顾问服务与他人合谋操纵市场或者进行内幕交易;不得为本机构、特定客户或者利益相关人的利益损害委托人的合法权益;不得以投资顾问机构从业人员个人名义收取投资顾问费用。

从事基金销售支付、份额登记、估值核算、评价、信息技术系统服务等服务业务的机构,应当按照合同约定履行相应的职责,并且按照基金业协会的规定,在协会备案,接受自律管理。

律师事务所、会计师事务所接受委托,为有关股权投资基金业务活动出具法律意见书、审计报告的,应当勤勉尽责,对所依据的文件资料内容的真实性、准确性、完整性进行核查和验证。制作、出具的文件有虚假记载、误导性陈述或者重大遗漏,给他人财产造成损失的,应当承担相应的责任。

三、跨境股权投资基金的政府管理

跨境股权投资基金主要包括跨境设立股权投资基金以及股权投资基金的跨境投资两类行为。在当前市场环境下,前者主要是指外国基金管理或外国投资者在中国境内参与发起设立股权投资基金的行为,后者是指设立于中国境外的股权投资基金投资于中国境内企业或设立于中国境内的股权投资基金投资于境外企业的行为。

(一)外国投资者在中国境内参与设立股权投资基金

我国尚未形成统一的针对外商投资的股权投资基金设立与运作的法律制度体系。通常,外国投资者到中国投资,需要遵循中国法律中有关外国投资者投资领域的产业限制。目前,设立股权投资基金或者股权投资基金管理人并不是外商投资的禁止或者限制领域,但是也没有明确列为鼓励或允许的领域。涉及外国投资者参与股权投资基金设立的政府管理,主要包括对外商投资创业投资企业的管理和对合格境外有限合伙人试点管理。

1. 对外商投资创业投资企业的管理

2001 年 8 月,原外经贸部、科技部、原工商行政管理总局颁布《关于设立外商投资创业企业的暂行规定》,对外商投资创业投资企业进行规范和管理。2003 年 2 月,原外经贸部、科技部等共同颁布《外商投资创业投资企业管理规定》(后于 2015 年根据商务部有关规定修改),对外商投资创业企业进行规范和管理。

外商投资创业投资企业,是指外国投资者或外国投资者与中国投资者根据规定在中国境内设立的以创业投资为经营活动的外商投资企业。设立外商投资创投企业,应满足我国关于投资者人数、出资、组织形式、管理团队等方面的基本要求。创投企业可采取非法人制组织形式,也可以采取公司制组织形式。采取非法人制组织形式的创投企业的投资者对创投企业的债务承担连带责任,也可以在创投企业合同中约定必备投资者承担连带责任,其他投资者以其认缴的出资额为限承担责任。

设立外商投资创投企业,应至少拥有一个“必备投资者”。根据规定,“必备投资者”应当是具备创业投资专业能力与资金实力的投资者。具体来说,“必备投资者”应同时满足以下条件:

(1)以创业投资为主营业务。

(2)在申请前三年其管理的资本累计不低于1亿美元,且其中至少5000万美元已经用于进行创业投资。在必备投资者为中国投资者的情形下,本款业绩要求为:在申请前三年其管理的资本累计不低于1亿元人民币,且其中至少5000万元人民币已经用于进行创业投资。

(3)拥有3名以上具有3年以上创业投资从业经验的专业管理人员。

(4)如果某一投资者的关联实体满足上述条件,则该投资者可以申请成为必备投资者。本款所称关联实体是指该投资者控制的某一实体,或控制该投资者的某一实体,或与该投资者共同受控于某一实体的另一实体。本款所称控制是指控制方拥有被控制方超过50%的表决权。

(5)必备投资者及其上述关联实体均应未被所在国司法机关和其他相关监管机构禁止从事创业投资或投资咨询业务或以欺诈等原因进行处罚。

(6)非法人制创投企业的必备投资者,对创投企业的认缴出资及实际出资分别不低于投资者认缴出资总额及实际出资总额的1%,且应对创投企业的债务承担连带责任;公司制创投企业的必备投资者,对创投企业的认缴出资及实际出资分别不低于投资者认缴出资总额及实际出资总额的30%。

2. 合格境外有限合伙人(QFLP[①])试点

QFLP制度,即合格境外有限合伙人制度,是指境外机构投资者通过资格审批和外汇资金的监管程序后,将境外资本兑换为人民币本金,投资于境内的股权投资

① QFLP,即Qualified Foreign Limited Partner。

基金市场。QFLP 制度比照了实行多时的 QFII①(合格境外机构投资者)制度,区别在于:QFLP 针对的是股权投资基金,QFII 针对的是证券投资基金。

QFLP 制度先后在北京、上海、天津、深圳、重庆、青岛等地区进行试点,不同的试点地区对境外投资人的资格认定、境内管理人的资格认定、基金最低规模的认定、结汇流程等规定进行了不同的探索。QFLP 制度的试点,可以视为在现行中国资本市场和金融项目尚未完全开放的情况下,对境外投资者于境内股权投资基金市场的路径探索。

3. 外商投资的有限合伙

2010 年 3 月 1 日,《外国企业或者个人在中国境内设立合伙企业管理办法》(中华人民共和国国务院令第 567 号)正式实施,使外国企业或者个人在华设立合伙企业成为可能,从而为外资以有限合伙的形式设立股权投资基金奠定了法律依据。2020 年 11 月 29 日,为了贯彻实施《外商投资法》,该管理办法已被废止。《外商投资法》规定,外商投资企业的组织形式、组织机构及其活动准则,统一适用《公司法》《合伙企业法》等法律的规定。《外商投资法》施行以后,外资设立公司型基金、有限合伙型基金有了新的法律依据。

实践中,考虑到结汇的问题以及股权投资企业的监管问题,外国投资者设立股权投资基金往往需要通过外商投资创业投资企业或 QFLP 等形式和审批备案流程进行。

(二)股权投资基金的跨境投资

股权投资基金的跨境投资包括在中国境外设立的股权投资基金向中国境内进行股权投资的行为,以及中国境内设立的股权投资基金向中国境外进行股权投资的行为。

1. 境外股权投资基金向境内目标公司的投资

境外股权投资基金在中国境内的投资活动,实质是境外主体的境内投资,需要遵守国家对外商直接投资的法律监管。

境外股权投资基金向境内目标公司投资需要完成相关审批或备案程序,一般包括商务部、发改委及外管局,如境内目标企业的主体资格特殊,还可能涉及其他行业主管部门。近年来,随着我国在外商投资领域的开放力度不断加大,很多审批

---

① QFII,即 Qualified Foreign Institutional Investor。

制逐渐调整为备案制,非行政审批的备案制将成为常态。需要前置审批的情况包括:

(1)涉及《外商投资产业指导目录(2017 年修订)》的限制类、禁止类以及鼓励类中有股权、高管要求的领域,无论金额大小或投资方式(新设、并购)均须前置审批;

(2)境外投资者并购境内非外商投资企业包括上市公司,涉及实施准入特别管理措施,需完成商务部门审批。

2. 境内股权投资基金向境外目标公司的投资

一般而言,境内的股权投资基金进行境外投资,包括通过新设、并购等方式在境外设立非金融企业或取得既有非金融企业的所有权、控制权、经营管理权等行为,必须获得有关监管机构的批准,主要包括:国家发改委、商务部以及外管局,如中国企业的主体资格特殊,还可能涉及国资委、证监会、银保监会等。

审批内容主要包括:是否涉及敏感国家、地区或行业等进行的投资核准或备案管理;外管局对境内机构境外直接投资及其形成的资产、相关权益实行外汇登记及备案制度。

目前,规范境外投资的主要法规包括:2016 年 12 月 12 日国务院颁布的《政府核准的投资项目目录(2016 年版)》,2017 年 12 月 26 日国家发改委发布的《企业境外投资管理办法》,以及 2014 年 9 月 6 日商务部发布的《境外投资管理办法》。此外,进行境外投资也受到外管局有关外汇政策的监管。

四、对创业投资基金的差异化管理

创业投资基金因为主要投资创业各阶段的成长性企业,对于我们国家大力提倡的创业创新、促进科技成果转化、带动经济活力、增加就业岗位等方面意义重大。所以国家对创业投资基金实施差异化管理,大力支持和鼓励创业投资基金的发展。国家对创业投资基金的政策支持主要有税收政策、财政引导、国有股豁免转持、“创投国十条”等。

(一)符合条件的创业投资基金可按照投资额的 70% 抵扣应纳税所得额

对公司型创业投资基金而言,《企业所得税法》第 31 条规定,创业投资企业从事国家重点扶持和鼓励的创业投资,可以按投资额的一定比例抵扣应纳税所得额。《企业所得税法实施条例》第 97 条规定,创业投资企业采取股权投资方式投资未上市的中小高新技术企业 2 年以上的，可以按照其投资额的 70% 在股权持有满 2 年的当年，抵扣该创业投资企业的应纳税所得额；当年不足抵扣的，可以在以后的纳税年度结转抵扣。国家税务总局《关于实施创业投资企业所得税优惠问题的通知》（国税发〔2009〕87 号）规定，创业投资企业采取股权投资方式投资未上市的中小高新技术企业 2 年（24 个月）以上，符合条件的，可以按照其对中小高新技术企业投资额的 70%，在股权持有满 2 年的当年抵扣该创投企业的应纳税所得额；当年不足抵扣的，可以在以后纳税年度结转抵扣。

对有限合伙型创业投资基金而言，2015 年 11 月，国家税务总局发布《关于有限合伙制创业投资企业法人合伙人企业所得税有关问题的公告》。该公告规定，有限合伙制创投企业采取股权投资方式投资于未上市的中小高新技术企业满 2 年（24 个月）的，其法人合伙人可按照对未上市中小高新技术企业投资额的 70% 抵扣该法人合伙人从该有限合伙制创业投资企业分得的应纳税所得额；当年不足抵扣的，可以在以后纳税年度结转抵扣。如果法人合伙人投资于多个符合条件的有限合伙制创投企业，可合并计算其可抵扣的投资额和应分得的应纳税所得额。

但这些规定对于自然人合伙人的税收优惠没有提及，这是略显不足之处。特别是创业投资基金多为小额分散型投资，个人投资者作为天使投资人向创业企业进行投资的情况也相当普遍。因此，2017 年 4 月 24 日，财政部、国家税务总局发布了《关于创业投资企业和天使投资个人有关税收试点政策的通知》，该通知明确，自 2017 年 1 月 1 日起，在试点地区对公司型创投、有限合伙型创投的法人合伙人、自然人合伙人及天使投资个人对初创科技型企业投资满 2 年的，按投资额的 70% 抵扣所得税。

2018 年 7 月 1 日，财政部、税务总局《关于创业投资企业和天使投资个人有关税收政策的通知》正式将该试点优惠政策推向全国。

（二）设立政府引导基金，拓宽创业投资基金资金来源

国家不断出台政策，设立政府引导基金，发挥政府引导基金的作用，不断拓宽创业投资基金的资金来源。根据政策出台时间，梳理如下：

2005 年 11 月，国家发改委等十部委联合发布《创业投资企业管理暂行办法》，明确了三项配套政策措施：一是运用税收优惠政策扶持创业投资企业发展并引导其增加对中小企业特别是中小高新技术企业的投资；二是鼓励地方政府设立创业投资引导基金，通过参股、融资担保、跟投等方式扶持创投企业发展；三是积极推进

多层次资本市场体系建设，完善创投企业的投资退出机制。

2008 年 10 月，国务院办公厅发布《国务院办公厅转发发展改革委等部门关于创业投资引导基金规范设立与运作指导意见的通知》，指导政府设立并按照市场化方式运作政策性创业投资基金，扶持创业投资企业发展。

2009 年 10 月，国家发改委、财政部发布《关于实施新兴产业创投计划、开展产业技术研究与开发资金参股设立创业投资基金试点工作的通知》。国家发展改革委、财政部决定实施新兴产业创投计划，扩大产业技术研发资金创业投资试点，推动利用国家产业技术研发资金，联合地方政府资金，参股设立创业投资基金（创业投资企业）试点。该通知规定，基金管理团队和股东研究提出基金设立方案和章程，并落实资金。基金设立的基本条件成熟后，可由省级发展改革委会同财政厅（局）向国家发展改革委和财政部上报基金方案和基金章程，并提出申请国家投资的资金额度。国家发展改革委和财政部复核确认基金章程、出资金额及受托管理机构，并将资金拨付受托管理机构托管账户。受托管理机构按照基金章程约定的资金到位条件和程序拨付国家资金。

2011 年 8 月，财政部、发改委发布《关于印发〈新兴产业创投计划参股创业投资基金管理暂行办法〉的通知》，明确中央财政资金可以通过直接投资创业企业、参股创业投资基金等方式，培育和促进新兴产业发展。这个文件建议地方政府要知道，可以申请专项的资金。

2014 年 12 月，原中国保监会发布《关于保险资金投资创业投资基金有关事项的通知》，允许保险资金通过投资其他股权投资基金间接投资创业企业，或者通过投资股权投资母基金间接投资创投基金，为创业投资基金提供了强大的资金支持。

2015 年 11 月，财政部发布《政府投资基金暂行管理办法》，规范政府引导基金的规范运行，同时鼓励政府财政资金支持创业投资。

2016 年 12 月，国家发改委发布《政府出资产业投资基金管理暂行办法》，针对基金的募集、投资、管理、退出等环节，以信息登记、绩效评价和信用评价的方式对政府出资产业基金运行进行宏观信用信息监督管理。

2019 年 10 月，国家发展改革委、中国人民银行、财政部等部门联合发布《关于进一步明确规范金融机构资产管理产品投资创业投资基金和政府出资产业投资基金有关事项的通知》（发改财金规〔2019〕1638 号）就金融机构资产管理产品投资两类基金有关事项作了进一步明确。

此外，国家层面还设立了各类引导基金，引导支持创业投资基金的发展。例如

2015年1月，国务院决定设立总规模达400亿元的国家新兴产业创业投资引导基金[①]，2015年9月，国务院决定成立总规模达600亿元的国家中小企业发展基金[②]，其中，中央财政拟出资150亿元。

（三）豁免创业投资基金的国有股转持义务

为充实全国社保基金，早在2001年，国务院就制定了《减持国有股筹集社会保障资金管理暂行办法》（国发〔2001〕22号），规定凡国家拥有股份的股份有限公司（包括在境外上市的公司）向公共投资者首次发行和增发股票时，均应按融资额的10%出售国有股，减持国有股所筹集的资金交由全国社会保障基金理事会管理。2009年6月19日，财政部、国资委、证监会、社保基金又联合下发《境内证券市场转持部分国有股充实全国社会保障基金实施办法》（财企〔2009〕94号），规定凡在境内证券市场首次公开发行股票并上市的含国有股的股份有限公司，除国务院另有规定外，均须按首次公开发行时实际发行股份数量的10%，将股份有限公司部分国有股转由社保基金会持有，国有股东持股数量少于应转持股份数量的，按实际持股数量转持。2017年11月9日，国务院又制定了《划转部分国有资本充实社保基金实施方案》，将划转范围扩大到中央和地方国有及国有控股大中型企业、金融机构，划转比例统一为企业国有股权的10%。该方案印发后，上述国发〔2001〕22号文和财企〔2009〕94号文等国有股转（减）持政策停止执行。

国有企业投资股权投资基金，如国有成分达到50%以上，则股权投资基金会被认定为国有性质，股权投资基金投资目标企业，目标企业IPO时，股权投资基金作为国有股东，需履行国有股转持义务。

为提高国有资本从事创业投资的积极性，鼓励和引导国有创业投资机构和国有创业投资引导基金加大对中早期项目的投资，支持创业投资基金发展，2010年10月13日，财政部、国资委、证监会、社保基金会发布《关于豁免国有创业投资机构和国有创业投资引导基金国有股转持义务有关问题的通知》。该通知规定，经国务院批准，符合条件的国有创业投资机构和国有创业投资引导基金，投资于未上市中小企业形成的国有股，经审核批准后，可豁免国有股转持义务。2015年8月11日，财

---

① 《设立国家新兴产业创投引导基金》，载 http://finance.people.com.cn/stock/n/2015/0115/c67815-26388915.html；该基金包括三只基金，分别由中金佳成、国投高科、盈富泰克三家公司进行管理。

② 国家中小企业发展基金有限公司已于2020年6月正式设立，注册地在上海，注册资本为357.5亿元，包括财政部、中国烟草、中国人寿保险等15家出资方。

政部发布《关于取消豁免国有创业投资机构和国有创业投资引导基金国有股转持义务审批事项后有关管理工作的通知》(财资〔2015〕39 号),对豁免创投机构和引导基金国有股转持义务事项不再进行审批,并对取消审批豁免创投机构和引导基金国有股转持义务事项后的有关管理工作做了要求。豁免国有股转持的条件和办理程序简单介绍如下:

1. 豁免国有股转持义务的创投机构资质要求。经营范围需符合《创业投资企业管理暂行办法》或《私募监管暂行办法》的规定,且工商登记名称中注有“创业投资”字样。在 2005 年 11 月 15 日前完成工商登记的,可保留原有工商登记名称,但经营范围须符合上述两个办法的规定。遵照《创业投资企业管理暂行办法》规定条件和程序完成备案,且最近 1 年必须通过备案管理部门年度检查(申请豁免转持义务当年新备案的创投机构除外),投资运作符合《创业投资企业管理暂行办法》有关规定;或者遵照《私募监管暂行办法》规定条件和程序完成备案,且通过中国基金业协会有关资格审查,投资运作符合《私募监管暂行办法》有关规定。

2. 豁免国有股转持义务的引导基金应当按照《国务院办公厅转发发展改革委等部门关于创业投资引导基金规范设立与运作指导意见的通知》(国办发〔2008〕116 号)规定,规范设立并运作。

3. 投资的未上市中小企业应当同时符合两个条件:(1)经企业所在地县级以上劳动和社会保障部门或社会保险基金管理单位核定,职工人数不超过 500 人;(2)根据会计师事务所审计的年度合并会计报表,年销售(营业总收入)不超过 2 亿元,资产总额不超过 2 亿元。

4. 创投机构或引导基金投资于未上市中小企业,其投资时点以创投机构或引导基金投资后,被投资企业取得工商行政管理部门核发的法人营业执照或工商核准变更登记通知书的日期为准。同一创投机构或引导基金对未上市中小企业进行多轮投资的,第一次投资为初始投资,其后续投资均按初始投资的时点进行确认。被投资企业规模按照创投机构或引导基金初始投资时点之上一年度末的相关指标进行认定。

5. 创投机构或引导基金在被投资企业股东大会审议通过首次公开发行股票并上市议案后,自行确定是否符合豁免国有股转持义务条件。符合豁免国有股转持义务条件的创投机构或引导基金,应登录中国投资协会股权和创业投资专业委员会官网(www. vcpe. org. cn)或中国证券投资基金业协会官网(www. amac. org. cn),下载并如实填报《豁免国有创业投资机构或国有创业投资引导基金国有股转持义务有关信息公示表》(以下简称《信息公示表》)。创投机构或引导基金应将填写完成的《信息公示表》连同创投机构营业执照、备案管理部门同意创投机构备案文件及近一年年检结果的通知或中国证券投资基金业协会出具的资格审查无异议函、创投机构或引导基金初始投资时点之上一年度末被投资企业职工人数证明、省级以上国有资产管理部门出具的被投资企业国有股权管理批复文件等资料的扫描件,一并及时在中国投资协会股权和创业投资专业委员会官网或中国证券投资基金业协会官网“信息公示”栏目向社会进行公示,公示期不少于20个工作日,接受社会监督。

6. 在中国投资协会股权和创业投资专业委员会官网或中国证券投资基金业协会官网公示的同时,创投机构或引导基金应同时登录财政部官网,下载《豁免国有创业投资机构或国有创业投资引导基金国有股转持义务公示情况表》,填写完成后发送至财政部资产管理司。

7. 公示期满社会公众无异议的,财政部将在《公示情况表》“公示结果”栏标注“公示无异议”字样。财政部在公示期满或核查确认后,将在财政部官网公布公示结果。创投机构或引导基金应及时登录相关网页查看公示结果,并可下载打印标注“公示无异议”或“公示有异议,经核查符合条件”字样的页面,作为被投资企业向证券监管部门提交公开发行并上市申请的附件。证券监管部门可登录财政部官网查询创投机构或引导基金豁免国有股转持义务公示结果的真实性。

(四)“创投国十条”,进一步完善创业投资基金政策扶持体系

2016年9月,国务院发布《关于促进创业投资持续健康发展的若干意见》(国发〔2016〕53号),提出了十条促进创业投资持续健康发展的纲领性意见,被业内称为支持创业投资发展的“创投国十条”。其主要内容为:

1. 培育多元创业投资主体

鼓励各类机构投资者和个人依法设立公司型、合伙型创业投资企业。鼓励行业骨干企业、创业孵化器、产业(技术)创新中心、创业服务中心、保险资产管理机构等创业创新资源丰富的相关机构参与创业投资。鼓励具有资本实力和管理经验的个人通过依法设立一人公司从事创业投资活动。鼓励和规范发展市场化运作、专业化管理的创业投资母基金。鼓励成立公益性天使投资人联盟等各类平台组织,培育和壮大天使投资人群体,促进天使投资人与创业企业及创业投资企业的信息交流与合作,营造良好的天使投资氛围,推动天使投资事业发展。规范发展互联网

股权融资平台，为各类个人直接投资创业企业提供信息和技术服务。

2. 多渠道拓宽创业投资资金来源

大力培育和发展合格投资者。在风险可控、安全流动的前提下，支持中央企业、地方国有企业、保险公司、大学基金等各类机构投资者投资创业投资企业和创业投资母基金。鼓励信托公司遵循价值投资和长期投资理念，充分发挥既能进行创业投资又能发放贷款的优势，积极探索新产品、新模式，为创业企业提供综合化、个性化金融和投融资服务。培育合格个人投资者，支持具有风险识别和风险承受能力的个人参与投资创业投资企业。

建立股权债权等联动机制。按照依法合规、风险可控、商业可持续的原则，建立创业投资企业与各类金融机构长期性、市场化合作机制，进一步降低商业保险资金进入创业投资领域的门槛，推动发展投贷联动、投保联动、投债联动等新模式，不断加大对创业投资企业的投融资支持。

3. 加强政府引导和政策扶持

完善创业投资税收政策。按照税收中性、税收公平原则和税制改革方向与要求，统筹研究鼓励创业投资企业和天使投资人投资种子期、初创期等科技型企业的税收支持政策，进一步完善创业投资企业投资抵扣税收优惠政策，研究开展天使投资人个人所得税政策试点工作。

发挥政府资金的引导作用。充分发挥政府设立的创业投资引导基金作用，加强规范管理，加大力度培育新的经济增长点，促进就业增长。充分发挥国家新兴产业创业投资引导基金、国家中小企业发展基金、国家科技成果转化引导基金等已设立基金的作用。鼓励创业投资引导基金注资市场化母基金，由专业化创业投资管理机构受托管理引导基金。综合运用参股基金、联合投资、融资担保、政府出资适当让利于社会出资等多种方式，进一步发挥政府资金在引导民间投资、扩大直接融资、弥补市场失灵等方面的作用。建立并完善创业投资引导基金中政府出资的绩效评价制度。

4. 完善创业投资相关法律法规

构建符合创业投资行业特点的法制环境。进一步完善促进创业投资发展相关法律法规，研究推动相关立法工作，推动完善公司法和合伙企业法。完善创业投资相关管理制度，推动私募投资基金管理暂行条例尽快出台，对创业投资企业和创业投资管理企业实行差异化监管和行业自律。完善外商投资创业投资企业管理制度。

落实和完善国有创业投资管理制度。支持有需求、有条件的国有企业依法依规、按照市场化方式设立或参股创业投资企业和创业投资母基金。支持具备条件的国有创业投资企业开展混合所有制改革试点,探索国有创业投资企业和创业投资管理企业核心团队持股和跟投。探索地方政府融资平台公司转型升级为创业投资企业。依法依规豁免国有创业投资企业和国有创业投资引导基金国有股转持义务。

5. 进一步完善创业投资退出机制

拓宽创业投资市场化退出渠道。充分发挥主板、创业板、全国中小企业股份转让系统以及区域性股权市场功能,畅通创业投资市场化退出渠道。完善全国中小企业股份转让系统交易机制,改善市场流动性。支持机构间私募产品报价与服务系统、证券公司柜台市场开展直接融资业务。鼓励创业投资以并购重组等方式实现市场化退出,规范发展专业化并购基金。

6. 优化创业投资市场环境

优化监管环境。实施更多的普惠性支持政策措施。对创业投资企业在行业管理、备案登记等方面采取与其他私募基金区别对待的差异化监管政策,建立适应创业投资行业特点的宽市场准入、重事中事后监管的适度而有效的监管体制。引导创业投资企业建立以实体投资、价值投资和长期投资为导向的合理的投资估值机制。对不进行实业投资、从事上市公司股票交易、助推投资泡沫及其他扰乱市场秩序的创业投资企业建立清查清退制度。

优化商事环境。各地区、各部门不得自行出台限制创业投资企业和创业投资管理企业市场准入和发展的有关政策。建立创业投资行业发展备案和监管备案互联互通机制,为创业投资企业备案提供便利,放宽创业投资企业的市场准入。持续深化商事制度改革,提高工商登记注册便利化水平。促进创业投资行业加强品牌建设。

7. 有序扩大创业投资对外开放

发展创业投资要坚持走开放式发展道路,通过吸引境外投资,引进国际先进经验、技术和管理模式,提升我国创业投资企业的国际竞争力。按照对内外资一视同仁的原则,放宽外商投资准入,简化管理流程,鼓励外资扩大创业投资规模,加大对种子期、初创期创业企业支持力度。鼓励和支持境内外投资者在跨境创业投资及相关的投资贸易活动中使用人民币。允许外资创业投资企业按照实际投资规模将外汇资本金结汇所得的人民币划入被投资企业。

8. 鼓励境内有实力的创业投资企业积极稳妥“走出去”

完善境外投资相关管理制度，引导和鼓励创业投资企业加大对境外及港、澳、台地区高端研发项目的投资，积极分享高端技术成果。

9. 健全创业投资服务体系

加强与创业投资相关的会计、征信、信息、托管、法律、咨询、教育培训等各类中介服务体系建设。支持创业投资协会组织通过高等学校、科研院所、群团组织、创业投资企业、创业投资管理企业、天使投资人等多种渠道，以多种方式加强创业投资专业人才培养，加大教育培训力度，吸引更多的优秀人才从事创业投资，提高创业投资的精准度。

10. 加强各方统筹协调

国家发展改革委要会同有关部门加强促进创业投资发展的政策协调，建立部门之间、部门与地方之间政策协调联动机制，加强创业投资行业发展政策和监管政策的协同配合，增强政策针对性、连续性、协同性。建立相关政府部门促进创业投资行业发展的信息共享机制。

（五）上市公司创业投资基金股东减持股份特别规定

2017 年 5 月，证监会发布了《上市公司股东、董监高减持股份的若干规定》，对上市公司股东减持股份作出了规定：“上市公司大股东[①]在 3 个月内通过证券交易所集中竞价交易减持股份的总数，不得超过公司股份总数的 1%。股东通过证券交易所集中竞价交易减持其持有的公司首次公开发行前发行的股份、上市公司非公开发行的股份，应当符合前款规定的比例限制。股东持有上市公司非公开发行的股份，在股份限售期届满后 12 个月内通过集中竞价交易减持的数量，还应当符合证券交易所规定的比例限制。适用前三款规定时，上市公司大股东与其一致行动人所持有的股份应当合并计算。”

为了落实“创投国十条”的要求，对专注于长期投资和价值投资的创业投资基金减持其持有的上市公司首次公开发行前的股份给予政策支持，更好地调动创业投资基金进行长期投资和价值投资的积极性，便利投资退出和形成“投资、退出、再投资”的良性循环，证监会于 2018 年 3 月 1 日发布《上市公司创业投资基金股东减持股份的特别规定》。该规定在维持现有上市公司大股东减持比例不变的前提下

① 根据该规定，上市公司大股东是指上市公司控股股东和持股 5% 以上股东。

（集中竞价不超过 1%，大宗交易不超过 2%），建立了减持节奏快慢与创业投资基金在公司上市前投资期限长短反向挂钩的制度。后为了进一步鼓励、引导长期资金参与创业投资，助力中小企业、科技企业发展，2020 年 3 月，证监会又对该规定进行修订，进一步简化反向挂钩政策、加大对创业投资基金的减持优惠力度。

根据修订后的《上市公司创业投资基金股东减持股份的特别规定》，在基金业协会备案的创业投资基金，在所投资符合条件的企业上市后，通过证券交易所集中竞价交易减持其持有的发行人首次公开发行前发行的股份，适用下列比例限制：

1. 截至发行人首次公开发行上市日，投资期限不满 36 个月的，在 3 个月内减持股份的总数不得超过公司股份总数的 1%；

2. 截至发行人首次公开发行上市日，投资期限在 36 个月以上但不满 48 个月的，在 2 个月内减持股份的总数不得超过公司股份总数的 1%；

3. 截至发行人首次公开发行上市日，投资期限在 48 个月以上的，在 1 个月内减持股份的总数不得超过公司股份总数的 1%；

4. 截至发行人首次公开发行上市日，投资期限在 60 个月以上的，减持股份总数不再受比例限制。

投资期限自创业投资基金投资该首次公开发行企业金额累计达到 300 万元之日或者投资金额累计达到投资该首次公开发行企业总投资额 50% 之日开始计算。

该规定还明确，在基金业协会备案的私募股权投资基金参照本规定执行，也就是说，私募股权投资基金也能享受减持反向挂钩的优惠政策。

五、对政府引导基金的管理

对政府引导基金进行规范的文件主要有 2015 年 11 月 12 日财政部发布的《政府投资基金暂行管理办法》（财预〔2015〕210 号）及 2016 年 12 月 30 日国家发改委发布的《政府出资产业投资基金管理暂行办法》（发改财金规〔2016〕2800 号）。

根据财政部《政府投资基金暂行管理办法》的规定，政府引导基金的管理主要内容为：

（一）政府投资基金设立管理

1. 政府投资基金，是指各级政府通过预算安排，以单独出资或与社会资本共同出资设立，采用股权投资等市场化方式，引导社会各类资本投资经济社会发展的重点领域和薄弱环节，支持相关产业和领域发展的资金。政府出资设立投资基金，应当由财政部门或财政部门会同有关行业主管部门报本级政府批准。财政部门代行出资人职责。

2. 控制政府投资基金的设立数量，不得再同一行业或领域重复设立基金。政府引导基金一般在以下领域设立：支持创新创业领域、支持中小企业发展、支持产业转型升级和发展、支持基础设施和公共服务领域等四个领域。

3. 设立政府投资基金，可采用公司制、有限合伙制和契约等不同形式。政府投资基金出资方应当按照现行法律法规，根据不同的组织形式，制定投资基金公司章程、有限合伙协议、合同等，明确投资基金设立的政策目标、基金规模、存续期限、出资方案、投资领域、决策机制、基金管理机构、风险防范、投资退出、管理费用和收益分配等。

（二）政府投资基金的运作和风险控制

1. 政府投资基金募资、投资、投后管理、清算、退出等通过市场化运作。财政部门应指导投资基金建立科学的决策机制，确保投资基金政策性目标的实现，一般不参与基金日常管理事务。

2. 政府投资基金在运作中不得从事以下业务：

（1）从事融资担保以外的担保、抵押、委托贷款等业务；

（2）投资二级市场股票、期货、房地产、证券投资基金、评级 AAA 以下的企业债、信托产品、非保本型理财产品、保险计划及其他金融衍生品；

（3）向任何第三方提供赞助、捐赠（经批准的公益性捐赠除外）；

（4）吸收或变相吸收存款，或向第三方提供贷款和资金拆借；

（5）进行承担无限连带责任的对外投资；

（6）发行信托或集合理财产品募集资金；

（7）其他国家法律法规禁止从事的业务。

3. 为更好地发挥政府出资的引导作用，政府可适当让利，但不得向其他出资人承诺投资本金不受损失，不得承诺最低收益。投资基金的亏损应由出资方共同承担，政府应以出资额为限承担有限责任。

（三）政府投资基金的终止和退出

1. 政府投资基金中的政府出资部分一般应在投资基金存续期满后退出，存续期未满如达到预期目标，可通过股权回购机制等方式适时退出。

2. 财政部门应与其他出资人在投资基金章程中约定，有下述情况之一的，政府出资可无须其他出资人同意，选择提前退出：

（1）投资基金方案确认后超过一年，未按规定程序和时间要求完成设立手续的；

（2）政府出资拨付投资基金账户一年以上，基金未开展投资业务的；

（3）基金投资领域和方向不符合政策目标的；

（4）基金未按章程约定投资的；

（5）其他不符合章程约定情形的。

（四）政府投资基金的预算管理

1. 政府出资设立投资基金，应由同级财政部门根据章程约定的出资方案将当年政府出资额纳入年度政府预算。

2. 各级政府单独出资设立的投资基金，由财政部门根据年度预算、项目投资进度或实际用款需要将资金拨付到投资基金。政府部门与社会资本共同出资设立的投资基金，由财政部门根据投资基金章程中约定的出资方案、项目投资进度或实际用款需求以及年度预算安排情况，将资金拨付到投资基金。

3. 各级财政部门向政府投资基金拨付资金时，增列当期预算支出，按支出方向通过相应的支出分类科目反映；收到投资收益时，作增加当期预算收入处理，通过相关预算收入科目反映；基金清算或退出收回投资时，作冲减当期财政支出处理。

（五）政府投资基金的资产管理

1. 各级财政部门应按照《财政总预算会计制度》规定，完整准确反映政府投资基金中政府出资部分形成的资产和权益，在保证政府投资安全的前提下实现保值增值。各级财政部门向投资基金拨付资金，在增列财政支出的同时，要相应增加政府资产——“股权投资”和净资产——“资产基金”，并要根据本级政府投资基金的种类进行明细核算。基金清算或退出收回投资本金时，应按照政府累计出资额相应冲减政府资产——“股权投资”和净资产——“资产基金”。

2. 政府应分享的投资损益按权益法进行核算。政府投资基金应当在年度终了后及时将全年投资收益或亏损情况向本级财政部门报告。财政部门按当期损益情况作增加或减少政府资产——“股权投资”和净资产——“资产基金”处理；财政部门收取政府投资基金上缴投资收益时，相应增加财政收入。

3. 政府投资基金应当定期向财政部门报告基金运行情况、资产负债情况、投资损益情况及其他可能影响投资者权益的其他重大情况。按季编制并向财政部门报送资产负债表、损益表及现金流量表等报表。

4. 各级财政部门应建立政府投资基金绩效评价制度，按年度对基金政策目标实现程度、投资运营情况等开展评价，有效应用绩效评价结果。

（六）政府出资产业投资基金的募集和登记管理

根据发改委《政府出资产业投资基金管理暂行办法》的规定，政府出资产业基金，是指有政府出资，主要投资于非公开交易企业股权的股权投资基金和创业投资基金，对政府出资产业基金的募集和登记管理规定如下：

1. 政府向产业投资基金出资，可以采取全部由政府出资、与社会资本共同出资或向符合条件的已有产业投资基金投资等形式。政府出资产业投资基金社会资金部分应当采取私募方式募集，募集行为应符合相关法律法规及国家有关部门规定。除政府外的其他基金投资者为具备一定风险识别和承受能力的合格机构投资者。

2. 国家发展改革委建立全国政府出资产业投资基金信用信息登记系统，并指导地方发展改革部门建立本区域政府出资产业投资基金信用信息登记子系统。中央各部门及其直属机构出资设立的产业投资基金募集完毕后 20 个工作日内，应在全国政府出资产业投资基金信用信息登记系统登记。地方政府或所属部门、直属机构出资设立的产业投资基金募集完毕后 20 个工作日内，应在本区域政府出资产业投资基金信用信息登记子系统登记。发展改革部门应于报送材料齐备后 5 个工作日内予以登记。由发展改革部门根据登记信息在 30 个工作日内对基金投向进行产业政策符合性审查，并在信用信息登记系统予以公开。

3. 政府出资产业投资基金在信用信息登记系统登记后，由发展改革部门根据登记信息在 30 个工作日内对基金投向进行产业政策符合性审查，并在信用信息登记系统予以公开。对于未通过产业政策符合性审查的政府出资产业投资基金，各级发展改革部门应及时出具整改建议书，并抄送相关政府或部门。

4. 国家发展改革委负责中央各部门及其直属机构政府出资设立的产业投资基金材料完备性和产业政策符合性审查。地方各级发展改革部门负责本级政府或所属部门、直属机构政府出资设立的产业投资基金材料完备性和产业政策符合性审查。以下情况除外：

（1）各级地方政府或所属部门、直属机构出资额 50 亿元人民币（或等值外币）

及以上的，由国家发展改革委负责材料完备性和产业政策符合性审查；

（2）50亿元人民币（或等值外币）以下超过一定规模的县、市地方政府或所属部门、直属机构出资，由省级发展改革部门负责材料完备性和产业政策符合性审查，具体规模由各省（自治区、直辖市）发展改革部门确定。

5. 政府出资产业投资基金由基金管理人管理基金资产，由基金托管人托管基金资产。基金管理人应符合以下条件："（一）在中国大陆依法设立的公司或合伙企业，实收资本不低于1000万元人民币；（二）至少有3名具备3年以上资产管理工作经验的高级管理人员；（三）产业投资基金管理人及其董事、监事、高级管理人员及其他从业人员在最近3年无重大违法行为；（四）有符合要求的营业场所、安全防范设施和与基金管理业务有关的其他设施；（五）有良好的内部治理结构和风险控制制度。"

6. 已登记并通过产业政策符合性审查的各级地方政府或所属部门、直属机构出资设立的产业投资基金，可以按规定取得中央各部门及其直属机构设立的政府出资产业投资基金母基金支持。已登记并通过产业政策符合性审查的政府出资产业投资基金除政府外的其他股东或有限合伙人可以按规定申请发行企业债券，扩大资本规模，增强投资能力。

（七）政府出资产业投资基金的投资运作管理

根据《政府出资产业投资基金管理暂行办法》的规定，对政府出资产业投资基金的投资运作管理规定如下：

1. 政府出资产业投资基金应主要投资于以下领域：

（1）非基本公共服务领域。着力解决非基本公共服务结构性供需不匹配，因缺乏竞争激励机制而制约质量效率，体制机制创新不足等问题，切实提高非基本公共服务共建能力和共享水平。

（2）基础设施领域。着力解决经济社会发展中偏远地区基础设施建设滞后，结构性供需不匹配等问题，提高公共产品供给质量和效率，切实推进城乡、区域、人群基本服务均等化。

（3）住房保障领域。着力解决城镇住房困难家庭及新市民住房问题，完善住房保障供应方式，加快推进棚户区改造，完善保障性安居工程配套基础设施，有序推进旧住宅小区综合整治、危旧住房和非成套住房改造，切实增强政府住房保障可持续提供能力。

(4)生态环境领域。着力解决生态环境保护中存在的污染物排放量大面广,环境污染严重,山水林田湖缺乏保护,生态损害大,生态环境脆弱、风险高等问题,切实推进生态环境质量改善。

(5)区域发展领域。着力解决区域发展差距特别是东西差距拉大,城镇化仍滞后于工业化,区域产业结构趋同化等问题,落实区域合作的资金保障机制,切实推进区域协调协同发展。

(6)战略性新兴产业和先进制造业领域。着力解决战略性新兴产业和先进制造业在经济社会发展中的产业政策环境不完善,供给体系质量和效率偏低,供给和需求衔接不紧密等问题,切实推进看得准、有机遇的重点技术和产业领域实现突破。

(7)创业创新领域。着力解决创业创新在经济社会发展中的市场环境亟待改善,创投市场资金供给不足,企业创新动能较弱等问题,切实推进大众创业、万众创新。

投资于基金章程、合伙协议或基金协议中约定产业领域的比例不得低于基金募集规模或承诺出资额的60%。

2. 政府出资产业投资基金应投资于:

(1)未上市企业股权,包括以法人形式设立的基础设施项目、重大工程项目等未上市企业的股权;

(2)参与上市公司定向增发、并购重组和私有化等股权交易形成的股份;

(3)经基金章程、合伙协议或基金协议明确或约定的符合国家产业政策的其他投资形式。

基金闲置资金只能投资于银行存款、国债、地方政府债、政策性金融债和政府支持债券等安全性和流动性较好的固定收益类资产。

3. 政府出资产业投资基金对单个企业的投资额不得超过基金资产总值的20%,且不得从事下列业务:

(1)名股实债等变相增加政府债务的行为;

(2)公开交易类股票投资,但以并购重组为目的的除外;

(3)直接或间接从事期货等衍生品交易;

(4)为企业提供担保,但为被投资企业提供担保的除外;

(5)承担无限责任的投资。

(八)政府出资产业投资基金的绩效评价管理

《政府出资产业投资基金管理暂行办法》对政府出资产业投资基金的绩效评价管理规定如下:

1. 国家发展改革委建立并完善政府出资产业投资基金绩效评价指标体系。评价指标主要包括:

(1)基金实缴资本占认缴资本的比例;

(2)基金投向是否符合区域规划、区域政策、产业政策、投资政策及其他国家宏观管理政策,综合评估政府资金的引导作用和放大效应、资金使用效率及对所投产业的拉动效果等;

(3)基金投资是否存在名股实债等变相增加政府债务的行为;

(4)是否存在违反法律、行政法规等行为。

国家发展改革委每年根据评价指标对政府出资产业投资基金绩效进行系统性评分,并将评分结果适当予以公告。金融机构可以根据评分结果对登记的政府出资产业投资基金给予差异化的信贷政策。

2. 国家发展改革委建立并完善基金管理人绩效评价指标体系。评价指标主要包括:

(1)基金管理人实际管理的资产总规模;

(2)基金管理人过往投资业绩;

(3)基金管理人过往投资领域是否符合政府产业政策导向;

(4)基金管理人管理的基金运作是否存在公开宣传、向非合格机构投资者销售、违反职业道德底线等违规行为;

(5)基金管理人及其管理团队是否受到监管机构的行政处罚,是否被纳入全国信用信息共享平台失信名单;

(6)是否存在违反法律、行政法规等行为。

国家发展改革委每年根据评价指标对基金管理人绩效进行系统性评分,并将评分结果适当予以公告。各级政府部门可以根据评分结果选择基金管理人。

(九)政府出资产业投资基金行业信用建设

根据《政府出资产业投资基金管理暂行办法》的规定,国家发展改革委会同有关部门加强政府出资产业投资基金行业信用体系建设,在政府出资产业投资基金信用信息登记系统建立基金、基金管理人和从业人员信用记录,并纳入全国信用信息共享平台。地方发展改革部门会同地方有关部门负责区域内政府出资产业投资基金行业信用体系建设,并通过政府出资产业投资基金信用信息登记系统报送基金、基金管理人和从业人员有关信息。报送内容包括但不限于工商信息、行业信息、经营信息和风险信息等。

对有不良信用记录的基金、基金管理人和从业人员,国家发展改革委通过"信用中国"网站统一向社会公布。地方发展改革部门可以根据各地实际情况,将区域内失信基金、基金管理人和从业人员名单以适当方式予以公告。

发展改革部门会同有关部门依据所适用的法律法规及多部门签署的联合惩戒备忘录等对列入失信联合惩戒名单的基金、基金管理人和从业人员开展联合惩戒,惩戒措施包括但不限于市场禁入、限制作为供应商参加政府采购活动、限制财政补助补贴性资金支持、从严审核发行企业债券等。

第三讲　私募股权基金的行业自律规范

2013 年 6 月 27 日，中央编办印发《关于私募股权基金管理职责分工的通知》，明确将私募股权基金划归证监会进行监督管理，私募股权基金、私募证券基金有了统一的监管部门，为形成统一的监管体系奠定了基础。

中央编办发文以后，2014 年 1 月 17 日，基金业协会发布《私募投资基金管理人登记和基金备案办法（试行）》（以下简称《登记备案办法》），对私募基金管理人登记和私募基金备案、信息报送作出了相关规定。

证监会也加速制定部门规章，于 2014 年 8 月 21 日正式发布《私募监管暂行办法》，对私募基金登记备案、合格投资者、资金募集、投资运作以部门规章的形式作出规定。自此，关于私募基金监督管理的法律框架以法律《基金法》加规章《私募监管暂行办法》的形式正式形成。

中国基金业协会作为基金行业协会的自律性组织，自《登记备案办法》开始，对私募基金进行行业自律，并于 2014 年 2 月 17 日，正式开始受理私募基金的登记备案。基金业协会准备建立"7＋3"的自律规范体系，所谓"7＋3"的自律规范，包括登记备案、募集行为、信息披露、投资顾问、托管业务、服务业务、从业人员等 7 个管理办法以及内部控制指引、合同指引、投资者适当性管理指引等 3 个指引性文件。

截至 2021 年 9 月，除投资顾问管理办法、托管业务管理办法、从业人员管理办法①尚未发布外，基金业协会已经发布了《登记备案办法》《私募投资基金募集行为管理办法》《私募投资基金信息披露管理办法》《私募投资基金服务业务管理办法（试行）》等 4 个管理办法以及《私募投资基金管理人内部控制指引》（以下简称《内

---

① 基金业协会于 2019 年 12 月发布《基金从业人员资格管理办法（试行）（征求意见稿）》，该办法未正式发布。

控指引》)、《私募投资基金合同指引 1－3 号》、《基金募集机构投资者适当性管理实施指引(试行)》3 个指引[①]。由于基金业协会并不是行政机关,在法律性质上是私募基金行业的行业协会,本质上是一个自律组织;所以,基金业协会发布的规范属于行业自律规则,所以,本章主要介绍这些自律规则的详细内容。

一、私募基金管理人的登记要求

2014 年 2 月 17 日,《登记备案办法》正式实施,基金业协会开始正式受理私募基金管理人的登记和私募基金的备案。2014 年 3 月 5 日,基金业协会发布第一个登记备案解答,即《私募基金登记备案相关问题解答(一)》,截至 2021 年 9 月,基金业协会共发布了十五个私募基金登记备案解答。在前期发布的登记备案解答的基础上,基金业协会分别于 2018 年 12 月及 2019 年 12 月,发布了《私募基金管理人登记须知》和《私募投资基金备案须知》。《登记备案办法》和相关解答以及这两个须知构成了对私募基金管理人登记及私募基金备案的具体要求。

2020 年 2 月 28 日,基金业协会发布《关于便利申请办理私募基金管理人登记相关事宜的通知》,从 2020 年 3 月 1 日起,对新提交登记申请的机构采用"清单化"管理,[②]新申请机构根据协会发布的登记申请材料清单的要求,全面、真实、准确、规范地准备登记所需申请材料,协会依法依规按时按要求办理登记手续,仅就登记材料清单所列事项进行核对或者问询,不会就登记材料清单外事项额外增加问询。所以,现在私募基金管理人申请登记,有一个标准的"材料清单"要求。

我们来看一下对于拟申请私募基金管理人的机构(以下简称申请机构)的主要要求:

(一)申请机构总体性要求

1. 申请机构在申请私募基金管理人登记、基金备案及持续信息更新中所提供的所有材料及信息(含系统填报信息)应真实、准确、完整,不存在任何虚假记载、误导性陈述或重大遗漏。

2. 根据《私募投资基金管理人登记和基金备案办法(试行)》第 8 条的规定,协

---

① 2018 年 7 月和 11 月分别发布了《私募投资基金非上市股权投资估值指引(试行)》及《私募投资基金命名指引》。

② 2022 年 6 月 2 日,协会新发布《关于私募基金管理人登记备案工作相关事宜的通知》,更新了申请材料清单。

会可以采取约谈高级管理人员、现场检查、向中国证监会及其派出机构、相关专业协会征询意见等方式对私募基金管理人提供的登记申请材料进行核查，申请机构应当予以配合。

3. 申请机构在申请私募基金管理人登记、基金备案及持续信息更新中，本机构及其从业人员应严格遵守《基金法》《私募监管暂行办法》《登记备案办法》《信息披露管理办法》《内控指引》《私募投资基金募集行为管理办法》《私募投资基金合同指引》等私募基金相关法律法规和自律规则的相关规定，自愿接受协会自律管理，配合协会自律检查。

4. 新登记完成的私募基金管理人自登记完成后的10个工作日内主动与注册地所属地方证监局取得联系。

5. 申请机构在申请私募基金管理人登记、基金备案及持续信息更新中，应认真阅读系统提示，申请材料在真实、准确、完整的前提下应保持与系统填报信息（资产管理业务综合报送平台和从业人员管理平台）一致，填报材料和系统信息应前后自洽，重要章程、制度文件、说明材料应签章齐全。

（二）从业人员、营业场所、资本金及相关管理制度要求

1. 申请机构应当按规定具备开展私募基金管理业务所需的从业人员、营业场所、资本金等运营基本设施和条件，并建立基本管理制度。申请机构应当根据《内控指引》及私募基金登记备案相关问题解答相关要求，建立健全内部控制机制，明确内部控制职责，完善内部控制措施，强化内部控制保障，持续开展内部控制评价和监督。其工作人员应当具备与岗位要求相适应的职业操守和专业胜任能力。

2. 申请机构应具有开展私募基金管理业务所需的办公场所，且办公场所应具备独立性。申请机构注册地和实际经营场所不在同一个行政区域的，不影响私募基金管理人登记。但申请机构应对有关事项如实填报，律师事务所需做好相关事实性陈述，说明申请机构的经营地、注册地分别所在地点，是否确实在实际经营地经营等事项。

3. 作为必要合理的机构运营条件，申请机构应根据自身运营情况和业务发展方向，确保有足够的实缴资本金保证机构有效运转。相关资本金应覆盖一段时间内机构的合理人工薪酬、房屋租金等日常运营开支。律师事务所应当对私募基金管理人是否具备从事私募基金业务所需的资本金、资本条件等进行尽职调查并出具专业法律意见。针对私募基金管理人的实收资本/实缴资本比例未达到注册资本/

认缴资本的25%的情况，协会将在私募基金管理人公示信息中予以特别提示，并在私募基金管理人分类公示中予以公示。

4. 根据《内控指引》，申请机构员工总人数不应低于5人，申请机构的一般员工不得兼职。从事私募基金管理业务相关工作人员应具备与岗位要求相适应的职业操守和专业胜任能力。

5. 申请机构应建立健全财务制度，申请机构提交私募登记申请时，不应存在到期未清偿债务、资产负债比例较高、大额或有负债等可能影响机构正常运作情形。申请机构与关联方存在资金往来的，应保证资金往来真实合理。申请机构提交私募基金管理人登记申请前已实际展业的，应当说明展业的具体情况，并对此事项可能存在影响今后展业的风险进行特别说明。若已存在使用自有资金投资的，应确保私募基金财产与私募基金管理人自有财产之间独立运作，分别核算。

6. 已登记私募基金管理人为某只基金的设立或投资目的，出资或派遣员工专门设立的无管理人员、无实际办公场所或不履行完整管理人职责的特殊目的载体（包括出于类似目的为某只有限合伙型基金设立的普通合伙人机构），无须申请私募基金管理人登记，但应当在私募基金管理人关联方中如实填报相关信息。

（三）高级管理人员相关要求

1. 根据《关于进一步规范私募基金管理人登记若干事项的公告》等的要求，从事私募证券投资基金业务的各类私募基金管理人，其高管人员[包括法定代表人/执行事务合伙人（委派代表）、总经理、副总经理、合规/风控负责人等]均应当取得基金从业资格。从事非私募证券投资基金业务的各类私募基金管理人，至少2名高管人员应当取得基金从业资格，其法定代表人/执行事务合伙人（委派代表）、合规/风控负责人应当取得基金从业资格。各类私募基金管理人的合规/风控负责人不得从事投资业务。

2. 根据《私募基金登记备案相关问题解答（九）》，高级管理人员通过协会资格认定委员会认定的基金从业资格，仅适用于私募股权投资基金管理人（含创业投资基金管理人）。私募基金管理人的从业人员、出资人应当遵守竞业禁止原则，恪尽职守、勤勉尽责，不应当同时从事与私募业务可能存在利益冲突的活动。

3. 根据《私募基金登记备案相关问题解答（十二）》，为维护投资者利益，严格履行"受人之托、代人理财"义务，防范利益输送及道德风险，私募基金管理人的高级管理人员应当勤勉尽责、恪尽职守，合理分配工作精力，在私募基金管理人登记及相关高管人员提出变更申请时，应当遵守以下要求：

（1）不得在非关联的私募机构兼职。

（2）不得在有与私募业务相冲突业务的机构兼职。

（3）除法定代表人外，私募基金管理人的其他高管人员原则上不应兼职；若有兼职情形，应当提供兼职合理性相关证明材料（包括但不限于兼职的合理性、胜任能力、如何公平对待服务对象、是否违反竞业禁止规定等材料），同时兼职高管人员数量应不高于申请机构全部高管人员数量的1/2。

（4）私募基金管理人的兼职高管人员应当合理分配工作精力，协会将重点关注在多家机构兼职的高管人员任职情况。

（5）对于在1年内变更2次以上任职机构的私募高管人员，协会将重点关注其变更原因及诚信情况。

（6）私募基金管理人的高管人员应当与任职机构签署劳动合同。在私募基金管理人登记、提交高管人员重大事项变更申请时，应上传所涉高管的劳动合同及社保证明。

已登记机构应当按照上述规定自查私募基金管理人相关高管人员的兼职情况。协会将按照有关规定对私募基金管理人高管人员的兼职情况进行核查，逐步要求不符合规范的机构整改。

4. 根据《内控指引》，从事私募基金管理业务相关工作人员应具备与岗位要求相适应的职业操守和专业胜任能力。负责私募合规/风控的高级管理人员，应当独立地履行对内部控制监督、检查、评价、报告和建议的职能，因失职渎职导致内部控制失效造成重大损失的，应承担相关责任。申请机构负责投资的高管人员，应当具备相应的投资能力。根据基金业协会于2022年6月2日最新发布的《关于私募基金管理人登记备案工作相关事宜的通知》中更新的《私募股权、创业投资基金管理人登记申请材料清单（2022版）》，私募股权基金负责投资的高管人员需要满足曾主导至少2起投资于未上市企业股权的项目，所有项目初始投资金额合计原则上不低于1000万元；主导是指参与了尽职调查、投资决策等重要环节，并发挥了关键性作用。

（四）机构名称及经营范围相关要求

1. 根据证监会于2020年12月30日发布的《关于加强私募投资基金监管的若干规定》第3条的规定，私募基金管理人应当在名称中标明“私募基金”“私募基金管理”“创业投资”字样，并在经营范围中标明“私募投资基金管理”“私募证券投资基金管理”“私募股权投资基金管理”“创业投资基金管理”等体现受托管理私募基金特点的字样。目前，新申请登记为私募基金管理人，在名称及经营范围里必须包含“私募基金”字样。对于名称和经营范围中不含上述相关字样的机构，将不予受理登记申请。

2. 对于兼营民间借贷、民间融资、配资业务、小额理财、小额借贷、P2P/P2B、众筹、保理、担保、房地产开发、交易平台等业务的申请机构，因上述业务与私募基金属性相冲突，为防范风险，协会对从事冲突业务的机构将不予登记。

3. 根据《内控指引》和《私募基金登记备案相关问题解答（十三）》的规定，私募基金管理人应当遵循专业化运营原则，主营业务清晰，不得兼营与私募基金管理无关或存在利益冲突的其他业务。

（五）机构出资人及实际控制人相关要求

1. 对于实际控制人应一致追溯到最后自然人、国资控股企业或集体企业、上市公司、受国外金融监管部门监管的境外机构。在没有实际控制人的情形下，由其第一大股东承担实际控制人相应责任。

2. 申请机构应保证股权结构清晰，不应当存在股权代持情形。申请机构出资人应当以货币财产出资，出资人应当保证资金来源真实合法且不受制于任何第三方。出资人应具备与其认缴资本金额相匹配的出资能力，并提供相应的证明材料。

3. 申请机构应确保股权架构简明清晰，不应出现股权结构层级过多、循环出资、交叉持股等情形。

4. 申请机构应当专注主营业务，确保股权的稳定性。对于申请登记前一年内发生股权变更的，申请机构应详细说明变更原因。如申请机构存在为规避出资人相关规定而进行特殊股权设计的情形，协会根据实质重于形式原则，审慎核查。

5. 申请机构的出资人、实际控制人不得为资产管理产品。

（六）机构关联方相关要求

1. 申请机构若存在子公司（持股5%以上的金融机构、上市公司及持股20%以上的其他企业）、分支机构、关联方（受同一控股股东/实际控制人控制的金融机构、私募基金管理人、投资类企业、冲突业务企业、投资咨询及金融服务企业等），法律意见书应明确说明相关子公司、分支机构和关联方工商登记信息等基本资料、相关机构业务开展情况、相关机构是否已登记为私募基金管理人、与申请机构是否存在业务往来等。

2. 申请机构的子公司、分支机构或关联方中有私募基金管理人的，申请机构应在子公司、分支机构或关联方中的私募基金管理人实际展业并完成首只私募基金备案后，再提交申请机构私募基金管理人登记申请。

3. 申请机构的子公司、分支机构或关联方存在已从事私募基金业务但未登记为私募基金管理人的情形，申请机构应先办理其子公司、分支机构或关联方私募基金管理人登记。

4. 申请机构存在为规避关联方相关规定而进行特殊股权设计的情形，协会应根据实质重于形式原则，审慎核查。

5. 同一实际控制人下再有新申请机构的，应当说明设置多个私募基金管理人的目的与合理性、业务方向区别、如何避免同业化竞争等问题。该实际控制人及其控制的已登记关联私募基金管理人需书面承诺，在新申请机构展业中出现违法违规情形时，应当承担相应的合规连带责任和自律处分后果。

同一实际控制人项下再有新申请机构的，申请机构的第一大股东及实际控制人应当书面承诺在完成私募基金管理人登记后，继续持有申请机构股权或实际控制不少于3年。

（七）法律意见书相关要求

1. 按照《关于进一步规范私募基金管理人登记若干事项的公告》，新申请私募基金管理人登记、已登记的私募基金管理人发生部分重大事项变更，需通过私募基金登记备案系统提交律师事务所出具的法律意见书。法律意见书应按照《私募基金管理人登记法律意见书指引》对申请机构的登记申请材料、工商登记情况、专业化经营情况、股权结构、实际控制人、关联方及分支机构情况、运营基本设施和条件、风险管理制度和内部控制制度、外包情况、合法合规情况、高管人员资质情况等逐项发表结论性意见。

2. 已登记的私募基金管理人申请变更控股股东、变更实际控制人、变更法定代表人/执行事务合伙人等重大事项或协会审慎认定的其他重大事项的，应提交《私募基金管理人重大事项变更专项法律意见书》，对私募基金管理人重大事项变更的相关事项逐项明确发表结论性意见，还应当提供相关证明材料，充分说明变更事项缘由及合理性；按基金合同、基金公司章程或者合伙协议的相关约定，履行基金份额持有人大会、股东大会或合伙人会议的相关表决程序；按照《信息披露管理办法》相关规定和基金合同、基金公司章程或者合伙协议的相关约定，向私募基金投资者及时、准确、完整地进行了信息披露。

3. 按照《私募基金管理人登记法律意见书指引》和《私募基金登记备案相关问题解答（八）》，出具法律意见书的经办律师及律师事务所应当勤勉尽责，根据相关法律法规、《律师事务所从事证券法律业务管理办法》、《律师事务所证券法律业务执业规则（试行）》及协会的相关规定，在尽职调查的基础上对本指引规定的内容发表明确的法律意见书，制作工作底稿并留存，独立、客观、公正地出具《法律意见书》，保证《法律意见书》不存在瞒报信息、虚假记载、误导性陈述及重大遗漏。

参照《律师事务所从事证券法律业务管理办法》和《律师事务所证券法律业务执业规则（试行）》的相关要求，律师事务所及其经办律师出具的《法律意见书》内容应当包含完整的尽职调查过程描述以及对有关事实、法律问题作出认定和判断的适当证据和理由。

《法律意见书》的陈述文字应当逻辑严密、论证充分，所涉指代主体名称、出具的专业法律意见应具体明确。《法律意见书》所涉内容应当与申请机构系统填报的信息保持一致，若系统填报信息与尽职调查情况不一致的，应当作出特别说明。

基金业协会还建立了被不予登记机构及所涉律师事务所、律师情况公示工作机制，公示不予登记申请机构及所涉律师事务所、律师情况。律师事务所及经办律师为一家被不予登记机构提供私募基金管理人登记相关法律服务，且出具了肯定性结论意见的，协会将通过电话沟通、现场约谈等多种途径及时提醒该律师事务所及经办律师相关业务的尽职、合规要求。律师事务所的经办律师累计为两家及以上被不予登记机构提供私募基金管理人登记相关法律服务，且出具了肯定性结论意见的，出于审慎考虑，自其服务的第 2 家被不予登记机构公示之日起 3 年内，协会将要求由该经办律师正在提供私募基金管理人登记相关法律服务的申请机构，提交现聘律师事务所的其他执业律师就申请机构私募基金管理人登记事项出具的复核意见；该申请机构也可以另行聘请其他律师事务所重新出具法律意见书。同时，协会将有关情况通报相关经办律师任职的律师事务所。律师事务所累计为 3 家及以上被不予登记机构提供私募基金管理人登记相关法律服务，且出具了肯定性结论意见的，出于审慎考虑，自其服务的第 3 家被不予登记机构公示之日起 3 年内，协会将要求由该律师事务所正在提供私募基金管理人登记相关法律服务的申请机构，重新聘请其他律师事务所就私募基金管理人登记事项另行出具法律意见书。

同时,协会将有关情况通报所涉律师事务所所在地的司法行政机关和律师协会。

(八)中止办理及不予登记情形

根据《私募基金管理人登记须知》的规定,申请机构出现下列两项及以上情形的,协会将中止办理该类机构私募基金管理人登记申请6个月:

1. 申请机构名称不突出私募基金管理主业,与知名机构重名或名称相近的,名称带有“集团”“金控”等存在误导投资者字样的;
2. 申请机构办公场所不稳定或者不独立的;
3. 申请机构展业计划不具备可行性的;
4. 申请机构不符合专业化经营要求,偏离私募基金主业的;
5. 申请机构存在大额未清偿负债,或负债超过净资产50%的;
6. 申请机构股权代持或股权结构不清晰的;
7. 申请机构实际控制关系不稳定的;
8. 申请机构通过构架安排规避关联方或实际控制人要求的;
9. 申请机构员工、高管人员挂靠,或者专业胜任能力不足的;
10. 申请机构在协会反馈意见后6个月内未补充提交登记申请材料的;
11. 中国证监会、中国证券投资基金业协会认定的其他情形。

此外,根据《基金法》《私募监管暂行办法》《登记备案办法》《关于进一步规范私募基金管理人登记若干事项的公告》及相关自律规则,申请登记私募基金管理人的机构存在以下情形的,基金业协会将不予办理登记,且自该机构不予登记之日起一年内不接受办理其高管人员担任私募基金管理人高管人员、作为私募基金管理人的出资人或实际控制人:

1. 申请机构违反《基金法》《私募监管暂行办法》关于资金募集相关规定,在申请登记前违规发行私募基金,且存在公开宣传推介、向非合格投资者募集资金行为的。

2. 申请机构提供,或申请机构与律师事务所、会计师事务所及其他第三方中介机构等串谋提供虚假登记信息或材料;提供的登记信息或材料存在误导性陈述、重大遗漏的。

3. 申请机构主要出资人、申请机构自身曾经从事过或目前仍兼营民间借贷、民间融资、融资租赁、配资业务、小额理财、小额借贷、P2P/P2B、众筹、保理、担保、房地产开发、交易平台等与私募基金业务相冲突业务的。

4. 申请机构被列入国家企业信用信息公示系统严重违法失信企业名单的。

5. 申请机构的高级管理人员最近 3 年存在重大失信记录，或最近 3 年被中国证监会采取市场禁入措施的。

6. 中国证监会和中国证券投资基金业协会规定的其他情形。

（九）私募基金管理人登记完成后应特别知悉的事项

1. 按照《关于进一步规范私募基金管理人登记若干事项的公告》，新登记的私募基金管理人在办结登记手续之日起 6 个月内仍未备案首只私募基金产品的，基金业协会将注销该私募基金管理人登记。考虑到在法律和实际运作中，在相关管理机构已完成资管产品备案或审批程序后，各类形式的顾问管理型的私募基金产品是否在私募基金登记备案系统备案，不会影响该产品的正常投资运作，为保证该公告相关要求的有效实施，自 2016 年 2 月 5 日起，协会暂不办理新登记的私募基金管理人将顾问管理型基金作为其管理的首只私募基金产品的备案申请，同时暂不受理已登记且尚未备案私募基金的私募基金管理人将顾问管理型基金作为其管理的首只私募基金产品的备案申请。

2. 根据《私募监管暂行办法》《内控指引》《私募投资基金合同指引》等相关要求，为保证新登记私募基金管理人的公司治理、组织架构和管理团队的稳定性，确保私募基金管理人持续有效执行登记申请时所提出的商业运作计划和内部控制制度，自《私募基金登记备案相关问题解答（十四）》发布之日起，申请私募基金管理人登记的机构应当书面承诺：申请登记机构保证其组织架构、管理团队的稳定性，在备案完成第一只基金产品前，不进行法定代表人、控股股东或实际控制人的重大事项变更；不随意更换总经理、合规风控负责人等高级管理人员。法律法规另有规定或发生不可抗力情形的除外。

已有管理规模的私募基金管理人在办理法定代表人、实际控制人或控股股东的重大事项变更申请时，除应按要求提交专项法律意见书外，还应当提供相关证明材料，充分说明变更事项缘由及合理性；按基金合同、基金公司章程或者合伙协议的相关约定，履行基金份额持有人大会、股东大会或合伙人会议的相关表决程序；按照《信息披露管理办法》相关规定和基金合同、基金公司章程或者合伙协议的相关约定，向私募基金投资者就所涉重大事项及时、准确、完整地进行了信息披露。

3. 在私募基金管理人运营过程中，如发生重大事项变更的，还需要注意：如私募基金管理人进行主要出资人、实际控制人、法定代表人/执行事务合伙人（委派代表)等需提交重大事项变更法律意见书的重大事项变更申请,首次提交后6个月内仍未办理通过或退回补正次数超过5次的,协会将暂停申请机构新增产品备案直至办理通过。已登记私募基金管理人1年内法定代表人/执行事务合伙人(委派代表)、主要出资人、实际控制人均发生变化的,应重新提交针对发生变更后私募基金管理人登记法律意见书,根据《私募基金管理人登记法律意见书指引》对申请机构整体情况逐项发表法律意见,同时提交变更的内部程序证明材料、向投资人就该事项信息披露材料,并详细说明变更的原因。对于上述类型重大事项变更,协会将视其为新申请登记机构进行核查,并对变更缘由加大核查力度。

4. 发生高管离职情形的,私募基金管理人在原高管人员离职后,应在3个月内完成聘任具备与岗位要求相适应的专业胜任能力的高管人员。

二、私募基金产品的备案管理规定

(一)不属于私募基金范围的情形

根据基金业协会《私募投资基金备案须知》的规定,私募投资基金是一种由基金和投资者承担风险,并通过主动风险管理,获取风险性投资收益的投资活动。私募基金财产债务由私募基金财产本身承担,投资者以其出资为限,分享投资收益和承担风险。私募基金的投资不应是借(存)贷活动。

下列不符合"基金"本质的经营活动不属于私募基金范围:

1. 变相从事金融机构信(存)贷业务的,或直接投向金融机构信贷资产;

2. 从事经常性、经营性民间借贷活动,包括但不限于通过委托贷款、信托贷款等方式从事上述活动;

3. 私募投资基金通过设置无条件刚性回购安排变相从事借(存)贷活动,基金收益不与投资标的的经营业绩或收益挂钩;

4. 投向保理资产、融资租赁资产、典当资产等《私募基金登记备案相关问题解答(七)》所提及的与私募投资基金相冲突业务的资产、股权或其收(受)益权;

5. 通过投资合伙企业、公司、资产管理产品(含私募投资基金,下同)等方式间接或变相从事上述活动。

2021年,协会发布了《关于发布私募基金备案案例公示的通知》,公示了三个不予备案为私募基金的案例,包括员工持股计划、未以基金运作为目的设立的合伙企业、私募基金管理人员工跟投平台等,认定该三种情形企业不符合私募基金特征,实质上并非私募基金,不予备案。这对于我们理解"私募基金"的本质提供了案例支撑。

（二）私募基金备案时间要求

私募基金管理人应当在私募基金募集完毕后20个工作日内，通过私募基金登记备案系统进行备案，并签署备案承诺函承诺已完成募集，承诺已知晓以私募投资基金名义从事非法集资所应承担的刑事、行政和自律后果。协会认定的“募集完毕”，是指：

1. 已认购契约型私募投资基金的投资者均签署基金合同，且相应认购款已进入基金托管账户（基金财产账户）。

2. 已认缴公司型或合伙型私募投资基金的投资者均签署公司章程或合伙协议并进行工商确权登记，均已完成不低于100万元的首轮实缴出资且实缴资金已进入基金财产账户。管理人及其员工、社会保障基金、政府引导基金、企业年金等养老基金、慈善基金等社会公益基金的首轮实缴出资要求可从其公司章程或合伙协议约定。

私募基金经备案后方可投资运作。但私募投资基金完成备案前，可以以现金管理为目的，投资于银行活期存款、国债、中央银行票据、货币市场基金等中国证监会认可的现金管理工具。

（三）禁止刚兑、禁止资金池、禁止投资单元

1. 禁止刚兑。管理人及其实际控制人、股东、关联方以及募集机构不得向投资者承诺最低收益、承诺本金不受损失，或限定损失金额和比例。

投资者获得的收益应当与投资标的实际收益相匹配，管理人不得按照类似存款计息的方法计提并支付投资者收益。管理人或募集机构使用“业绩比较基准”或“业绩报酬计提基准”等概念，应当与其合理内涵一致，不得将上述概念用于明示或者暗示基金预期收益，使投资者产生刚性兑付预期。

私募证券投资基金管理人不得通过设置增强资金、费用返还等方式调节基金收益或亏损，不得以自有资金认购的基金份额先行承担亏损的形式提供风险补偿，变相保本保收益。

2. 禁止资金池。管理人应当做到每只私募投资基金的资金单独管理、单独建账、单独核算，不得开展或者参与任何形式的“资金池”业务，不得存在短募长投、期限错配、分离定价、滚动发行、集合运作等违规操作。

3. 禁止投资单元。管理人不得在私募投资基金内部设立由不同投资者参与并投向不同资产的投资单元/子份额，规避备案义务，不公平对待投资者。

（四）封闭运作规定

私募股权投资基金和私募资产配置基金应当封闭运作，私募股权投资基金和私募资产配置基金约定的存续期不得少于 5 年，鼓励管理人设立存续期在 7 年及以上的私募股权投资基金。私募基金在备案完成后不得开放认/申购（认缴）和赎回（退出），基金封闭运作期间的分红、退出投资项目减资、对违约投资者进行除名或替换以及基金份额转让除外。

已备案通过的私募股权投资基金或私募资产配置基金，若同时满足以下条件，可以新增投资者或增加既存投资者的认缴出资，但增加的认缴出资额不得超过备案时认缴出资额的 3 倍：

1. 基金的组织形式为公司型或合伙型；
2. 基金由依法设立并取得基金托管资格的托管人托管；
3. 基金处在合同约定的投资期内；
4. 基金进行组合投资，投资于单一标的的资金不超过基金最终认缴出资总额的 50%；
5. 经全体投资者一致同意或经全体投资者认可的决策机制决策通过。

（五）私募股权投资基金（含 FOF）特殊备案要求

私募股权投资基金的投资范围主要包括未上市企业股权、上市公司非公开发行或交易的股票、可转债、市场化和法治化债转股、股权类基金份额，以及中国证监会认可的其他资产。

私募股权投资基金入股或受让被投企业股权的，根据《公司法》《合伙企业法》的规定，应当及时向企业登记机关办理登记或变更登记。管理人应及时将上述情况向投资者披露、向托管人报告。

管理人应当公平地对待其管理的不同私募投资基金财产，有效防范私募投资基金之间的利益输送和利益冲突，不得在不同私募投资基金之间转移收益或亏损。在已设立的私募股权投资基金尚未完成认缴规模 70% 的投资（包括为支付基金税费的合理预留）之前，除经全体投资者一致同意或经全体投资者认可的决策机制决策通过之外，管理人不得设立与前述基金的投资策略、投资范围、投资阶段均实质相同的新基金。

（六）托管要求

私募投资基金托管人应当严格履行《基金法》第三章规定的法定职责，不得通过合同约定免除其法定职责。基金合同和托管协议应当按照《基金法》《私募监管暂行办法》等法律法规和自律规则明确约定托管人的权利义务、职责。在管理人发生异常且无法履行管理职责时，托管人应当按照法律法规及合同约定履行托管职责，维护投资者合法权益。托管人在监督管理人的投资运作过程中，发现管理人的投资或清算指令违反法律法规和自律规则以及合同约定的，应当拒绝执行，并向证监会和协会报告。

契约型私募投资基金应当由依法设立并取得基金托管资格的托管人托管，基金合同约定设置能够切实履行安全保管基金财产职责的基金份额持有人大会日常机构或基金受托人委员会等制度安排的除外。私募资产配置基金应当由依法设立并取得基金托管资格的托管人托管。

私募投资基金通过公司、合伙企业等特殊目的载体间接投资底层资产的，应当由依法设立并取得基金托管资格的托管人托管。托管人应当持续监督私募投资基金与特殊目的载体的资金流，事前掌握资金划转路径，事后获取并保管资金划转及投资凭证。管理人应当及时将投资凭证交付托管人。

三、私募基金的募集管理规定

基金业协会制定的《私募投资基金募集行为管理办法》于 2016 年 4 月 15 日发布，自 2016 年 7 月 15 日起正式施行。根据《私募投资基金募集行为管理办法》的规定，私募基金的募集应当履行：特定对象确定、投资者适当性匹配、基金风险揭示、合格投资者确认、投资冷静期、回访确认等六个程序。

（一）特定对象确定

特定对象确定程序要求，基金募集机构在向投资者推介私募基金前，募集机构应当采取问卷调查等方式履行特定对象确定程序，对投资者风险识别能力和风险承担能力进行评估。未经特定对象确定程序，不得向任何人宣传推介私募基金。问卷调查应当包括但不限于以下方面：

1. 投资者基本信息，其中个人投资者基本信息包括身份信息、年龄、学历、职业、联系方式等信息，机构投资者基本信息包括工商登记中的必备信息、联系方式等信息；

2. 财务状况，其中个人投资者财务状况包括金融资产状况、最近三年个人年均收入、收入中可用于金融投资的比例等信息，机构投资者财务状况包括净资产状况等信息；

3. 投资知识，包括金融法律法规、投资市场和产品情况、对私募基金风险的了解程度、参加专业培训情况等信息；

4. 投资经验，包括投资期限、实际投资产品类型、投资金融产品的数量、参与投资的金融市场情况等；

5. 风险偏好，包括投资目的、风险厌恶程度、计划投资期限、投资出现波动时的焦虑状态等。

通过互联网媒介在线推介的，应当设置在线特定对象确定程序，包括但不限于：

1. 投资者如实填报真实身份信息及联系方式；

2. 募集机构应通过验证码等有效方式核实用户的注册信息；

3. 投资者阅读并同意募集机构的网络服务协议；

4. 投资者阅读并主动确认其自身符合《私募监管暂行办法》第三章关于合格投资者的规定；

5. 投资者在线填报风险识别能力和风险承担能力的问卷调查；

6. 募集机构根据问卷调查及其评估方法在线确认投资者的风险识别能力和风险承担能力。

（二）私募基金的推介

《私募投资基金募集行为管理办法》规定，募集机构应当自行或者委托第三方机构对私募基金进行风险评级，建立科学有效的私募基金风险评级标准和方法。募集机构应当根据私募基金的风险类型和评级结果，向投资者推介与其风险识别能力和风险承担能力相匹配的私募基金，实际上是投资者适当性匹配的要求。

《私募投资基金募集行为管理办法》规定，私募基金推介材料应由私募基金管理人制作并使用。私募基金推介材料内容应与基金合同主要内容一致，不得有任何虚假记载、误导性陈述或者重大遗漏。私募基金管理人应当对私募基金推介材料内容的真实性、完整性、准确性负责。私募基金推介材料内容包括但不限于：

1. 私募基金的名称和基金类型；

2. 私募基金管理人名称、私募基金管理人登记编码、基金管理团队等基本信息；

3. 中国基金业协会私募基金管理人以及私募基金公示信息（含相关诚信信息）；

4. 私募基金托管情况（如无，应以显著字体特别标注）、其他服务提供商（如律师事务所、会计师事务所、保管机构等）、是否聘用投资顾问等；

5. 私募基金的外包情况；

6. 私募基金的投资范围、投资策略和投资限制概况；

7. 私募基金收益与风险的匹配情况；

8. 私募基金的风险揭示；

9. 私募基金募集结算资金专用账户及其监督机构信息；

10. 投资者承担的主要费用及费率，投资者的重要权利（如认购、赎回、转让等限制、时间和要求等）；

11. 私募基金承担的主要费用及费率；

12. 私募基金信息披露的内容、方式及频率；

13. 明确指出该文件不得转载或给第三方传阅；

14. 私募基金采取合伙企业、有限责任公司组织形式的，应当明确说明入伙（股）协议不能替代合伙协议或公司章程，说明根据《合伙企业法》或《公司法》，合伙协议、公司章程依法应当由全体合伙人、股东协商一致，以书面形式订立，申请设立合伙企业、公司或变更合伙人、股东的，并应当向企业登记机关履行申请设立及变更登记手续；

15. 中国基金业协会规定的其他内容。

在推介行为上，募集机构及其从业人员推介私募基金时，禁止有以下行为：

1. 公开推介或者变相公开推介；

2. 推介材料虚假记载、误导性陈述或者重大遗漏；

3. 以任何方式承诺投资者资金不受损失，或者以任何方式承诺投资者最低收益，包括宣传“预期收益”“预计收益”“预测投资业绩”等相关内容；

4. 夸大或者片面推介基金，违规使用“安全”“保证”“承诺”“保险”“避险”“有保障”“高收益”“无风险”等可能误导投资人进行风险判断的措辞；

5. 使用“欲购从速”“申购良机”等片面强调集中营销时间限制的措辞；

6. 推介或片面节选少于6个月的过往整体业绩或过往基金产品业绩；

7. 登载个人、法人或者其他组织的祝贺性、恭维性或推荐性的文字；

8. 采用不具有可比性、公平性、准确性、权威性的数据来源和方法进行业绩比较，任意使用“业绩最佳”“规模最大”等相关措辞；

9. 恶意贬低同行；

10. 允许非本机构雇佣的人员进行私募基金推介；

11. 推介非本机构设立或负责募集的私募基金；

12. 法律、行政法规、中国证监会和中国基金业协会禁止的其他行为。

在推介渠道方面，《私募投资基金募集行为管理办法》规定，募集机构不得通过下列媒介渠道推介私募基金：

1. 公开出版资料；

2. 面向社会公众的宣传单、布告、手册、信函、传真；

3. 海报、户外广告；

4. 电视、电影、电台及其他音像等公共传播媒体；

5. 公共、门户网站链接广告、博客等；

6. 未设置特定对象确定程序的募集机构官方网站、微信朋友圈等互联网媒介；

7. 未设置特定对象确定程序的讲座、报告会、分析会；

8. 未设置特定对象确定程序的电话、短信和电子邮件等通讯媒介等。

（三）合格投资者确认及基金合同签署

在投资者签署合同前，募集机构还应当向投资者说明有关法律法规、说明投资冷静期、回访确认等程序性安排以及投资者的相关权利、揭示私募基金风险，并与投资者签署风险揭示书。

风险揭示的内容，包括但不限于：

1. 私募基金的特殊风险，包括基金合同与中国基金业协会合同指引不一致所涉风险、基金未托管所涉风险、基金委托募集所涉风险、外包事项所涉风险、聘请投资顾问所涉风险、未在中国基金业协会登记备案的风险等；

2. 私募基金的一般风险，包括资金损失风险、基金运营风险、流动性风险、募集失败风险、投资标的的风险、税收风险等；

3. 投资者对基金合同中投资者权益相关重要条款的逐项确认，包括当事人权利义务、费用及税收、纠纷解决方式等。

风险揭示完成后，募集机构应当要求投资者提供必要的资产证明文件或收入证明，以审查投资者是否符合私募基金合格投资者标准，依法履行反洗钱义务，确保单只私募基金投资者人数累计不超过法律规定的数量。

风险揭示和合格投资者审查结束以后，各方才可以签署私募基金合同。合同中还应当约定给投资者不少于24小时的投资冷静期。冷静期结束后，募集机构应当指令回访专员以录音电话、电邮、信函等适当方式进行投资回访。回访的内容包括：

1. 确认受访人是否为投资者本人或机构；

2. 确认投资者是否为自己购买了该基金产品以及投资者是否按照要求亲笔签名或盖章；

3. 确认投资者是否已经阅读并理解基金合同和风险揭示的内容；

4. 确认投资者的风险识别能力及风险承担能力是否与所投资的私募基金产品相匹配；

5. 确认投资者是否知悉投资者承担的主要费用及费率，投资者的重要权利、私募基金信息披露的内容、方式及频率；

6. 确认投资者是否知悉未来可能承担投资损失；

7. 确认投资者是否知悉投资冷静期的起算时间、期间以及享有的权利；

8. 确认投资者是否知悉纠纷解决安排。

未经回访确认成功，投资者交纳的认购基金款项不得由募集账户划转到基金财产账户或托管资金账户，私募基金管理人不得投资运作投资者交纳的认购基金款项。

四、私募基金投资者适当性管理

2016年12月12日，证监会发布《适当性管理办法》，自2017年7月1日起施行；2017年6月28日，基金业协会发布《基金募集机构投资者适当性管理实施指引（试行）》（以下简称《适当性管理指引》）作为该办法的落地配套文件。

投资者适当性管理是指要求基金募集机构在销售基金产品或者服务的过程中，根据投资者的风险承受能力销售不同风险等级的基金产品或者服务，把合适的基金产品或者服务卖给合适的投资者。《适当性管理办法》规定，经营机构在销售产品或者提供服务过程中，应当勤勉尽责，审慎履职，全面了解投资者情况，深入调查分析产品或者服务信息，科学有效评估，充分揭示风险，基于投资者的不同风险承受能力以及产品或服务的不同风险等级等因素，提出明确的适当性匹配意见，将适当的产品或者服务销售给适合的投资者，对违法违规行为承担责任。

（一）总体要求

1. 建立适当性内部管理制度

《适当性管理办法》规定，经营机构应当制定适当性内部管理制度，明确投资者分类、产品或者服务分级、适当性匹配的具体依据、方法、流程等，严格按照内部管理制度进行分类、分级，定期汇总分类、分级结果，并对每名投资者提出匹配意见。

经营机构应当制定并严格落实与适当性内部管理有关的限制不匹配销售行为、客户回访检查、评估与销售隔离等风控制度，以及培训考核、执业规范、监督问责等制度机制，不得采取鼓励不适当销售的考核激励措施，确保从业人员切实履行适当性义务。

《适当性管理指引》要求，基金募集机构应当建立适当性管理制度，至少包括以下内容：

（1）对基金管理人进行审慎调查的方式和方法；

（2）对基金产品或者服务的风险等级进行设置、对基金产品或者服务进行风险评价的方式或方法；

（3）对投资者进行分类的方法和程序、投资者转化的方法和程序；

（4）对普通投资者风险承受能力进行调查和评价的方式和方法；

（5）对基金产品或者服务和投资者进行匹配的方法；

（6）投资者适当性管理的保障措施和风控制度。

2. 回访及自查

《适当性管理指引》规定，基金募集机构要建立健全普通投资者回访制度，对购买基金产品或者服务的普通投资者定期抽取一定比例进行回访，对持有 R5 等级基金产品或者服务的普通投资者增加回访比例和频次。

基金募集机构对回访时发现的异常情况进行持续跟踪，对异常情况进行核查，存在风险隐患的及时排查，并定期整理总结，以完善投资者适当性制度。

回访内容包括但不限于以下信息：

（1）受访人是否为投资者本人；

（2）受访人是否已知晓基金产品或者服务的风险以及相关风险警示；

（3）受访人是否已知晓自己的风险承受能力等级、购买的基金产品或者接受的服务的风险等级以及适当性匹配意见；

(4)受访人是否知晓承担的费用以及可能产生的投资损失；

(5)基金募集机构及其工作人员是否存在《适当性管理办法》第22条规定的禁止行为。

基金募集机构应每半年开展一次投资者适当性管理自查。自查可以采取现场、非现场及暗访相结合的方式进行,并形成自查报告留存备查。

自查内容包括但不限于投资者适当性管理制度建设及落实情况、人员考核及培训情况、投资者投诉处理情况、发现业务风险及时整改情况,以及其他需要报告的事项。

3. 录音录像要求

《适当性管理办法》规定,经营机构通过营业网点向普通投资者进行下列告知、警示,应当全过程录音或录像:

(1)在普通投资者申请成为专业投资者时,向该投资者说明不同类别投资者履行适当性义务的差别,警示可能承担的投资风险,告知申请审查结果和理由;

(2)向普通投资者销售高风险产品或者提供相关服务,告知其特别的风险点;

(3)当投资者和产品或服务的信息发生变化,主动调整投资者分类、产品或者服务分级以及适当性匹配意见,对投资者进行告知;

(4)向普通投资者销售产品或服务前,告知以下信息:①可能直接导致本金亏损的事项;②可能直接导致超过原始本金损失的事项;③因经营机构的业务或财产状况变化,可能导致本金或原始本金亏损的事项;④因经营机构的业务或财产状况变化,影响客户判断的重要事由;⑤限制销售对象权利行使期限或者可解除合同期限等全部限制内容;⑥对投资者适当性匹配的意见。

4. 档案保管要求

根据《适当性管理指引》的规定,基金募集机构要建立完善的档案管理制度,妥善保存投资者适当性管理业务资料。投资者适当性管理制度、投资者信息资料、告知警示投资者资料、录音录像资料、自查报告等至少保存20年。

(二)投资者分类

《适当性管理办法》规定,投资者分为专业投资者和普通投资者,普通投资者在信息告知、风险警示、适当性匹配方面享有特别保护。

符合下列条件之一的是专业投资者:

1. 经有关金融监管部门批准设立的金融机构，包括证券公司、期货公司、基金管理公司及其子公司、商业银行、保险公司、信托公司、财务公司等；经行业协会备案或者登记的证券公司子公司、期货公司子公司、私募基金管理人。

2. 上述机构面向投资者发行的理财产品，包括但不限于证券公司资产管理产品、基金管理公司及其子公司产品、期货公司资产管理产品、银行理财产品、保险产品、信托产品、经行业协会备案的私募基金。

3. 社会保障基金、企业年金等养老基金，慈善基金等社会公益基金，合格境外机构投资者（QFII）、人民币合格境外机构投资者（RQFII）。

4. 同时符合下列条件的法人或者其他组织：

（1）最近 1 年年末净资产不低于 2000 万元；

（2）最近 1 年年末金融资产不低于 1000 万元；

（3）具有 2 年以上证券、基金、期货、黄金、外汇等投资经历。

5. 同时符合下列条件的自然人：

（1）金融资产不低于 500 万元，或者最近 3 年个人年均收入不低于 50 万元；

（2）具有 2 年以上证券、基金、期货、黄金、外汇等投资经历，或者具有 2 年以上金融产品设计、投资、风险管理及相关工作经历，或者属于第（1）项规定的专业投资者的高级管理人员、获得职业资格认证的从事金融相关业务的注册会计师和律师。

金融资产，是指银行存款、股票、债券、基金份额、资产管理计划、银行理财产品、信托计划、保险产品、期货及其他衍生产品等。

经营机构可以根据专业投资者的业务资格、投资实力、投资经历等因素，对专业投资者进行细化分类和管理。

专业投资者之外的投资者为普通投资者。经营机构应当按照有效维护投资者合法权益的要求，综合考虑收入来源、资产状况、债务、投资知识和经验、风险偏好、诚信状况等因素，确定普通投资者的风险承受能力，对其进行细化分类和管理。

普通投资者和专业投资者在一定条件下可以互相转化。符合下列条件之一的普通投资者可以申请转化成为专业投资者，但经营机构有权自主决定是否同意其转化：

1. 最近 1 年年末净资产不低于 1000 万元，最近 1 年年末金融资产不低于 500 万元，且具有 1 年以上证券、基金、期货、黄金、外汇等投资经历的除专业投资者外的法人或其他组织；

2. 金融资产不低于 300 万元或者最近 3 年个人年均收入不低于 30 万元，且具有 1 年以上证券、基金、期货、黄金、外汇等投资经历或者 1 年以上金融产品设计、投资、风险管理及相关工作经历的自然人投资者。

《适当性管理指引》规定，基金募集机构要根据自然人投资者、机构投资者、金融机构理财产品的各自特点，向投资者提供具有针对性的投资者信息表。

基金募集机构要设计风险测评问卷，并对普通投资者进行风险测评。基金募集机构要按照风险承受能力，将普通投资者由低到高至少分为 C1（含风险承受能力最低类别）、C2、C3、C4、C5 五种类型。

基金募集机构向普通投资者以纸质或者电子文档形式提供风险测评问卷，对其风险承受能力进行测试，并遵循以下程序：

1. 基金募集机构要核查参加风险测评的投资者或机构经办人员的身份信息；

2. 基金募集机构以及工作人员在测试过程中，不得有提示、暗示、诱导、误导等行为对测试人员进行干扰，影响测试结果；

3. 风险测评问卷要在填写完毕后 5 个工作日内，得出相应结果。

基金募集机构要根据投资者信息表、风险测评问卷以及其他相关材料，对普通投资者风险等级进行综合评估，并在评估工作结束之日起 5 个工作日内，告知投资者风险等级评估结果。

基金募集机构要建立投资者评估数据库，为投资者建立信息档案，并对投资者风险等级进行动态管理。

（三）基金产品分级

《适当性管理办法》规定，经营机构应当了解所销售产品或者所提供服务的信息，根据风险特征和程度，对销售的产品或者提供的服务划分风险等级。划分产品或者服务风险等级时应当综合考虑以下因素：

1. 流动性；
2. 到期时限；
3. 杠杆情况；
4. 结构复杂性；
5. 投资单位产品或者相关服务的最低金额；
6. 投资方向和投资范围；
7. 募集方式；
8. 发行人等相关主体的信用状况；

9. 同类产品或者服务过往业绩；

10. 其他因素。

涉及投资组合的产品或者服务，应当按照产品或者服务整体风险等级进行评估。

产品或者服务存在下列因素的，应当审慎评估其风险等级：

1. 存在本金损失的可能性，因杠杆交易等因素容易导致本金大部分或者全部损失的产品或者服务；

2. 产品或者服务的流动变现能力，因无公开交易市场、参与投资者少等因素导致难以在短期内以合理价格顺利变现的产品或者服务；

3. 产品或者服务的可理解性，因结构复杂、不易估值等因素导致普通人难以理解其条款和特征的产品或者服务；

4. 产品或者服务的募集方式，涉及面广、影响力大的公募产品或者相关服务；

5. 产品或者服务的跨境因素，存在市场差异、适用境外法律等情形的跨境发行或者交易的产品或者服务；

6. 自律组织认定的高风险产品或者服务；

7. 其他有可能构成投资风险的因素。

《适当性管理指引》规定，基金募集机构对基金产品或者服务的风险等级划分，可以由基金募集机构完成，也可以委托第三方机构提供。

委托第三方机构提供基金产品或者服务风险等级划分的，基金募集机构应当要求其提供基金产品或者服务风险等级划分方法及其说明。基金募集机构落实适当性义务不因委托第三方而免除。

基金产品或者服务的风险等级要按照风险由低到高顺序，至少划分为：R1、R2、R3、R4、R5 五个等级。基金募集机构可以根据实际情况在前款所列等级的基础上进一步进行风险细分。

基金产品或者服务风险等级划分要综合考虑以下因素：

1. 基金管理人成立时间，治理结构，资本金规模，管理基金规模，投研团队稳定性，资产配置能力、内部控制制度健全性及执行度，风险控制完备性，是否有风险准备金制度安排，从业人员合规性，股东、高级管理人员及基金经理的稳定性等；

2. 基金产品或者服务的结构（母子基金、平行基金），投资方向、投资范围和投资比例，募集方式及最低认缴金额，运作方式，存续期限，过往业绩及净值的历史波动程度，成立以来有无违规行为发生，基金估值政策、程序和定价模式，申购和赎回安排，杠杆运用情况等。

基金产品或者服务存在下列因素的，募集机构要审慎评估其风险等级：

1. 基金产品或者服务合同存在特殊免责条款、结构性安排、投资标的具有衍生品性质等导致普通投资者难以理解的；

2. 基金产品或者服务不存在公开交易市场，或因参与投资者少等因素导致难以在短期内以合理价格顺利变现的；

3. 基金产品或者服务的投资标的流动性差、存在非标准资产投资导致不易估值的；

4. 基金产品或者服务投资杠杆达到相关要求上限、投资单一标的集中度过高的；

5. 基金管理人、实际控制人、高管人员涉嫌重大违法违规行为或正在接受监管部门或自律管理部门调查的；

6. 影响投资者利益的其他重大事项；

7. 协会认定的高风险基金产品或者服务。

基金募集机构可以通过定量和定性相结合的方法对基金产品或者服务进行风险分级。

基金募集机构可以根据基金产品或者服务风险因素与风险等级的相关性，确定各项评估因素的分值和权重，建立评估分值与基金产品风险等级的对应关系。

基金募集机构通过定量分析对基金产品进行风险分级时，可以运用贝塔系数、标准差、风险在险值等风险指标体系，划分基金的期限风险、流动性风险、波动性风险等。

（四）适当性匹配

《适当性管理办法》规定，经营机构应当根据产品或者服务的不同风险等级，对其适合销售产品或者提供服务的投资者类型作出判断，根据投资者的不同分类，对其适合购买的产品或者接受的服务作出判断。禁止经营机构进行下列销售产品或者提供服务的活动：

1. 向不符合准入要求的投资者销售产品或者提供服务；

2. 向投资者就不确定事项提供确定性的判断，或者告知投资者有可能使其误认为具有确定性的意见；

3. 向普通投资者主动推介风险等级高于其风险承受能力的产品或者服务；

4. 向普通投资者主动推介不符合其投资目标的产品或者服务；

5. 向风险承受能力最低类别的投资者销售或者提供风险等级高于其风险承受能力的产品或者服务；

6. 其他违背适当性要求，损害投资者合法权益的行为。

《适当性实施指引》规定，基金募集机构要根据普通投资者风险承受能力和基金产品或者服务的风险等级建立以下适当性匹配原则：

1. C1 型（含最低风险承受能力类别）普通投资者可以购买 R1 级基金产品或者服务；

2. C2 型普通投资者可以购买 R2 级及以下风险等级的基金产品或者服务；

3. C3 型普通投资者可以购买 R3 级及以下风险等级的基金产品或者服务；

4. C4 型普通投资者可以购买 R4 级及以下风险等级的基金产品或者服务；

5. C5 型普通投资者可以购买所有风险等级的基金产品或者服务。

此外，基金募集机构在向普通投资者销售 R5 风险等级的基金产品或者服务时，应向其完整揭示以下事项：

1. 基金产品或者服务的详细信息、重点特性和风险；

2. 基金产品或者服务的主要费用、费率及重要权利、信息披露内容、方式及频率；

3. 普通投资者可能承担的损失；

4. 普通投资者投诉方式及纠纷解决安排。

五、私募基金管理人内控要求

《内控指引》是基金业协会于 2016 年 2 月 1 日发布的一个重要文件。私募基金管理人应当按照该指引的要求，结合自身的具体情况，建立健全内部控制机制，明确内部控制职责，完善内部控制措施，强化内部控制保障，持续开展内部控制评价和监督。私募基金管理人最高权力机构对建立内部控制制度和维持其有效性承担最终责任，经营层对内部控制制度的有效执行承担责任。

《内控指引》要求：私募基金管理人应当遵循专业化运营原则，主营业务清晰，不得兼营与私募基金管理无关或存在利益冲突的其他业务。

私募基金管理人应当健全治理结构，防范不正当关联交易、利益输送和内部人控制风险，保护投资者利益和自身合法权益。

组织结构应当体现职责明确、相互制约的原则，建立必要的防火墙制度与业务隔离制度，各部门有合理及明确的授权分工，操作相互独立。

私募基金管理人应当建立有效的人力资源管理制度，健全激励约束机制，确保工作人员具备与岗位要求相适应的职业操守和专业胜任能力。

私募基金管理人应具备至少 2 名高级管理人员，应当设置负责合规风控的高级管理人员。负责合规风控的高级管理人员，应当独立地履行对内部控制监督、检查、评价、报告和建议的职能，对因失职渎职导致内部控制失效造成重大损失的，应承担相关责任。

私募基金管理人应当建立科学严谨的业务操作流程，利用部门分设、岗位分设、外包、托管等方式实现业务流程的控制。授权控制应当贯穿于私募基金管理人资金募集、投资研究、投资运作、运营保障和信息披露等主要环节的始终。私募基金管理人应当建立健全授权标准和程序，确保授权制度的贯彻执行。

私募基金管理人应当建立完善的财产分离制度，私募基金财产与私募基金管理人固有财产之间、不同私募基金财产之间、私募基金财产和其他财产之间要实行独立运作，分别核算。

私募基金管理人应建立健全相关机制，防范管理的各私募基金之间的利益输送和利益冲突，公平对待管理的各私募基金，保护投资者利益。

私募基金管理人应当建立健全投资业务控制制度，保证投资决策严格按照法律法规规定，符合基金合同所规定的投资目标、投资范围、投资策略、投资组合和投资限制等要求。

除基金合同另有约定外，私募基金应当由基金托管人托管，私募基金管理人应建立健全私募基金托管人遴选制度，切实保障资金安全。基金合同约定私募基金不进行托管的，私募基金管理人应建立保障私募基金财产安全的制度措施和纠纷解决机制。

私募基金管理人应当保存私募基金内部控制活动等方面的信息及相关资料，确保信息的完整、连续、准确和可追溯，保存期限自私募基金清算终止之日起不得少于 10 年。

需要注意的是，以上涉及的这些制度文件，在私募基金管理人申请登记的时候，协会要求一一上传，并且要求律师事务所核查这些制度是否可以操作并被有效执行。

六、私募基金的信息披露要求

在《内控指引》发布后，基金业协会于 2016 年 2 月 4 日发布了《信息披露管理办法》,要求私募基金管理人、私募基金托管人,以及法律、行政法规、中国证监会和中国基金业协会规定的具有信息披露义务的法人和其他组织(以下简称信息披露义务人)应按照中国基金业协会的规定以及基金合同、公司章程或者合伙协议约定向投资者进行信息披露。

(一)信息披露的一般规定

根据《信息披露管理办法》的规定,信息披露义务人应当向投资者披露的信息包括:

1. 基金合同;
2. 招募说明书等宣传推介文件;
3. 基金销售协议中的主要权利义务条款(如有);
4. 基金的投资情况;
5. 基金的资产负债情况;
6. 基金的投资收益分配情况;
7. 基金承担的费用和业绩报酬安排;
8. 可能存在的利益冲突;
9. 涉及私募基金管理业务、基金财产、基金托管业务的重大诉讼、仲裁;
10. 中国证监会以及中国基金业协会规定的影响投资者合法权益的其他重大信息。

信息披露义务人披露基金信息,不得存在以下行为:

1. 公开披露或者变相公开披露;
2. 虚假记载、误导性陈述或者重大遗漏;
3. 对投资业绩进行预测;
4. 违规承诺收益或者承担损失;
5. 诋毁其他基金管理人、基金托管人或者基金销售机构;
6. 登载任何自然人、法人或者其他组织的祝贺性、恭维性或推荐性的文字;
7. 采用不具有可比性、公平性、准确性、权威性的数据来源和方法进行业绩比较,任意使用"业绩最佳""规模最大"等相关措辞;
8. 法律、行政法规、中国证监会和中国基金业协会禁止的其他行为。

(二)基金募集期间的信息披露

根据《信息披露管理办法》的规定,在私募基金募集期间,私募基金管理人应当在宣传推介材料（如招募说明书）中向投资者披露如下信息：

1. 基金的基本信息：基金名称、基金架构（是否为母子基金、是否有平行基金）、基金类型、基金注册地（如有）、基金募集规模、最低认缴出资额、基金运作方式（封闭式、开放式或者其他方式）、基金的存续期限、基金联系人和联系信息、基金托管人（如有）；

2. 基金管理人基本信息：基金管理人名称、注册地/主要经营地址、成立时间、组织形式、基金管理人在中国基金业协会的登记备案情况；

3. 基金的投资信息：基金的投资目标、投资策略、投资方向、业绩比较基准（如有）、风险收益特征等；

4. 基金的募集期限：应载明基金首轮交割日以及最后交割日事项（如有）；

5. 基金估值政策、程序和定价模式；

6. 基金合同的主要条款：出资方式、收益分配和亏损分担方式、管理费标准及计提方式、基金费用承担方式、基金业务报告和财务报告提交制度等；

7. 基金的申购与赎回安排；

8. 基金管理人最近 3 年的诚信情况说明；

9. 其他事项。

（三）基金运作期间的信息披露

基金合同中应当明确信息披露义务人向投资者进行信息披露的内容、披露频度、披露方式、披露责任以及信息披露渠道等事项。

1. 季度披露

私募基金运行期间，信息披露义务人应当在每季度结束之日起 10 个工作日以内向投资者披露基金净值、主要财务指标以及投资组合情况等信息。

2. 年度披露

私募基金运行期间，信息披露义务人应当在每年结束之日起 4 个月以内向投资者披露以下信息：

（1）报告期末基金净值和基金份额总额；

（2）基金的财务情况；

（3）基金投资运作情况和运用杠杆情况；

（4）投资者账户信息，包括实缴出资额、未缴出资额以及报告期末所持有基金份额总额等；

(5)投资收益分配和损失承担情况;

(6)基金管理人取得的管理费和业绩报酬,包括计提基准、计提方式和支付方式;

(7)基金合同约定的其他信息。

3. 重大事项的披露

发生以下重大事项的,信息披露义务人应当按照基金合同的约定及时向投资者披露:

(1)基金名称、注册地址、组织形式发生变更的;

(2)投资范围和投资策略发生重大变化的;

(3)变更基金管理人或托管人的;

(4)管理人的法定代表人、执行事务合伙人(委派代表)、实际控制人发生变更的;

(5)触及基金止损线或预警线的;

(6)管理费率、托管费率发生变化的;

(7)基金收益分配事项发生变更的;

(8)基金触发巨额赎回的;

(9)基金存续期变更或展期的;

(10)基金发生清盘或清算的;

(11)发生重大关联交易事项的;

(12)基金管理人、实际控制人、高管人员涉嫌重大违法违规行为或正在接受监管部门或自律管理部门调查的;

(13)涉及私募基金管理业务、基金财产、基金托管业务的重大诉讼、仲裁;

(14)基金合同约定的影响投资者利益的其他重大事项。

(四)信息披露的事务管理

根据《信息披露管理办法》的规定,信息披露事务管理制度应当至少包括以下事项:

1. 信息披露义务人向投资者进行信息披露的内容、披露频度、披露方式、披露责任以及信息披露渠道等事项;

2. 信息披露相关文件、资料的档案管理;

3. 信息披露管理部门、流程、渠道、应急预案及责任;

4. 未按规定披露信息的责任追究机制，对违反规定人员的处理措施。

信息披露义务人应指定专人负责管理信息披露事务，并按要求在私募基金登记备案系统中上传信息披露相关制度文件。信息披露义务人应当妥善保管私募基金信息披露的相关文件资料，保存期限自基金清算终止之日起不得少于10年。

七、私募基金从业人员管理

（一）从业资格取得

基金从业资格的取得，有两种方式：一种是通过考试取得；另一种是通过协会资格认定的方式取得。

1. 考试取得

2013年6月1日，修订后的《基金法》正式实施，规定基金从业人员应当具备基金从业资格，并授权基金行业协会组织基金从业人员的从业考试、资质管理和业务培训。为了落实《基金法》，协会于2015年6月发布《关于基金从业资格考试有关事项的通知》①（中基协字〔2015〕112号），规定基金从业资格考试包含两个科目：科目一：基金法律法规、职业道德与业务规范；科目二：证券投资基金基础知识。考生通过两个科目考试后，具备基金从业资格及基金销售资格注册条件。2015年9月基金业协会启动了首次基金从业人员资格考试。

2016年2月5日，基金业协会发布《关于进一步规范私募基金管理人登记若干事项的公告》（中基协发〔2016〕4号），要求私募基金高级管理人员取得基金从业资格。从事私募证券投资基金业务的各类私募基金管理人，其高管人员［包括法定代表人/执行事务合伙人（委派代表）、总经理、副总经理、合规/风控负责人等］均应当取得基金从业资格。从事非私募证券投资基金业务的各类私募基金管理人，至少2名高管人员应当取得基金从业资格，其法定代表人/执行事务合伙人（委派代表）、合规/风控负责人应当取得基金从业资格。

鉴于股权投资和证券投资两种投资方式在、投资策略、投资流程及投资方法上有较大差异，基金业协会在2016年9月新增了科目三《股权投资基金》的考试，即基金从业资格考试科目由之前的两门变为三门，科目一《基金法律法规、职业道德与业务规范》、科目二《证券投资基金基础知识》和科目三《股权投资基金基础知识》。参加考试的人员通过科目一和科目二考试，或通过科目一和科目三考试成绩

---

① 该通知于2020年8月由基金业协会发布《关于废止部分自律规则的公告（第一批）》已废止。

合格的,均可申请注册基金从业资格。

需要注意的是,根据《私募基金登记备案相关问题解答(十二)》的规定,通过基金从业资格相关科目考试的,应在考试通过后的4年内向协会申请基金从业资格注册。已通过基金从业资格相关科目考试,但超过4年未注册基金从业资格的,在2017年7月1日之后,向协会申请基金从业资格注册需重新参加基金从业资格考试或补齐近两年的后续培训30个学时。

此外,基金业协会还对中国证券业协会组织的《证券市场基础》《证券投资基金》《证券发行与承销》三门考试成绩认可作出了衔接期的安排。在2015年12月之前,通过中国证券业协会组织的《证券市场基础》和《证券投资基金》考试,或通过《证券市场基础》和《证券发行与承销》考试的,2019年7月1日前均可直接向基金业协会申请注册基金从业资格。2019年7月1日之后,通过上述相关科目考试未注册的,向基金业协会申请基金从业资格(含基金销售业务资格)注册需补齐近两年的后续培训30个学时或重新参加基金从业资格考试。①

2. 资格认定

2016年5月13日,基金业协会发布《私募基金登记备案相关问题解答(九)》,就《关于进一步规范私募基金管理人登记若干事项的公告》中从业资格的取得方式,特别是通过认定取得从业资格的方式作出了解释:

符合下列条件之一的私募股权投资基金管理人(含创业投资基金管理人)的高级管理人员,可以向基金业协会资格认定委员会申请认定基金从业资格:

(1)从事私募股权投资(含创业投资)6年及以上,且参与并成功退出至少两个项目;

(2)担任过上市公司或实收资本不低于10亿元人民币的大中型企业高级管理人员,且从业12年及以上;

(3)从事经济社会管理工作12年及以上的高级管理人员;

(4)在大专院校、研究机构从事经济、金融等相关专业教学研究12年及以上,并获得教授或研究员职称的。

符合上述条件之一的,由所在机构或个人向基金业协会提交以下材料:

(1)个人资格认定申请书;

(2)个人基本情况登记表;

① 参见《关于基金从业人员资格管理实施有关事项的通知》(中基协字〔2017〕100号)。

(3)相关证明材料:

符合上述条件一的,需提交参与项目成功退出证明和两份行业知名人士署名的推荐信,推荐信中应附有推荐人职务及联系方式;

符合上述条件二的,需提交企业和个人的相关证明和两份行业知名人士署名的推荐信,推荐信中应附有推荐人职务及联系方式;

符合上述条件三的,需提交有关组织部门出具的任职证明;

符合上述条件四的,需要提交相关资格证书和两份行业知名人士署名的推荐信,推荐信中应附有推荐人职务及联系方式。

符合下列条件之一的私募基金管理人的高级管理人员,并通过科目一考试的,可以申请认定基金从业资格:

(1)最近3年从事资产管理相关业务,且管理资产年均规模1000万元以上;

(2)已通过证券从业资格(不含《证券投资基金》和《证券发行与承销》科目)、期货从业资格、银行从业资格、特许金融分析师(CFA)等金融相关资格考试,或取得注册会计师资格、法律职业资格、资产评估师资格,或担任上市公司董事、监事及高级管理人员等。

符合上述条件之一的,由所在机构或个人向中国证券投资基金业协会提交基金托管人(托管部门)或基金服务机构出具的最近3年的资产管理规模证明,或相关资格证书或证明。

《私募基金登记备案相关问题解答(九)》发布以后,根据认定中出现的一些情况,协会于2016年发布《私募基金登记备案相关问题解答(十一)》就推荐人需要回避的情形作出了规定。

(二)从业人员管理

《关于进一步规范私募基金管理人登记若干事项的公告》规定,已取得基金从业资格的私募基金管理人的高管人员,应当按照《登记备案办法》及《关于基金从业资格考试有关事项的通知》的要求,每年度完成15学时的后续培训方可维持其基金从业资格。基金业协会每年年检会核查培训学时情况。未按规定完成年检[①]的从业人员,协会将暂停其从业资格,一定期限仍未完成的,协会将注销其从业资格。

---

① 根据基金业协会2019年1月4日发布的《关于不再组织基金从业资格证书年检的通知》(中基协字〔2019〕8号),协会不再组织基金从业人员资格证书年检。现在基金从业资格证书不再需要进行年检,但后续每年15小时的职业培训并未取消。

2014 年 12 月 15 日，协会发布《基金从业人员执业行为自律准则》（中基协发〔2014〕26 号），这是基金从业人的十二条规定，是从事私募基金行业需牢记该十二条准则：

“第一条　从业人员应自觉遵守法律、行政法规，及职业道德，不得损害社会公共利益、基金持有人利益和行业利益。

第二条　从业人员应将基金持有人的利益置于个人及所在机构的利益之上，公平对待基金持有人。不得侵占或者挪用基金持有人的交易资金，不得在不同基金资产之间、基金资产和其它受托资产之间进行利益输送。

第三条　从业人员应具备从事相关活动所必需的专业知识和技能，保持和提高专业胜任能力，审慎开展业务，提高风险管理能力，不得做出任何与职业声誉或专业胜任能力相背离的行为。

第四条　从业人员应当在进行投资分析、提供投资建议、采取投资行动时，具有合理充分的调查研究依据，保持独立性与客观性，坚持原则，不得受各种外界因素的干扰。

第五条　从业人员应当公平、合法、有序地开展业务，不得以排挤竞争对手为目的，压低基金的收费水平，低于基金销售成本销售基金；不得采取抽奖、回扣或者赠送实物、保险、基金份额等方式销售基金。

第六条　从业人员不得泄露任何基金持有人资料和交易信息，不得泄露在执业活动中所获知的各相关方的信息及所属机构的商业秘密，更不得为自己或他人谋取不正当利益。

第七条　从业人员不得从事或协同他人从事内幕交易或利用未公开信息交易活动，不得泄露利用工作便利获取的内幕信息或其它未公开信息，或明示、暗示他人从事内幕交易活动。

第八条　从业人员不得利用资金优势、持股优势和信息优势，单独或者合谋串通，影响证券交易价格或交易量，误导和干扰市场。

第九条　从业人员不得利用工作之便向任何机构和个人输送利益，损害基金持有人利益和损害证券市场秩序。

第十条　从业人员应廉洁自律，不得接受利益相关方的贿赂或对其进行贿赂，如接受或赠送礼物、回扣、补偿或报酬等，或从事可能导致与投资者或所在机构之间产生利益冲突的活动。

第十一条　从业人员应当在宣传、推介和销售基金产品时，坚持销售适用性原则，客观、全面、准确地向投资者推荐或销售适合的基金产品，并及时揭示投资风险。不得进行不适当地宣传，误导欺诈投资者，不得片面夸大过往业绩，不得预测所推介基金的未来业绩，不得违规承诺保本保收益。

第十二条　从业人员应主动倡导理性成熟的投资理念，坚持长期投资、价值投资导向，自觉弘扬行业优秀道德文化，加强自身职业道德修养，规范自身行为，履行社会责任，遵从社会公德，更好地服务社会和投资者。”

此外，为落实证监会2018年6月27日发布的《证券期货经营机构及其工作人员廉洁从业规定》，2020年3月12日，基金业协会发布了《基金经营机构及其工作人员廉洁从业管理实施细则》（以下简称《实施细则》），《实施细则》分为总则、内控要求、主要业务廉洁从业要求、自律管理、附则等五章，共28条，体例与《廉洁从业规定》章节基本对应，是结合基金经营机构公司特点对《廉洁从业规定》进行的细化和补充。

《实施细则》中规定经营机构的总经理是落实廉洁从业管理职责的第一责任人，履行下列廉洁从业管理职责：

1. 在日常经营管理过程中贯彻廉洁从业总体要求，主动倡导廉洁从业理念，积极培育廉洁从业公司文化，主动落实廉洁从业管理要求；

2. 建立健全廉洁从业管理组织架构，为建立、实施、维护和持续改进廉洁从业管理内部控制体系提供必要的资源保障，确保廉洁从业管理人员履职的独立性；

3. 推动、提升本机构廉洁从业管理的有效性，关注本机构廉洁从业内部控制制度是否健全完备、落实执行是否充分到位，发现问题时要求部门和人员及时整改；

4. 督促本机构各部门和人员就廉洁从业情况开展自查或积极配合检查，发现违反廉洁从业行为及时报告、整改，落实追究责任；

5. 其他廉洁从业管理责任。

《实施细则》还明确了在基金募集、投资交易、运作管理、商业合作以及机构登记、产品备案、接受自律管理等业务活动进行中，基金经营机构及其工作人员应当坚持投资者利益优先原则，公平对待所有投资者，坚持廉洁从业底线，强调禁止输送或谋取不正当利益，禁止干扰或者唆使、协助他人干扰基金监督管理或自律管理工作等内容。

第四讲 四部门《关于规范金融机构资产管理业务的指导意见》对私募基金行业的影响及展望

一、"资管新规"的制定背景

《关于规范金融机构资产管理业务的指导意见》(业内称为"资管新规",下文为表述方便也称之为"资管新规")是中国人民银行、银保监会、证监会和国家外汇管理局联合制定的重要文件,自2017年11月17日正式公开征求意见,到2018年3月28日中央全面深化改革委员会第一次会议审议通过,再到2018年4月27日正式发布,历时半年。"资管新规"自一开始就备受瞩目,这份文件意味着资产管理产品多头监管的现状或将改变,资产管理行业统一监管标准的时代到来。

(一)我国资产管理产品的种类

我国资产管理产品有非常多的种类,私募基金是其中的一种,其他常见的还有信托计划、银行理财产品、券商资管计划、保险资管计划、期货资管计划、基金专户,等等。不同的资产管理产品分属于不同的部门监管,各个部门监管的标准不一样,特别是一些产品在合格投资者标准、投资者数量、成立条件、备案/审批形式、投资门槛、投资顾问、分级产品杠杆比例、托管制度安排、投资领域和范围等方面存在的差异,给一些资产管理机构提供了监管套利空间。

在"资管新规"发布前,根据监管部门的统计①,截至2017年年底,不考虑交叉

① 参见《中国人民银行有关负责人就〈关于规范金融机构资产管理业务的指导意见〉答记者问》,载 http://www.pbc.gov.cn/goutongjiaoliu/113456/113469/3529603/index.html。

持有因素，我国资产管理产品总规模已达100万亿元。其中，银行表外理财产品资金余额为22.2万亿元，信托公司受托管理的资金信托余额为21.9万亿元，公募基金、私募基金、证券公司资管计划、基金及其子公司资管计划、保险资管计划余额分别为11.6万亿元、11.1万亿元、16.8万亿元、13.9万亿元、2.5万亿元。同时，互联网企业、各类投资顾问公司等非金融机构开展资管业务也十分活跃。

但是，规模越来越大伴随着的是监管套利活动频繁，通道业务成为一些金融公司的主流业务，主动管理能力不足，刚性兑付普遍。一些产品在结构上多层嵌套，风险底数不清，资金池模式蕴含流动性风险，在正规金融体系之外形成监管不足的影子银行，一定程度上干扰了宏观调控。对企业来讲，通道、嵌套提高了社会融资成本，影响了金融服务实体经济的质效，加剧了风险的跨行业、跨市场传递。

鉴于此，有必要对资管产品建立统一的监管原则和标准。于是，央行领衔制定了“资管新规”。为方便大家理解，图4.1是我国资产管理行业产品概览：

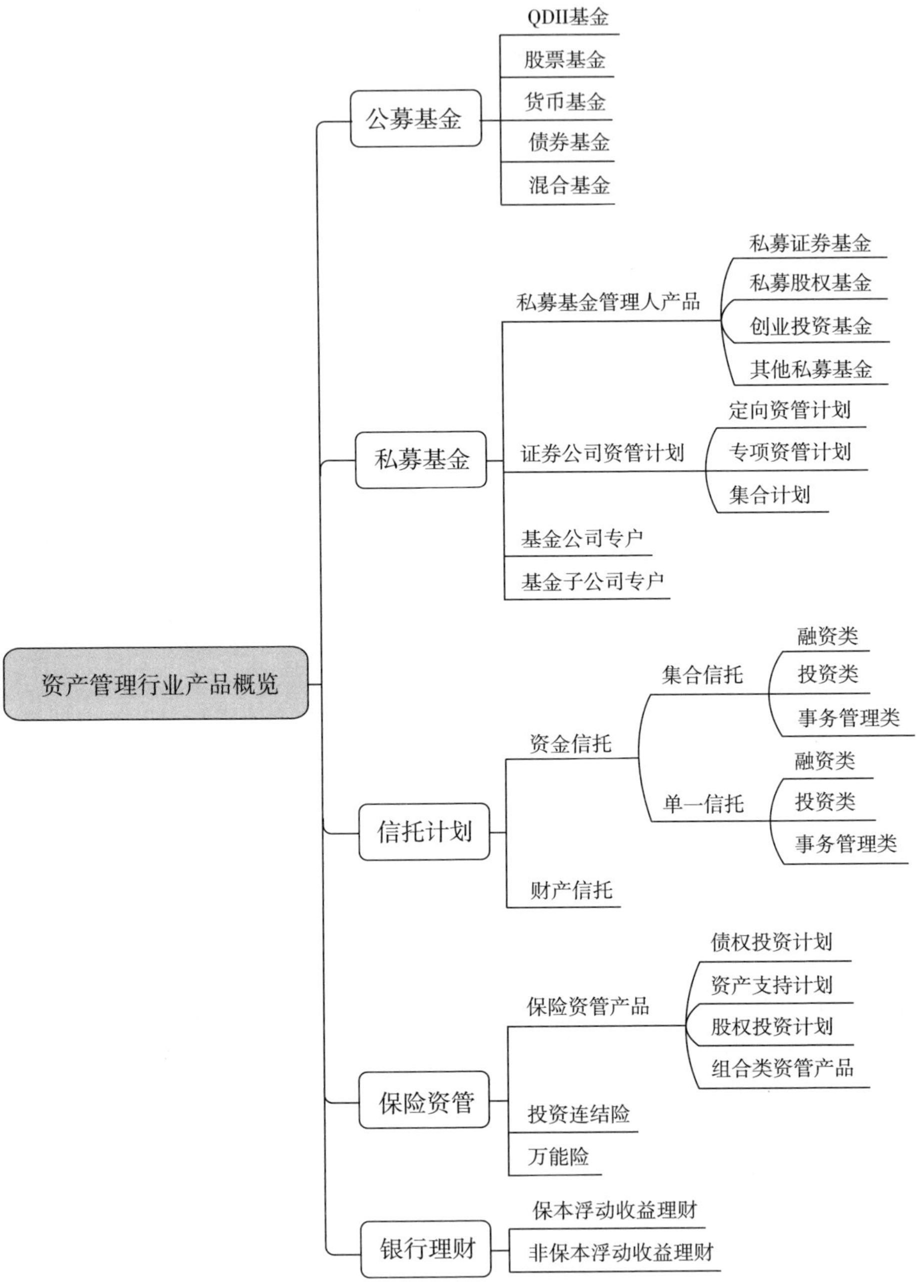

图 4.1　我国资产管理行业产品概览

（二）资产管理产品主要监管法规

同时，将“资管新规”发布前各资产管理产品主要监管法规列表如表 4.1 所示：

表 4.1　各资产管理产品主要监管法规

监管部门	参与机构	产品类型		主要监管文件	
		一级	二级	发布日期	名称
银监会	银行	保证收益理财计划	—	2005 年 9 月	《商业银行个人理财业务管理暂行办法》
				2009 年 7 月	《关于进一步规范商业银行个人理财业务投资管理有关问题的通知》
		非保证收益理财计划	保本浮动收益理财计划	2013 年 3 月	《关于规范商业银行理财业务投资运作有关问题的通知》（已失效）
			非保本浮动收益理财计划	2014 年 7 月	《关于完善银行理财业务组织管理体系有关事项的通知》（已失效）
				2018 年 7 月	《商业银行理财业务监督管理办法（征求意见稿）》（正式稿未下发）
	信托	单一资金信托计划		2001 年 4 月	《中华人民共和国信托法》
		集合资金信托计划		2009 年 2 月	《信托公司集合资金信托计划管理办法》
				2008 年 12 月	《银行与信托公司业务合作指引》
				2009 年 1 月	《信托公司证券投资信托业务操作指引》
				2009 年 12 月	《关于进一步规范银信合作有关事项的通知》
				2010 年 8 月	《关于规范银信理财合作业务有关事项的通知》
保监会	保险资产管理公司	向单一投资人发行的定向产品		2004 年 4 月	《保险资产管理公司管理暂行规定》
		向多个投资人发行的集合产品		2011 年 4 月	《关于调整〈保险资产管理公司管理暂行规定〉有关规定的通知（2011）》
		资产支持计划		2013 年 2 月	《关于保险资产管理公司开展资产管理产品业务试点有关问题的通知》
				2015 年 8 月	《资产支持计划业务管理暂行办法》

续表

监管部门	参与机构	产品类型		主要监管文件	
		一级	二级	发布日期	名称
	基金管理公司	证券投资基金	开放式基金	2012 年 9 月	《证券投资基金管理公司管理办法》(2020 修正)
			封闭式基金	2014 年 7 月	《公开募集证券投资基金运作管理办法》
	基金公司子公司	特定客户资产管理业务	为单一客户办理特定资产管理业务	2012 年 9 月	《基金管理公司特定客户资产管理业务试点办法》
			为特定的多个客户办理特定资产管理业务	2016 年 11 月	《基金管理公司子公司管理规定》
					《基金管理公司特定客户资产管理子公司风险控制指标管理暂行规定》
			专项资产管理业务	2014 年 11 月	《证券公司及基金管理公司子公司资产证券化业务管理规定》及配套规则
				2014 年 12 月	《资产支持专项计划备案管理办法》及配套规则
	证券公司及其资产管理子公司	证券投资基金		2013 年 2 月	《资产管理机构开展公募证券投资基金管理业务暂行规定》
		集合资产管理计划		2013 年 6 月	《证券公司集合资产管理业务实施细则》(已失效)
				2013 年 6 月	《关于规范证券公司聘用第三方机构为集合资产管理计划提供投资决策相关专业服务的通知》
		定向资产管理计划		2012 年 10 月	《证券公司定向资产管理业务实施细则》(已失效)
				2015 年 3 月	《证券期货经营机构落实资产管理业务“八条底线”禁止行为细则》(已失效)
				2013 年 7 月	《关于规范证券公司与银行合作开展定向资产管理业务有关事项的通知》
				2014 年 2 月	《关于进一步规范证券公司资产管理业务有关事项的补充通知》
				2016 年 7 月	《证券期货经营机构私募资产管理业务运作管理暂行规定》

续表

监管部门	参与机构	产品类型		主要监管文件	
		一级	二级	发布日期	名称
		专项资产管理计划		2013 年 6 月	《证券公司客户资产管理业务管理办法》(已失效)
				2014 年 11 月	《证券公司及基金管理公司子公司资产证券化业务管理规定》及配套指引
	期货公司及其资产管理子公司	单一客户资产管理计划		2012 年 7 月	《期货公司资产管理业务试点办法》(已失效)
		特定多个客户资产管理计划		2014 年 12 月	《期货公司资产管理业务管理规则(试行)》(已失效)
	私募基金公司	公司型基金		2006 年 6 月	《公司法》(2018 修正)
		合伙型基金		2006 年 8 月	《合伙企业法》
		契约型基金		2014 年 1 月	《私募投资基金管理人登记和基金备案办法(试行)》
				2014 年 8 月	《私募投资基金监督管理暂行办法》

从表 4.1 中,我们可以看到,资产管理产品,尤其是证券期货资产管理产品的监管文件非常繁杂,导致监管标准不统一。“资管新规”发布后,2018 年 10 月 22 日,证监会公布实施了《证券期货经营机构私募资产管理业务管理办法》和《证券期货经营机构私募资产管理计划运作管理规定》,统一资产管理产品的监管标准。对表 4.1 中提到的如《证券公司客户资产管理业务管理办法》《基金管理公司特定客户资产管理业务试点办法》《期货公司资产管理业务试点办法》《证券公司集合资产管理业务实施细则》《证券公司定向资产管理业务实施细则》等统一废止。

二、“资管新规”的主要内容

“资管新规”共 31 条。“资管新规”的总体思路是按照资管产品的类型制定统一的监管标准,对同类资管业务作出一致性规定,按照产品类型而不是机构类型实施功能监管,同一类型的资产管理产品适用同一监管标准,减少监管真空和套利,最大限度地消除监管套利空间;对于多层嵌套资产管理产品,实行穿透式监管,向上识别产品的最终投资者,向下识别产品的底层资产(公募证券投资基金除外);对资产管理产品的发行销售、投资、兑付等各环节进行全面动态监管,实现实时监管。

(一)对资产管理业务进行了定义

"资管新规"第2条规定:"资产管理业务是指银行、信托、证券、基金、期货、保险资产管理机构、金融资产投资公司[①]等金融机构接受投资者委托,对受托的投资者财产进行投资和管理的金融服务。金融机构为委托人利益履行诚实信用、勤勉尽责义务并收取相应的管理费用,委托人自担投资风险并获得收益。金融机构可以与委托人在合同中事先约定收取合理的业绩报酬,业绩报酬计入管理费,须与产品一一对应并逐个结算,不同产品之间不得相互串用。

资产管理业务是金融机构的表外业务,金融机构开展资产管理业务时不得承诺保本保收益。出现兑付困难时,金融机构不得以任何形式垫资兑付。金融机构不得在表内开展资产管理业务。

私募投资基金适用私募投资基金专门法律、行政法规,私募投资基金专门法律、行政法规中没有明确规定的适用本意见,创业投资基金、政府出资产业投资基金的相关规定另行制定。"

需要注意,"资管新规"对于创业投资基金不适用,对于私募股权基金(狭义)有条件适用,即在私募投资基金专门法律、行政法规中没有明确规定的,才适用"资管新规"的规定。

在资产管理业务的定义里提到了"资产管理业务是金融机构的表外业务",为方便大家理解,这里介绍一些表外业务的基础知识。表内业务,很显然就是有资产负债表的业务,表外业务可以简单理解为金融机构资产负债表之外的业务。最早是在2000年,中国人民银行印发的《商业银行表外业务风险管理指引》(银发〔2000〕344号,已失效)第2条规定:"本指引所称表外业务是指商业银行所从事的,按照现行的会计准则不记入资产负债表内,不形成现实资产负债,但能改变损益的业务。具体包括担保类、承诺类和金融衍生交易类三种类型的业务。"

2011年,银监会修订了《商业银行表外业务风险管理指引》(银监发〔2011〕31号),在该指引中规定:"本指引所称表外业务是指商业银行从事的,按照现行的会

---

① 银监已经陆续批准了五大行设立金融资产投资公司的申请,分别是建信金融资产投资有限公司(2017年7月26日)、农银金融资产投资有限公司(2017年8月1日)、工银金融资产投资有限公司(2017年9月26日)、中银金融资产投资有限公司(2017年11月16日)、交银金融资产投资有限公司(2017年12月29日)。

计准则不计入资产负债表内，不形成现实资产负债，但有可能引起损益变动的业务，包括担保类、部分承诺类两种类型业务。”

2016 年 11 月，银监会又发布《商业银行表外业务风险管理指引（修订征求意见稿）》，但正式稿直到现在也未正式发布。在该指引中，将表外业务定义为“商业银行从事的，按照现行的会计准则不计入资产负债表内，不形成现实资产负债，但能够引起当期损益变动的业务”。立法意图很明显，只要不在资产负债表中反映的业务，但银行收了费用，引起了损益的变动，都属于表外业务的范围。

该指引第 3 条特别强调：“根据表外业务特征和法律关系，表外业务分为担保承诺类、代理投融资服务类、中介服务类、其他类等。”

其中，代理投融资服务类业务指商业银行根据客户委托，为客户提供投融资服务但不承担代偿责任、不承诺投资回报的表外业务，包括但不限于委托贷款、委托投资、代客非保本理财、代客交易、代理发行和承销债券等。

不承担代偿责任、不承诺投资回报，和资管新规中金融机构开展资产管理业务时不得承诺保本保收益，出现兑付困难时，金融机构不得以任何形式垫资兑付，意思一致。

总之，资产管理业务不是资产管理机构的负债，所以资产管理业务不是表内业务。将资产管理业务界定为表外业务，就为金融机构不得保本保收益、为资产管理产品打破刚兑提供了基础和前提。

（二）对资产管理产品进行了分类

“资管新规”规定，资产管理产品包括但不限于人民币或外币形式的银行非保本理财产品，资金信托，证券公司、证券公司子公司、基金管理公司、基金管理子公司、期货公司、期货公司子公司、保险资产管理机构、金融资产投资公司发行的资产管理产品等。依据金融管理部门颁布规则开展的资产证券化业务，依据人力资源社会保障部门颁布规则发行的养老金产品，不适用本意见。

按照募集方式的不同，资产管理产品分为公募产品和私募产品。公募产品面向不特定社会公众公开发行。公开发行的认定标准依照《证券法》执行。私募产品面向合格投资者通过非公开方式发行。

资产管理产品按照投资性质的不同，分为固定收益类产品、权益类产品、商品及金融衍生品类产品和混合类产品。固定收益类产品投资于存款、债券等债权类资产的比例不低于 80%，权益类产品投资于股票、未上市企业股权等权益类资产的比例不低于80%，商品及金融衍生品类产品投资于商品及金融衍生品的比例不低于80%，混合类产品投资于债权类资产、权益类资产、商品及金融衍生品类资产且任一资产的投资比例未达到前三类产品标准。非因金融机构主观因素导致突破前述比例限制的，金融机构应当在流动性受限资产可出售、可转让或者恢复交易的15个交易日内调整至符合要求。

金融机构在发行资产管理产品时，应当按照上述分类标准向投资者明示资产管理产品的类型，并按照确定的产品性质进行投资。在产品成立后至到期日前，不得擅自改变产品类型。混合类产品投资债权类资产、权益类资产和商品及金融衍生品类资产的比例范围应当在发行产品时予以确定并向投资者明示，在产品成立后至到期日前不得擅自改变。产品的实际投向不得违反合同约定，如有改变，除高风险类型的产品超出比例范围投资较低风险资产外，应当先行取得投资者书面同意，并履行登记备案等法律法规以及金融监督管理部门规定的程序。

这一条是对目前资产管理产品一个比较完整的定义。"资管新规"正式稿与征求意见稿相比，在资产管理产品中增加了"金融资产投资公司发行的资产管理产品"，同时，新增了"依据人力资源和社保部门颁布规则发行的养老金产品，不适用本意见"的表述。

"资管新规"统一了固定收益类产品、权益类产品、商品及金融衍生品类产品和混合类产品对于各类资产的投资比例，并且要求金融机构在发行资产管理产品时，向投资者明示资产管理产品的类型。

（三）统一合格投资标准

"资管新规"将投资者分为不特定社会公众和合格投资者两大类，并对合格投资者的标准进行了规定，这一点与《私募监管暂行办法》中的合格投资者有一些差异，私募基金管理人要注意。

"资管新规"规定，合格投资者是指具备相应风险识别能力和风险承担能力，投资于单只资产管理产品不低于一定金额且符合下列条件的自然人和法人或者其他组织：

1. 具有2年以上投资经历，且满足以下条件之一：家庭金融净资产不低于300万元，家庭金融资产不低于500万元，或者近3年本人年均收入不低于40万元。

2. 最近1年年末净资产不低于1000万元的法人单位。

3. 金融管理部门视为合格投资者的其他情形。

合格投资者投资于单只固定收益类产品的金额不低于30万元,投资于单只混合类产品的金额不低于40万元,投资于单只权益类产品、单只商品及金融衍生品类产品的金额不低于100万元。

投资者不得使用贷款、发行债券等筹集的非自有资金投资资产管理产品。

与《私募监管暂行办法》相比,"资管新规"对个人合格投资者投资年限、资产标准进行了修正。"资管新规"规定投资者需具有2年以上投资经历,家庭金融净资产不低于300万元,家庭金融资产不低于500万元,或者近3年本人年均收入不低于40万元。而《私募监管暂行办法》对于个人资产的要求是"金融资产不低于300万元或者最近三年个人年收入不低于50万元"。

(四)对标准化债权类资产及"非标资产"进行了界定

关于"非标资产",银监会、证监会都进行过不同的界定,银监会在《关于规范商业银行理财业务投资运作有关问题的通知》(银监发〔2013〕8号)中首次提出非标债权是"未在银行间市场及证券交易所市场交易的债权性资产,包括但不限于信贷资产、信托贷款、委托债权、承兑汇票、信用证、应收账款、各类受(收)益权、带回购条款的股权性融资等"。后来在2014年下发《关于信托公司风险监管的指导意见》(银监办发〔2014〕99号)及《关于99号文的执行细则》,在《关于99号文的执行细则》中,银监会指出"信托公司非标准化理财资金池业务指信托资金投资于资本市场、银行间市场以外没有公开市价、流动性较差的金融产品和工具,从而导致资金来源和资金运用不能一一对应、资金来源和资金运用的期限不匹配(短期资金长期运用,期限错配)的业务"。这是从信托业务资金池的角度出发,对信托语境下的非标下的定义。

证监会对非标的定义不局限在债权领域。在2016年发布的《证券期货经营机构落实资产管理业务"八条底线"禁止行为细则(修订版征求意见稿)》中,证监会定义"非标类资产管理计划"为"根据资产管理合同约定的投资范围,投资于未在公开证券交易场所转让的股权、债权及其他资产权利的资产比例大于等于80%的资产管理计划"。这种定义下,非标不存在公开证券交易场所,包含"股权、债权及其他资产权利",指的是场外金融产品。不过,《证券期货经营机构落实资产管理业务"八条底线"禁止行为细则(修订版征求意见稿)》并未形成正式稿发布,2016年7月14日发布的《证券期货经营机构私募资产管理业务运作管理暂行规定》(业内称为"新八条底线"),未对"非标类资产管理计划"进行定义。

"非标资产"具有期限、流动性和信用转换功能，透明度较低，流动性较弱，规避了宏观调控政策和资本约束等监管要求，部分投向限制性领域，影子银行特征明显。为了避免资产管理业务沦为变相的信贷业务，防控影子银行风险，"资管新规"从实质重于形式的理念出发，重新界定了非标资产。

"资管新规"以白名单方式区分标与非标，给出标准化债权范围，其余均为非标债权。"资管新规"规定，标准化债权类资产应当同时符合以下条件：

1. 等分化，可交易；
2. 信息披露充分；
3. 集中登记，独立托管；
4. 公允定价，流动性机制完善；
5. 在银行间市场、证券交易所市场等经国务院同意设立的交易市场交易。

具体认定规则由人民银行会同金融监督管理部门另行制定。

标准化债权类资产之外的债权类资产均为非标准化债权类资产。非标准化债权类资产，应当遵守金融监督管理部门制定的有关限额管理、流动性管理等监管标准。预计银保监、证监会还会出台关于非标的监管标准。

（五）禁止"资金池"

"资管新规"规定，金融机构应当做到每只资产管理产品的资金单独管理、单独建账、单独核算，不得开展或者参与具有滚动发行、集合运作、分离定价特征的资金池业务。

实践中，一些金融机构在开展资管业务过程中，通过滚动发行、集合运作、分离定价的方式，对募集资金进行资金池运作。在这种运作模式下，多只资管产品对应多项资产，每只产品的收益来自哪些资产无法辨识，风险也难以衡量。同时，将募集的短期资金投放到长期的债权或股权项目，加大了资管产品的流动性风险，一旦难以募集到后续资金，容易发生流动性紧张。

为了制止金融机构对资管产品进行期限错配，短融长投，滚动发行产品。"资管新规"直接规定，封闭式资产管理产品最短期限不得低于90天，以此纠正资管产品短期化倾向，切实减少和消除资金来源端和运用端的期限错配和流动性风险。"资产新规"还规定，资产管理产品直接或者间接投资于未上市企业股权及其受（收）益权的，应当为封闭式资产管理产品，并明确股权及其受（收）益权的退出安排。未上市企业股权及其受（收）益权的退出日不得晚于封闭式资产管理产品的到期日。这条对私募股权基金影响较大，股权投资基金产品在产品设计时，只能是封闭式运作的产品，不能设开放期进行申购赎回。这也意味着，此类产品在产品运行期内，可能不能再增加股东、合伙人、投资者。

此外，对于部分机构通过为单一融资项目设立多只资管产品变相突破投资人数限制的行为，“资管新规”明确予以禁止。“金融机构不得违反金融监督管理部门的规定，通过为单一融资项目设立多只资产管理产品的方式，变相突破投资人数限制或者其他监管要求。”

为防止同一资产发生风险波及多只产品，要求同一金融机构发行多只资管产品投资同一资产的资金总规模不得超过300亿元，如果超出该规模，需经金融监督管理部门批准。

（六）打破刚性兑付

“资管新规”规定，存在以下行为的视为刚性兑付：

1. 资产管理产品的发行人或者管理人违反真实公允确定净值原则，对产品进行保本保收益；

2. 采取滚动发行等方式，使资产管理产品的本金、收益、风险在不同投资者之间发生转移，实现产品保本保收益；

3. 资产管理产品不能如期兑付或者兑付困难时，发行或者管理该产品的金融机构自行筹集资金偿付或者委托其他机构代为偿付；

4. 金融管理部门认定的其他情形。

经认定存在刚性兑付行为的，区分以下两类机构进行惩处：

1. 存款类金融机构发生刚性兑付的，认定为利用具有存款本质特征的资产管理产品进行监管套利，由国务院银行保险监督管理机构和中国人民银行按照存款业务予以规范，足额补缴存款准备金和存款保险保费，并予以行政处罚。

2. 非存款类持牌金融机构发生刚性兑付的，认定为违规经营，由金融监督管理部门和中国人民银行依法纠正并予以处罚。

任何单位和个人发现金融机构存在刚性兑付行为的，可以向金融管理部门举报，查证属实且举报内容未被相关部门掌握的，给予适当奖励。

外部审计机构在对金融机构进行审计时，如果发现金融机构存在刚性兑付行为的，应当及时报告金融管理部门。外部审计机构在审计过程中未能勤勉尽责，依法追究相应责任或依法依规给予行政处罚，并将相关信息纳入全国信用信息共享平台,建立联合惩戒机制。

为什么要打破刚性兑付？因为刚性兑付、资金池,带有银行业务的属性,是“影子银行”。“资管新规”认为,刚性兑付将投资异化为类借贷,偏离了资管产品“受人之托、代人理财”的本质,抬高无风险收益率水平,干扰资金价格,不仅影响发挥市场在资源配置中的决定性作用,还弱化了市场纪律,导致一些投资者冒险投机,金融机构不尽职尽责,道德风险较为严重。所以,“资管新规”在打破刚兑方面做了以下安排:第一,在定义资管业务时,要求金融机构不得承诺保本保收益,产品出现兑付困难时不得以任何形式垫资兑付。第二,引导金融机构转变预期收益率模式,强化产品净值化管理,并明确核算原则。第三,明示刚性兑付的认定情形,包括违反净值确定原则对产品进行保本保收益、采取滚动发行等方式保本保收益、自行筹集资金偿付或委托其他机构代偿等。第四,分类进行惩处。存款类金融机构发生刚性兑付,足额补缴存款准备金和存款保险保费,非存款类持牌金融机构由金融监督管理部门和中国人民银行依法纠正并予以处罚。此外,强化了外部审计机构的审计责任和报告要求。

(七)统一杠杆

“资管新规”结合当前的行业监管标准,从负债和分级两方面统一资管产品的杠杆要求,投资风险越高,杠杆要求越严。

资管产品的杠杆分为两类:一类是负债杠杆,即产品募集后,金融机构通过拆借、质押回购等负债行为,增加投资杠杆;另一类是分级杠杆,即金融机构对产品进行优先、劣后的份额分级,优先级投资者向劣后级投资者提供融资杠杆。

在负债杠杆方面,“资管新规”规定,每只开放式公募产品的总资产不得超过该产品净资产的140%,每只封闭式公募产品、每只私募产品的总资产不得超过该产品净资产的200%。计算单只产品的总资产时应当按照穿透原则合并计算所投资资产管理产品的总资产。金融机构不得以受托管理的资产管理产品份额进行质押融资,放大杠杆。

在分级产品方面,“资管新规”禁止公募产品和开放式私募产品进行份额分级。在可以分级的封闭式私募产品中,固定收益类产品的分级比例(优先级份额/劣后级份额)不得超过3:1,权益类产品不得超过1:1,商品及金融衍生品类产品、混合类产品均不得超过2:1。

发行分级资产管理产品的金融机构应当对该资产管理产品进行自主管理,不得转委托给劣后级投资者。分级资产管理产品不得直接或者间接对优先级份额认购者提供保本保收益安排①。

(八)消除多层嵌套和通道

资管产品嵌套产生的原因主要是两个方面:一是资产管理机构利用各资产管理产品准入门槛、投资范围、合格投资者认定方面的差异进行监管套利;二是资产管理机构为了放大自己的资金使用杠杆。

"资管新规"第22条规定,金融监督管理部门和国家有关部门应当对各类金融机构开展资产管理业务实行平等准入、给予公平待遇。资产管理产品应当在账户开立、产权登记、法律诉讼等方面享有平等的地位。确实需要对其他行业金融机构发行的资产管理产品采取限制措施的,应当充分征求相关部门意见并达成一致。金融机构不得为其他金融机构的资产管理产品提供规避投资范围、杠杆约束等监管要求的通道服务。资产管理产品可以再投资一层资产管理产品,但所投资的资产管理产品不得再投资公募证券投资基金以外的资产管理产品。

(九)关于人工智能投资顾问的赔偿责任

智能投资顾问在美国市场快速崛起,在国内也发展迅速,目前已有数十家机构推出该项业务。"资管新规"从前瞻性角度,区分金融机构运用人工智能技术开展投资顾问和资管业务两种情形,分别进行了规范。一方面,取得投资顾问资质的机构在具备相应技术条件的情况下,可以运用人工智能技术开展投资顾问业务,非金融机构不得借助智能投资顾问超范围经营或变相开展资管业务。另一方面,金融机构运用人工智能技术开展资管业务,不得夸大宣传或误导投资者,应当报备模型主要参数及资产配置主要逻辑,明晰交易流程,强化留痕管理,避免算法同质化,因算法模型缺陷或信息系统异常引发羊群效应时,应当强制人工介入。金融机构因违法违规或者管理不当造成投资者损失的,应当依法承担损害赔偿责任。

三、"资管新规"展望

"资管新规"自2018年发布后,按照"新老划断"原则设置了过渡期。过渡期内,金融机构发行新产品应当符合"资管新规"的规定;为接续存量产品所投资的未

---

① 以私募基金为例,结构化产品收益分配时,优先本金—劣后本金—优先收益—劣后收益,可以;优先本金—优先收益—劣后本金—劣后收益,不可以。

到期资产，维持必要的流动性和市场稳定，金融机构可以发行老产品对接，但应当严格控制在存量产品整体规模内，并有序压缩递减，防止过渡期结束时出现断崖效应。过渡期结束后，金融机构的资产管理产品按照本意见进行全面规范，不得再发行或存续违反规定的资产管理产品。原本设定的过渡期是到2020年年底，但由于涉及银行、信托、证券、基金、期货、保险等多类机构的众多产品、近百万亿元资金，2020年7月31日，经国务院同意，人民银行会同发展改革委、财政部、银保监会、证监会、外汇局等部门审慎研究决定，将“资管新规”过渡期延长至2021年年底，也就是说，“资管新规”于2022年正式全面施行。

“资管新规”其实主要是要解决分业监管下标准差异催生的监管套利等行为。为了加强监管协调，“资管新规”规定，由央行来负责对资管业务实施宏观审慎管理，按照产品类型而非机构类型统一标准规制，同类产品适用同一监管标准，减少监管真空，消除套利空间。央行负责统筹资产管理产品的数据编码和综合统计工作，会同金融监督管理部门拟定资产管理产品统计制度，建立资产管理产品信息系统，规范和统一产品标准、信息分类、代码、数据格式，逐只产品统计基本信息、募集信息、资产负债信息和终止信息。

预计不久的将来，会有一个统一的资产管理产品信息系统建立，届时资产管理产品会更加的公开和透明，对每只产品都会有统一的代码，资管产品全生命周期都会系统中记录和监管。

此外，“资管新规”规定，“资管新规”实施后，金融监督管理部门在本意见框架内研究制定配套细则，配套细则之间应当相互衔接，避免产生新的监管套利和不公平竞争。目前，银保监会、证监会、外汇管理局等金融监管部门也正在制定“资管新规”配套的实施细则，就“资管新规”的内容进行细化的规定，在具体监管方面形成可操作性的办法。

四、“资管新规”对私募基金的影响

（一）“资管新规”对私募基金的适用

根据“资管新规”第2条的规定，“私募投资基金适用私募投资基金专门法律、行政法规，私募投资基金专门法律、行政法规中没有明确规定的适用本意见，创业投资基金、政府出资产业投资基金的相关规定另行制定”。

由此我们知道，“资管新规”对创业投资基金不适用。私募投资基金，分为私募证券投资基金、私募股权投资基金/创业投资基金、其他类投资基金。私募投资基金的专门法律、行政法规，目前看来指的是《基金法》和还未正式颁布的《私募投资基金管理暂行条例》。

私募证券投资基金首先适用《基金法》《私募投资基金管理暂行条例》的规定，没有明确规定的，适用“资管新规”；私募股权投资基金，这里主要是指并购基金，适用《私募投资基金管理暂行条例》，没有明确规定的，适用“资管新规”。《私募投资基金管理暂行条例》尚未出台，目前主要还是以证监会、基金业协会的相关监管规定为执行口径。以合格投资者为例，目前仍执行的是《私募监管暂行办法》中的“300/50 + 100”“1000 + 100”的规定。

（二）对私募基金的几个影响

1. 合格投资者认定

“资管新规”规定合格投资者的认定标准为，个人投资者需具有两年以上投资经历，且满足以下条件之一：家庭金融净资产不低于 300 万元，家庭金融资产不低于 500 万元，或者近 3 年本人年均收入不低于 40 万元。单位投资者需最近 1 年年末净资产不低于 1000 万元。

目前在“资管新规”配套规则未出台之前，基金业协会执行的口径，仍然是净资产不低于 1000 万元的单位，金融资产不低于 300 万元或者最近 3 年年均收入不低于 50 万元的个人这个标准。

不过，从“资管新规”规定的 2 年以上投资经历来看，今后，对投资者的投资经验会有要求。私募基金管理人应当注意完善在募集时要求投资者提供的材料，投资者也要注意收集证明自己有 2 年以上投资经历的材料。

2. 关于杠杆

“资管新规”出台前，私募股权基金杠杆比通常为 2∶1；私募证券基金适用“新八条底线”的相关规定，“股票类、混合类结构化资产管理计划的杠杆倍数超过 1 倍，固定收益类结构化资产管理计划的杠杆倍数超过 3 倍，其他类结构化资产管理计划的杠杆倍数超过 2 倍”。

“资管新规”从负债杠杆和分级杠杆两个角度对资管产品进行了杠杆的限制，并明确了固定收益类产品的分级比例不得超过 3∶1，权益类产品的分级比例不得超过 1∶1，商品及金融衍生品类产品、混合类产品的分级比例不得超过 2∶1。

私募基金管理人在私募基金产品设计时需考虑综合杠杆的问题，不但要考虑到基金本身的杠杆比，若涉及其他资管产品对基金份额的投资，需从交易架构整体考虑累加计算的杠杆是否超过比例限制。并且，要考虑托管机构对“资管新规”的执行态度，多和托管行沟通。

3. 私募股权基金封闭式运作及小规模备案后持续募集问题

“资管新规”第 15 条规定，“资产管理产品直接或者间接投资于未上市企业股权及其受(收)益权的，应当为封闭式资产管理产品”。

“资管新规”发布后，部分托管银行认定，私募股权基金设立后，应当封闭运作，不能开放申购或赎回，也就是说不能新增投资者。

那么，已有投资者新增资金，或者基金分期缴纳、产品持续募集的情况下，投资者交纳投资款，引起份额变动的，会不会认定为打破了封闭式的规定，违反了“资管新规”这一条的规定？

实务中，很多基金先是小规模进行备案，然后再继续募集。在这种情况下，有可能会出现两个问题。首先，托管银行会认定为在运作中，不符合封闭式运作的规定；其次，协会会反馈后续募集的问题，常见的是，要求募集到总规模的一定比例，或者要求提交后续的募集计划。在“资管新规”发布不久，就有私募基金管理人在进行私募基金备案时收到类似反馈。协会反馈意见：“根据‘资管新规’，投资于未上市企业股权的，应当为封闭式产品，请在合规专项意见书中明确产品总份额不变的前提下不得新增后续合伙人。请合规风控负责人就该产品是否符合资管新规要求发表专项合规意见书。”

后来，在基金业协会 2019 年 12 月 23 日发布的《私募投资基金备案须知》中，明确了这个问题。在私募基金封闭运作的要求中，协会明确：私募股权投资基金(含创业投资基金)和私募资产配置基金应当封闭运作，备案完成后不得开放认/申购(认缴)和赎回(退出)，基金封闭运作期间的分红、退出投资项目减资、对违约投资者除名或替换以及基金份额转让不在此列。已备案通过的私募股权投资基金或私募资产配置基金，若同时满足以下条件，可以新增投资者或增加既存投资者的认缴出资，但增加的认缴出资额不得超过备案时认缴出资额的 3 倍：

(1)基金的组织形式为公司型或合伙型；

(2)基金由依法设立并取得基金托管资格的托管人托管；

(3)基金处在合同约定的投资期内；

(4)基金进行组合投资，投资于单一标的的资金不超过基金最终认缴出资总额的 50%；

(5)经全体投资者一致同意或经全体投资者认可的决策机制决策通过。

这点需要私募基金管理人在备案私募基金产品时注意。

4. 收益分配条款的设置

“资管新规”第13条规定，金融机构不得为资产管理产品投资的股权类资产提供任何直接或者间接、显性或者隐性的担保、回购等代为承担风险的承诺。

“资管新规”第21条规定，分级私募产品不得直接或间接对优先级份额认购者提供保本保收益安排。

在结构化产品中，GP作为劣后级投资者为优先级投资者提供间接的、隐性的保本保收益安排肯定是行不通的。其他劣后级投资者对优先级投资者提供保本保收益安排也被禁止。

那么，收益分配条款如何设计比较科学？结构化产品中，可以这样约定分配顺序：优先本金＋劣后本金＋优先门槛收益＋劣后门槛收益＋后端分成（管理人业绩报酬）。当然，根据“资管新规”第2条的规定，业绩报酬计入管理费，必须与产品一一对应并逐个结算。

第五讲　私募股权投资基金的募集设立

私募基金的募集，是指私募基金管理人或者受委托的募集服务机构向投资者募集资金，用于设立基金的行为。私募基金的募集主要考虑募集渠道、募集对象、募集过程合规性问题。私募基金的设立是私募基金管理人依法设立开展股权投资业务主体的过程，主要考虑基金组织形式、基金架构、登记备案等问题。

一、私募基金形式的选择

我国现行的私募基金组织形式主要分为公司型基金、合伙型基金和契约型基金三类。

在《合伙企业法》生效实施前，早期的私募股权投资基金主要是依据公司法设立的公司型基金。

2007 年《合伙企业法》生效实施后，增加了"有限合伙"这种新的合伙企业形式，有限合伙是由普通合伙发展而来的一种合伙形式，将合伙人分为普通合伙人和有限合伙人，通过相应制度创新，较好地适应股权投资基金的运作。股权投资基金大都采取此类形式。

2014 年《私募监管暂行办法》实施以后，私募契约型基金开始发展起来。基金业协会于 2016 年 4 月正式发布《契约型私募基金合同内容与格式指引》（私募投资基金合同指引 1 号），规定私募基金管理人通过契约形式募集设立私募股权投资基金、创业投资基金和其他类投资基金应当参考本指引制定私募投资基金合同。自此，鉴于契约型私募股权投资基金在投资者人数上面的优势，开始快速地发展起来。

这几类基金主要有以下不同，私募基金管理人在选择时可以参考：

（一）适用的依据不同

不同类型的基金要适用不同的法律，公司型基金适用《公司法》，合伙型基金适用《合伙企业法》，契约型基金主要适用《基金法》《信托法》。不同法律对基金的设立条件、要求不一样，法律关系也不一样。

（二）人数限制

公司型基金，特别是有限责任公司形式的公司型基金，股东人数应在 50 人以下，股份有限公司形式设立的，股东人数不超过 200 人，且应当有 2 个以上发起人，其中半数以上发起人中国境内有住所。

有限合伙型基金，应由 2 个以上 50 个以下合伙人设立，且至少应当有 1 个普通合伙人。

契约型基金，按照《基金法》的规定，投资者不得超过 200 人。

如果投资者人数较多，建议可以考虑契约型基金。

（三）投资决策组织结构

公司的基本特点是股东至上。投资者的身份是股东，股东会（股东大会）是公司型基金的权力机构，在公司型基金中投资者作为股东有较大的权力，可以在股东会层面对基金重大事项或重大投资进行决策。在内部组织结构上，公司应设立董事会（执行董事）、监事（会）等，股东聘任或委任董事组成董事会，董事会负责聘任经理人员。在公司型基金中，既可以由公司内部管理团队进行投资运营管理，也可以聘请外部管理机构进行投资运营管理，在实务中，公司型基金通常通过公司章程对不同程度的投资项目约定决策机制。

有限合伙企业的治理结构是普通合伙人掌握合伙企业事务执行权，基金的投资者作为有限合伙人，不执行合伙事务，以其认缴的出资额为限对合伙企业债务承担责任，不得对外代表有限合伙企业。合伙企业投资与资产处置的最终决策应由普通合伙人作出，由普通合伙人承担无限责任。实际操作中，合伙型基金一般会设投资决策委员会，由投资决策委员会作出投资决策。但是，要注意，基金业协会发布的《合伙协议必备条款指引》（私募投资基金合同指引 3 号）第 5 条规定，合伙协议不得做出有限合伙人以任何直接或间接方式，参与或者变相参与执行合伙事务行为的约定。有限合伙人参与投资决策，有可能会被视为参与了执行合伙事务的行为。

契约型基金的基本特点是基金管理人高度控制基金决策权。契约型基金框架下，投资者作为“委托人”，把财产“委托”基金管理人管理后，投资者对财产便丧失了支配权和发言权，由基金管理人全权负责基金经营及运作。投资者也一般也不参与基金的投资决策，当然，契约型基金也会设份额持有人大会及日常机构之类的机构，但是份额持有人大会并不是权力机构，其职权包括：决定延长基金合同期限、修改基金合同的重要内容或者提前终止基金合同；决定更换基金管理人、托管人；调整基金管理人、基金托管人的报酬标准等事项。

（四）税收方面的差别

股权投资基金的税收主要是两种：一是投资者的投资所得以及管理人取得的管理费和业绩报酬需要缴纳的所得税；二是营改增以后，管理人及一些资管产品涉及的增值税。

在所得税方面，公司型基金的税收规则是“先税后分”。根据《企业所得税法》的规定，公司以货币和非货币形式从各种来源取得的收入，为收入总额。收入总额减除不征税收入、免税收入、各项扣除以及允许弥补的以前年度亏损后的余额为应纳税所得额。应纳税所得额乘以适用税率，目前企业所得税的税率为25%，再减除税收优惠规定的减免抵免后的余额，就是公司应当交的税款。公司交完税以后，如有税后利润的，根据章程规定，给股东分红，股东分得的投资收益也应当缴纳个人所得税，所以，公司型基金需要承担双重的税负，在税收上不具有优势。

合伙型基金根据《合伙企业法》的相关规定，合伙企业的生产经营所得和其他所得采取“先分后税”的原则：合伙企业以每一个合伙人为纳税义务人，合伙企业层面不缴纳所得税。合伙企业合伙人为自然人的，缴纳个人所得税；合伙人是法人的缴纳企业所得税。实务中，有限合伙型基金通常根据税法的规定，基金代扣代缴自然人投资者的个人所得税。

契约型基金不是企业所得税的纳税主体。基金投资者从基金中分配获得利润，应按照规定缴纳企业所得税或个人所得税。《基金法》规定，“基金财产投资的相关税收，由基金份额持有人承担，基金管理人或者其他扣缴义务人按照国家有关税收征收的规定代扣代缴”，但进行股权投资业务的契约型基金的税收政策有待进一步明确。实务中，契约型基金通常不作为课税主体，投资者应缴纳的所得税一般也不实行代扣代缴，由投资者自行缴纳。

二、私募基金的设立条件及流程

（一）公司型基金的设立条件及流程

1. 设立条件

根据《公司法》的规定，设立有限责任公司，应当具备以下条件：

（1）股东符合法定人数；

（2）有符合公司章程规定的全体股东认缴的出资额；

（3）股东共同制定公司章程；

（4）有公司名称，建立符合有限责任公司要求的组织结构；

（5）有公司住所。

设立股份有限公司，应当具备下列条件：

（1）发起人符合法定人数；

（2）有符合公司章程规定的全体发起人认购的股本总额或者募集的实收股本总额；

（3）股份发行、筹办事项符合法律规定；

（4）发起人制定公司章程，采用募集方式设立的经创立大会通过；

（5）有公司的名称，建立符合股份有限公司要求的组织结构；

（6）有公司的住所。

2. 设立流程

（1）名称预先核准：根据相关法律法规对企业名称的特别规定为企业准备名称，并根据当地工商登记机构的流程要求进行名称预先核准。

（2）申请设立登记：在名称核准通过以后，需要依据《公司法》《公司登记管理条例》以及各地工商登记机构的要求提交一系列申请材料，进行设立登记事宜。

（3）领取营业执照：申请人提交的申请材料齐全，符合法定形式，登记机构能够当场登记的，应予以当场登记，颁发营业执照。公司营业执照签发日期为公司成立日期。领取营业执照后，还应当刻制印章，申请纳税登记，开立银行基本账户等。

有限责任公司型基金由全体股东指定的代表或者共同委托的代理人向公司登记管理机关申请设立登记，股份有限公司型基金则由董事会向公司登记管理机关申请设立登记。

3. 章程必备条款

根据基金业协会发布的《公司章程必备条款指引》（私募投资基金合同指引2

号)第4条、第5条的规定,公司型基金的公司章程应具备如下条款:

首先,应在公司章程首页用加粗字体进行如下声明与承诺,包括但不限于:

私募基金管理人保证在募集资金前已在中国基金业协会登记为私募基金管理人,并列明管理人登记编码。私募基金管理人应当向投资者进一步声明,中国基金业协会为私募基金管理人和私募基金办理登记备案不构成对私募基金管理人投资能力、持续合规情况的认可;不作为对基金财产安全的保证。私募基金管理人保证已在签订本合同前揭示了相关风险;已经了解私募基金投资者的风险偏好、风险认知能力和承受能力。私募基金管理人承诺按照恪尽职守、诚实信用、谨慎勤勉的原则管理运用基金财产,不对基金活动的盈利性和最低收益作出承诺。

私募基金投资者声明其为符合《私募监管暂行办法》规定的合格投资者,保证财产的来源及用途符合国家有关规定,并已充分理解本合同条款,了解相关权利义务,了解有关法律法规及所投资基金的风险收益特征,愿意承担相应的投资风险;私募基金投资者承诺其向私募基金管理人提供的有关投资目的、投资偏好、投资限制、财产收入情况和风险承受能力等基本情况真实、完整、准确、合法,不存在任何重大遗漏或误导。

在章程正文中,应当具备如下条款:

(1)【基本情况】章程应列明公司的基本信息,包括但不限于公司的名称、住所、注册资本、存续期限、经营范围(应含有"基金管理""投资管理""资产管理""股权投资""创业投资"等能体现私募投资基金性质的字样)、股东姓名/名称、住所、法定代表人等,同时可以对变更该等信息的条件作出说明。

(2)【股东出资】章程应列明股东的出资方式、数额、比例和缴付期限。

(3)【股东的权利义务】章程应列明股东的基本权利、义务及股东行使知情权的具体方式。

(4)【入股、退股及转让】章程应列明股东增资、减资、入股、退股及股权转让的条件及程序。

(5)【股东(大)会】章程应列明股东(大)会的职权、召集程序及议事规则等。

(6)【高级管理人员】章程应列明董事会或执行董事、监事(会)及其他高级管理人员的产生办法、职权、召集程序、任期及议事规则等。

(7)【投资事项】章程应列明本公司型基金的投资范围、投资策略、投资运作方式、投资限制、投资决策程序、关联方认定标准及对关联方投资的回避制度、投资后对被投资企业的持续监控、投资风险防范、投资退出等。

(8)【管理方式】公司型基金可以采取自我管理,也可以委托其他私募基金管理机构管理。采取自我管理方式的,章程中应当明确管理架构和投资决策程序;采取委托管理方式的,章程中应当明确管理人的名称,并列名管理人的权限及管理费的计算和支付方式。

(9)【托管事项】公司财产进行托管的,应在章程中明确托管机构的名称或明确全体股东在托管事宜上对董事会/执行董事的授权范围,包括但不限于挑选托管人、签署托管协议等。

(10)公司全体股东一致同意不托管的,应在章程中明确约定本公司型基金不进行托管,并明确保障投资基金财产安全的制度措施和纠纷解决机制。

(11)【利润分配及亏损分担】章程应列明公司的利润分配和亏损分担原则及执行方式。

(12)【税务承担】章程应列明公司的税务承担事项。

(13)【费用和支出】章程应列明公司承担的有关费用(包括税费)、受托管理人和托管机构报酬的标准及计提方式。

(14)【财务会计制度】章程应对公司的财务会计制度作出规定,包括记账、会计年度、经会计师事务所审计的年度财务报告、公司年度投资运作基本情况及重大事件报告的编制与提交、查阅会计账簿的条件等。

(15)【信息披露制度】章程应对本公司型基金信息披露的内容、方式、频度等内容作出规定。

(16)【终止、解散及清算】章程应列明公司的终止、解散事由及清算程序。

(17)【章程的修订】章程应列明章程的修订事由及程序。

(18)【一致性】章程应明确规定当章程的内容与股东之间的出资协议或其他文件内容相冲突的,以章程为准。若章程有多个版本且内容相冲突的,以在中国基金业协会备案的版本为准。

(19)【份额信息备份】订明全体股东同意私募基金管理人、份额登记机构或其他份额登记义务人应当按照中国基金业协会的规定办理基金份额登记(公司股东)数据的备份。

(20)【报送披露信息】订明全体股东同意私募基金管理人或其他信息披露义务人应当按照中国基金业协会的规定对基金信息披露信息进行备份。

(二)合伙型基金的设立条件及流程

1. 设立条件

根据《合伙企业法》的相关规定,设立有限合伙企业,应当具备以下条件:

（1）有限合伙企业由2个以上50个以下合伙人设立，但是法律法规另有规定的除外；有限合伙企业至少应当有一个普通合伙人；

（2）有书面的合伙协议；

（3）有限合伙企业名称中应当标明“有限合伙”字样；

（4）有限合伙人认缴或者实际缴付的出资；有限合伙人可以用货币、实物、知识产权、土地使用权或者其他财产权利作价出资，但有限合伙人不得以劳务出资；

（5）有生产经营场所；

（6）法律法规规定的其他条件。

2. 设立流程

合伙型基金与公司型基金均由工商登记机构进行登记管理，因而设立步骤相同，合伙型基金应根据《合伙企业法》《合伙企业登记管理办法》以及各地工商登记机构的要求由全体合伙人指定的代表或者共同委托的代理人向企业登记机关申请设立登记，完成名称预先核准、申请设立登记、领取营业执照等相关设立步骤。

3.《合伙协议》必备条款

根据《合伙协议必备条款指引》（私募投资基金合同指引3号）第4条、第5条的规定，合伙型基金合伙协议首页应用加粗字体进行如下声明与承诺，包括但不限于：

私募基金管理人保证在募集资金前已在中国基金业协会登记为私募基金管理人，并列明管理人登记编码。私募基金管理人应当向投资者进一步声明，中国基金业协会为私募基金管理人和私募基金办理登记备案不构成对私募基金管理人投资能力、持续合规情况的认可；不作为对基金财产安全的保证。私募基金管理人保证已在签订本合同前揭示了相关风险；已经了解私募基金投资者的风险偏好、风险认知能力和承受能力。私募基金管理人承诺按照恪尽职守、诚实信用、谨慎勤勉的原则管理运用基金财产，不对基金活动的盈利性和最低收益作出承诺。

私募基金投资者声明其为符合《私募监管暂行办法》规定的合格投资者，保证财产的来源及用途符合国家有关规定，并已充分理解本合同条款，了解相关权利义务，了解有关法律法规及所投资基金的风险收益特征，愿意承担相应的投资风险；私募基金投资者承诺其向私募基金管理人提供的有关投资目的、投资偏好、投资限制、财产收入情况和风险承受能力等基本情况真实、完整、准确、合法，不存在任何重大遗漏或误导。

合伙协议正文应当具备如下条款：

(1)【基本情况】合伙协议应列明如下信息,同时可以对变更该等信息的条件作出说明:

①合伙企业的名称(标明“合伙企业”字样);

②主要经营场所地址;

③合伙目的和合伙经营范围(应含有“基金管理”“投资管理”“资产管理”“股权投资”“创业投资”等能体现私募投资基金性质的字样);

④合伙期限。

(2)【合伙人及其出资】合伙协议应列明普通合伙人和有限合伙人的姓名或名称、住所、出资方式、出资数额、出资比例和缴付期限,同时可以对合伙人相关信息发生变更时应履行的程序作出说明。

(3)【合伙人的权利义务】合伙协议应列明有限合伙人与普通合伙人的基本权利和义务。

(4)【执行事务合伙人】合伙协议应约定由普通合伙人担任执行事务合伙人,执行事务合伙人有权对合伙企业的财产进行投资、管理、运用和处置,并接受其他普通合伙人和有限合伙人的监督。合伙协议应列明执行事务合伙人应具备的条件及选择程序、执行事务合伙人的权限及违约处理办法、执行事务合伙人的除名条件和更换程序,同时可以对执行事务合伙人执行事务的报酬(包括绩效分成)及报酬提取方式、利益冲突及关联交易等事项做出约定。

(5)【有限合伙人】有限合伙人不执行合伙事务,不得对外代表合伙企业。但有限合伙人的下列行为,不视为执行合伙事务:

①参与决定普通合伙人入伙、退伙;

②对企业的经营管理提出建议;

③参与选择承办合伙企业审计业务的会计师事务所;

④获取经审计的合伙企业财务会计报告;

⑤对涉及自身利益的情况,查阅合伙企业财务会计账簿等财务资料;

⑥在合伙企业中的利益受到侵害时,向有责任的合伙人主张权利或者提起诉讼;

⑦执行事务合伙人怠于行使权利时,督促其行使权利或者为了合伙企业的利益以自己的名义提起诉讼;

⑧依法为合伙企业提供担保。

合伙协议可以对有限合伙人的权限及违约处理办法做出约定,但是不得做出有限合伙人以任何直接或间接方式,参与或变相参与超出前款规定的八种不视为执行合伙事务行为的约定。

(6)【合伙人会议】合伙协议应列明合伙人会议的召开条件、程序及表决方式等内容。

(7)【管理方式】合伙型基金的管理人可以是合伙企业执行事务合伙人,也可以委托给其他私募基金管理机构。合伙协议中应明确管理人和管理方式,并列明管理人的权限及管理费的计算和支付方式。

(8)【托管事项】合伙企业财产进行托管的,应在合伙协议中明确托管机构的名称或明确全体合伙人在托管事宜上对执行事务合伙人的授权范围,包括但不限于挑选托管人、签署托管协议等。全体合伙人一致同意不托管的,应在合伙协议中明确约定本合伙型基金不进行托管,并明确保障投资基金财产安全的制度措施和纠纷解决机制。

(9)【入伙、退伙、合伙权益转让和身份转变】合伙协议应列明合伙人入伙、退伙、合伙权益转让的条件、程序及相关责任,及有限合伙人和普通合伙人相互转变程序。

(10)【投资事项】合伙协议应列明本合伙型基金的投资范围、投资运作方式、投资限制、投资决策程序、关联方认定标准及关联方投资的回避制度,以及投资后对被投资企业的持续监控、投资风险防范、投资退出、所投资标的担保措施、举债及担保限制等作出约定。

(11)【利润分配及亏损分担】合伙协议应列明与合伙企业的利润分配及亏损分担方式有关的事项,具体可以包括利润分配原则及顺序、利润分配方式、亏损分担原则及顺序等。

(12)【税务承担】合伙协议应列明合伙企业的税务承担事项。

(13)【费用和支出】合伙协议应列明与合伙企业费用的核算和支付有关的事项,具体可以包括合伙企业费用的计提原则、承担费用的范围、计算及支付方式、应由普通合伙人承担的费用等。

(14)【财务会计制度】合伙协议应对合伙企业的记账、会计年度、审计、年度报告、查阅会计账簿的条件等事项作出约定。

(15)【信息披露制度】合伙协议应对本合伙型基金信息披露的内容、方式、频度等内容作出约定。

(16)【终止、解散与清算】合伙协议应列明合伙企业终止、解散与清算有关的事项,具体可以包括合伙企业终止、解散的条件、清算程序、清算人及任命条件、清偿及分配等。

(17)【合伙协议的修订】合伙协议应列明协议的修订事由及程序。

(18)【争议解决】合伙协议应列明争议的解决方式。

(19)【一致性】合伙协议应明确规定当合伙协议的内容与合伙人之间的其他协议或文件内容相冲突的,以合伙协议为准。若合伙协议有多个版本且内容相冲突的,以在中国基金业协会备案的版本为准。

(20)【份额信息备份】订明全体合伙人同意私募基金管理人、份额登记机构或其他份额登记义务人应当按照中国基金业协会的规定办理基金份额登记(全体合伙人)数据的备份。

(21)【报送披露信息】订明全体合伙人同意私募基金管理人或其他信息披露义务人应当按照中国基金业协会的规定对基金信息披露信息进行备份。

(三)契约型基金的设立条件及流程

契约型基金设立不涉及工商登记程序,没有核名及审批环节。契约型基金通过订立基金合同明确基金投资者、基金管理人及基金托管人在基金管理业务过程中的权利、义务及职责,确保委托财产的安全,保护当事人各方的合法权益。

契约型基金的基金合同是契约型基金最重要的文件,根据《契约型私募基金合同内容与格式指引》(私募投资基金合同指引1号),通过契约形式募集设立私募证券投资基金的,应当按照本指引制定基金合同,通过契约形式募集设立私募股权基金、创业投资基金和其他类型投资基金应当参考本指引制定基金合同。

契约型基金合同应当包括以下内容:

正文前言应订明订立基金合同的目的、依据和原则;

释义条款应对基金合同中具有特定法律含义的词汇作出明确的解释和说明;

声明与承诺条款,应用加粗字体在合同中列明,包括但不限于:

私募基金管理人保证在募集资金前已在中国基金业协会登记为私募基金管理人,并列明管理人登记编码。私募基金管理人应当向投资者进一步声明,中国基金业协会为私募基金管理人和私募基金办理登记备案不构成对私募基金管理人投资能力、持续合规情况的认可;不作为对基金财产安全的保证。私募基金管理人保证已在签订本合同前揭示了相关风险;已经了解私募基金投资者的风险偏好、风险认知能力和承受能力。私募基金管理人承诺按照恪尽职守、诚实信用、谨慎勤勉的原则管理运用基金财产,不对基金活动的盈利性和最低收益作出承诺。

私募基金托管人承诺按照恪尽职守、诚实信用、谨慎勤勉的原则安全保管基金财产,并履行合同约定的其他义务。

私募基金投资者声明其为符合《私募监管暂行办法》规定的合格投资者,保证财产的来源及用途符合国家有关规定,并已充分理解本合同条款,了解相关权利义务,了解有关法律法规及所投资基金的风险收益特征,愿意承担相应的投资风险;私募基金投资者承诺其向私募基金管理人提供的有关投资目的、投资偏好、投资限制、财产收入情况和风险承受能力等基本情况真实、完整、准确、合法,不存在任何重大遗漏或误导。前述信息资料如发生任何实质性变更,应当及时告知私募基金管理人或募集机构。私募基金投资者知晓,私募基金管理人、私募基金托管人及相关机构不应对基金财产的收益状况做出任何承诺或担保。

契约型私募基金合同还应当包括基金基本情况,基金募集,基金的成立与备案,基金的申购,赎回与转让,当事人及权利与义务,基金份额持有人大会及日常机构,基金份额的登记,基金的投资事项,基金的财产,交易及清算交收安排,基金财产的估值和会计核算,基金的费用与税收,基金的收益分配,信息披露,风险揭示,基金合同的效力、变更、解除与终止,基金的清算,违约责任,争议的处理等。

三、私募基金的募集程序及核心文件

(一)私募基金募集的十五个步骤

根据《募集行为管理办法》《适当性管理办法》的规定,我们可以将私募基金募集流程分为十五个具体的步骤。

1. 风险问卷调查(投资者基本信息、财务状况、投资知识、投资经验、风险偏好),履行特定对象确定程序(应同时录入投资者相关信息,建立投资者信息数据库);

2. 管理人根据风险调查问卷进行投资者分类和风险承受能力评估,内部出具风险承受能力评估报告;

3. 根据风险承受能力评估报告,内部对投资者提出适当性匹配意见;

4. 让投资者签署《风险评估结果确认书》;

5. 向投资者书面告知适当性匹配意见等事项,该告知应做留痕安排(在营业网点告知的应录音录像,通过互联网或非现场告知的应采取电子等方式);

6. 根据产品的风险评级和投资者适当性匹配意见推介与投资者风险承受能力

相匹配的基金产品；

7. 向投资者说明投资冷静期、回访确认等安排和权利，并让投资者签署《风险揭示书》；

8. 完成风险揭示后，要求投资者提供必要的资产证明文件或收入证明文件、征信报告；

9. 基金管理人审核是否符合合格投资者/普通投资者分级标准，并确认投资者累计人数不超过规定；

10. 基金管理人完成合格投资者确认程序后签署《基金合同》；

11. 投资者签署合同后，根据合同约定交纳认购基金的款项，打入募集户；

12. 投资者打款后有 24 小时的冷静期；

13. 4 小时后管理人指派回访员进行录音电话回访确认；

14. 回访确认成功后，将募集户的钱划转入基金财产账户；

15. 向投资者发出认购/申购确认书，确认金额及份额。

私募基金募集流程如图 5.1 所示：

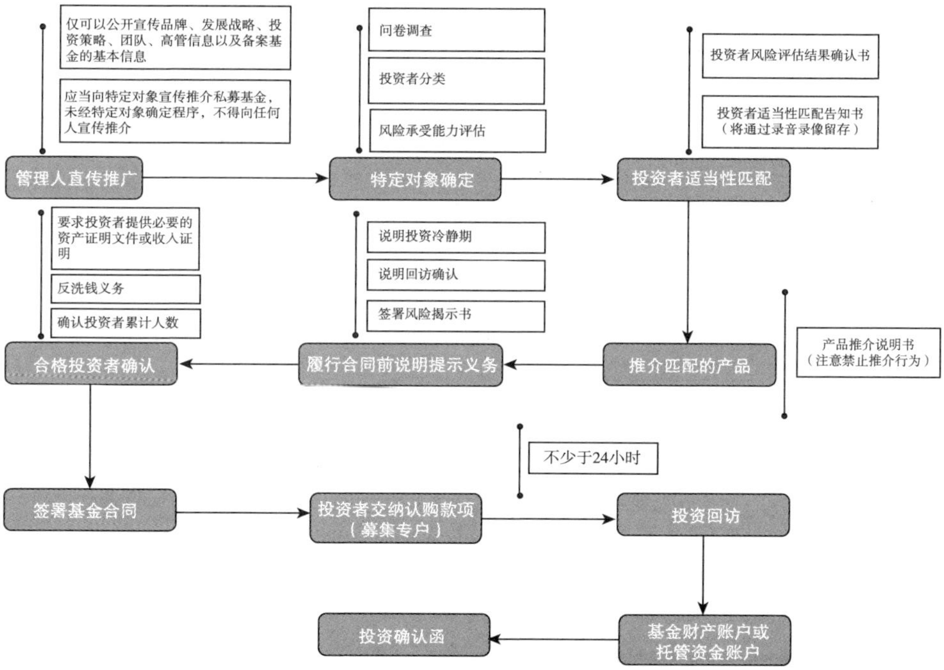

图 5.1　私募基金募集流程

（二）各步骤涉及的核心文件及表单

1. 特定对象确定程序中涉及的核心文件

在特定对象确定程序中，募集机构应根据《募集行为管理办法》《适当性管理指引》的要求，制作《投资者信息表》《私募投资基金投资者风险调查问卷》供投资者填写。

投资者基本信息表参考模板（自然人）

<table>
<tr><td>姓名</td><td></td><td>性别</td><td></td><td>年龄</td><td></td></tr>
<tr><td>证件类型</td><td></td><td>证件号码</td><td colspan="3"></td></tr>
<tr><td>国籍</td><td></td><td>职业</td><td colspan="3"></td></tr>
<tr><td>职务</td><td></td><td>联系方式</td><td colspan="3"></td></tr>
<tr><td>邮编</td><td></td><td>电子邮箱</td><td colspan="3"></td></tr>
<tr><td>住址</td><td colspan="5"></td></tr>
<tr><td rowspan="2">资产规模</td><td colspan="3">金融资产不低于【 】万元人民币，或者最近3年个人年均收入不低于【 】万元人民币</td><td>□是</td><td>□否</td></tr>
<tr><td colspan="3">*私募基金或者资产管理计划投资者，最近20个交易日金融资产均不得低于人民币【 】万元，或者最近3年个人年均收入不低于人民币【 】万元</td><td>□是</td><td>□否</td></tr>
<tr><td>投资经历</td><td colspan="3">具有2年以上证券、基金、期货、黄金、外汇等投资经历，或者具有2年以上金融产品设计、投资、风险管理及相关工作经历的自然人投资者，或者属于《证券期货投资者适当性管理办法》第8条第1款第1项所规定的专业投资者的高级管理人员、获得职业资格认证的从事金融相关业务的注册会计师和律师</td><td>□是</td><td>□否</td></tr>
<tr><td colspan="3">是否存在实际控制关系</td><td colspan="3">否（ ），是（ ）请说明：</td></tr>
<tr><td colspan="3">交易的实际受益人</td><td colspan="3">本人（ ），他人（ ）请说明：</td></tr>
<tr><td colspan="3">是否有不良诚信记录</td><td colspan="3">否（ ），是（ ）请说明：</td></tr>
</table>

续表

<table>
<tr><td>本人保证资金来源的合法性和所提供资料的真实性、有效性、准确性、完整性，并对其承担责任。

投资者签字：

年　　月　　日

经办人签章：　　　　募集机构盖章：

复核人签章：

年　　月　　日</td></tr>
<tr><td>* 注：私募基金投资者须符合《证券期货投资者适当性管理办法》第 14 条“一定时期”的规定。</td></tr>
</table>

投资者基本信息表参考模板（机构）

<table>
<tr><td>机构名称</td><td colspan="5"></td></tr>
<tr><td>* 机构类型</td><td colspan="2"></td><td colspan="2">机构证件类型</td><td></td></tr>
<tr><td>机构证件编号</td><td colspan="2"></td><td colspan="2">有效期</td><td></td></tr>
<tr><td>机构资质证明</td><td colspan="2"></td><td colspan="2">资质证书编号</td><td></td></tr>
<tr><td>经营范围</td><td colspan="5"></td></tr>
<tr><td>注册地址</td><td colspan="5"></td></tr>
<tr><td>办公地址</td><td colspan="5"></td></tr>
<tr><td>注册资本</td><td colspan="2"></td><td colspan="2">控股股东或实际控制人</td><td></td></tr>
<tr><td rowspan="5">法定代表人
或负责人</td><td>姓名</td><td></td><td>性别</td><td></td><td>年龄</td></tr>
<tr><td>证件类型</td><td></td><td>证件号码</td><td colspan="2"></td></tr>
<tr><td>职务</td><td></td><td>电子邮箱</td><td colspan="2"></td></tr>
<tr><td>证件有效期</td><td></td><td>联系方式</td><td colspan="2"></td></tr>
<tr><td>办公邮编</td><td></td><td>办公地址</td><td colspan="2"></td></tr>
</table>

续表

<table>
<tr><td rowspan="6">指定授权经办人</td><td>姓名</td><td></td><td>性别</td><td></td><td>年龄</td><td></td></tr>
<tr><td>证件类型</td><td></td><td>证件号码</td><td colspan="3"></td></tr>
<tr><td>职务</td><td></td><td>电子邮箱</td><td colspan="3"></td></tr>
<tr><td>证件有效期</td><td></td><td>联系方式</td><td colspan="3"></td></tr>
<tr><td>邮编</td><td></td><td>地址</td><td colspan="3"></td></tr>
<tr><td>与该机构关系</td><td colspan="5"></td></tr>
<tr><td>是否为下列机构</td><td colspan="4">符合《证券期货投资者适当性管理办法》第 8 条第 1 款第 1 项所规定的证券公司、期货公司、基金管理公司及其子公司、商业银行、保险公司、信托公司、财务公司；或在中国证券投资基金业协会登记或者备案的证券公司子公司、期货公司子公司、私募基金管理人；或者第 3 项所规定的合格境外机构投资者(QFII)，人民币合格境外机构投资者(RQFII)</td><td>□是</td><td>□否</td></tr>
<tr><td>资产规模</td><td colspan="4">* 私募基金或者资产管理计划投资者，最近 3 个月月末净资产均不低于人民币【 】万元</td><td>□是</td><td>□否</td></tr>
<tr><td>是否存在实际控制关系</td><td colspan="6">否( )，是( )请说明：</td></tr>
<tr><td>交易的实际受益人</td><td colspan="6">本机构( )，其他机构或个人( )请说明：</td></tr>
<tr><td>是否有不良诚信记录</td><td colspan="6">否( )，是( )请说明：</td></tr>
<tr><td colspan="7">本机构保证资金来源的合法性和所提供资料的真实性、有效性、准确性、完整性，并对其承担责任。
机构指定授权
经办人签字：
年 月 日
经办人签章： 募集机构盖章：
复核人签章：
年 月 日</td></tr>
<tr><td colspan="7">* 注 1："机构类型"参照协会《基金行业数据集中备份接口规范(试行)》的规则适用。
* 注 2：私募基金投资者须符合《证券期货投资者适当性管理办法》第 14 条"一定时期"的规定。</td></tr>
</table>

投资者基本信息表参考模板(产品)

<table>
<tr><td>产品名称</td><td colspan="6"></td></tr>
<tr><td>产品类型</td><td colspan="2"></td><td colspan="2">产品备案机构</td><td colspan="2"></td></tr>
<tr><td>成立时间</td><td colspan="2"></td><td colspan="2">备案时间</td><td colspan="2"></td></tr>
<tr><td>产品备案编号</td><td colspan="2"></td><td colspan="2">产品存续期</td><td colspan="2"></td></tr>
<tr><td>产品类别</td><td colspan="2"></td><td colspan="2">产品规模</td><td colspan="2"></td></tr>
<tr><td>产品管理人</td><td colspan="6"></td></tr>
<tr><td>产品托管人</td><td colspan="6"></td></tr>
<tr><td rowspan="6">指定授权经办人</td><td>姓名</td><td></td><td>性别</td><td></td><td>年龄</td><td></td></tr>
<tr><td>证件类型</td><td></td><td>证件号码</td><td colspan="3"></td></tr>
<tr><td>职务</td><td></td><td>电子邮箱</td><td colspan="3"></td></tr>
<tr><td>证件有效期</td><td></td><td>联系方式</td><td colspan="3"></td></tr>
<tr><td>办公邮编</td><td></td><td>办公地址</td><td colspan="3"></td></tr>
<tr><td>与该机构/产品关系</td><td colspan="5"></td></tr>
<tr><td>管理人名称</td><td colspan="6"></td></tr>
<tr><td>机构类型</td><td colspan="2"></td><td colspan="2">机构证件类型</td><td colspan="2"></td></tr>
<tr><td>机构证件编号</td><td colspan="2"></td><td colspan="2">有效期</td><td colspan="2"></td></tr>
<tr><td>机构资质证明</td><td colspan="2"></td><td colspan="2">资质证书编号</td><td colspan="2"></td></tr>
<tr><td>经营范围</td><td colspan="6"></td></tr>
<tr><td>注册地址</td><td colspan="6"></td></tr>
<tr><td>办公地址</td><td colspan="6"></td></tr>
<tr><td>注册资本</td><td colspan="2"></td><td colspan="2">控股股东或实际控制人</td><td colspan="2"></td></tr>
<tr><td>是否为下列产品</td><td colspan="4">为《证券期货投资者适当性管理办法》第 8 条第 1 款第 2 项规定的机构面向投资者发行的证券公司资产管理产品、基金管理公司及其子公司产品、期货公司资产管理产品、银行理财产品、保险产品、信托产品、经行业协会备案的私募基金,及第 1 款第 1 项规定机构发行的其他理财产品;或者为第 1 款第 3 项规定的社会保障基金、企业年金等养老基金、慈善基金等社会公益基金</td><td>□是</td><td>□否</td></tr>
</table>

续表

<table>
<tr><td>资产规模</td><td>＊私募基金或者资产管理计划投资者，成立规模不得低于(含)人民币【 】万元</td><td>□是</td><td>□否</td></tr>
<tr><td>是否存在实际控制关系</td><td colspan="3">否( )，是( )请说明：</td></tr>
<tr><td>交易的实际受益人</td><td colspan="3">本人( )，他人( )请说明：</td></tr>
<tr><td>是否有不良诚信记录</td><td colspan="3">否( )，是( )请说明：</td></tr>
<tr><td colspan="4">本管理人保证该产品资金来源的合法性和所提供资料的真实性、有效性、准确性、完整性，并对其承担责任。
机构/产品指定授权
经办人签字：
年　　月　　日
经办人签章：　　　　募集机构盖章：
复核人签章：
年　　月　　日</td></tr>
<tr><td colspan="4">＊注：私募基金投资者须符合《证券期货投资者适当性管理办法》第14条“一定时期”的规定。</td></tr>
</table>

私募投资基金投资者风险问卷调查

（适用于自然人投资者）

投资者姓名：________________　　填写日期：________________

本问卷旨在了解您可承受的风险程度等情况，借此协助您选择合适的金融产品类别，以符合您的风险承受能力。

风险承受能力评估是本公司向客户履行适当性职责的一个环节，其目的是使本公司所提供的金融产品与您的风险承受能力等级相匹配。

本公司特别提醒您：本公司向客户履行风险承受能力评估等适当性职责，并不能取代您自己的投资判断,也不会降低金融产品的固有风险。同时,与金融产品相关的投资风险、履约责任以及费用等将由您自行承担。

本公司提示您:本公司根据您提供的信息对您进行风险承受能力评估,开展适当性工作。您应当如实提供相关信息及证明材料,并对所提供的信息和证明材料的真实性、准确性、完整性负责。

本公司建议:当您的各项状况发生重大变化时,需对您所投资的金融产品及时进行重新审视,以确保您的投资决定与您可承受的投资风险程度等实际情况一致。

本公司在此承诺,对于您在本问卷中所提供的一切信息,本公司将严格按照法律法规要求承担保密义务。除法律法规规定的有权机关依法定程序进行查询以外,本公司保证不会将涉及您的任何信息提供、泄露给任何第三方,或者将相关信息用于违法、不当用途。

风险提示:私募基金投资需承担各类风险,本金可能遭受损失。同时,私募基金投资还要考虑市场风险、信用风险、流动性风险、操作风险等各类投资风险。您在基金认购过程中应当注意核对自己的风险识别和风险承受能力,选择与自己风险识别能力和风险承受能力相匹配的私募基金。

以下一系列问题可在您选择合适的私募基金前,协助评估您的风险承受能力、理财方式及投资目标。

请签字承诺您是为自己购买私募基金产品【　　　　】

请签字确认您符合以下何种合格投资者财务条件:

符合金融资产不低于300万元(金融资产包括银行存款、股票、债券、基金份额、资产管理计划、银行理财产品、信托计划、保险产品、期货权益等)【　　　　】

符合最近三年个人年均收入不低于50万元【　　　　】

一、基本信息【本题共4小题,每题最高5分,最高20分】

1. 基本身份信息

您的姓名【　　　　】　联系方式【　　　　　　　】

证件类型【　　　　】　证件号码【　　　　　　　】

2. 您的年龄介于:

A. 25~50岁　B. 55~65岁　C. 18~25岁　D. 高于65岁

E. 18岁以下

3. 您的学历:

A. 硕士及以上　B. 大专或本科　C. 高中或中专　D. 高中或中专以下

E. 无学历

4. 您的职业：

A. 自由经商或金融行业高级管理人员

B. 金融行业一般从业人员

C. 专业技术人员

D. 非金融业企事业单位一般员工

E. 无职业

二、财务情况【本题共6小题，每题最高5分，最高30分】

1. 您的主要收入来源：

A. 个人生产经营(经商)收入　　B. 个人投资收益

C. 工资薪金收入　　D. 其他固定收入来源

E. 无固定收入来源

2. 您最近三年个人年均收入为：

A. 50万元以上　　B. 30万元~50万元

C. 12万元~30万元　　D. 12万元以下

3. 您目前持有的金融资产数额为(金融资产包括银行存款、股票、债券、基金份额、资产管理计划、银行理财产品、信托计划、保险产品、期货及其他衍生品)：

A. 500万元以上　　B. 300万元~500万元

C. 100万元~300万元　　D. 100万元以下

4. 您的家庭可支配年收入为(折合人民币)：(注：可支配收入为净收入)

A. 50万元以上　　B. 30万元~50万元

C. 10万元~30万元　　D. 10万元以下

5. 在您每年的家庭可支配收入中，可用于金融投资(储蓄存款除外)的比例为：

A. 30%以上　　B. 10%~30%　　C. 10%以下　　D. 0%

6. 您的负债情况：

A. 无负债　　B. 负债300万元以下

C. 负债300万元~500万元　　D. 负债500万元~1000万元

E. 负债1000万元以上

三、投资知识及投资经验情况【本题共3小题，每题最高5分，最高15分】

1. 您的投资知识可描述为：

A. 丰富：对金融产品及其相关风险具有丰富的知识和理解

B. 一般:对金融产品及其相关风险具有基本的知识和理解

C. 有限:基本没有金融产品方面的知识

D. 匮乏:不知道

2. 您的投资经验可描述为:

A. 参与过权证、期货、期权等产品的交易

B. 参与过股票、基金等产品的交易

C. 购买过债券、保险等理财产品

D. 除银行储蓄外,基本没有其他投资经验

3. 您有多少年投资基金、股票、信托、私募证券或金融衍生产品等风险投资品的经验?

A. 3 年以上　　B. 1 ~ 3 年　　C. 1 年以下　　D. 没有经验

四、投资目标【本题共 2 小题,每题最高 5 分,最高 10 分】

1. 您计划的投资期限是多久?

A. 3 年以上　　B. 1 ~ 3 年　　C. 1 年以下　　D. 随时可以退出

2. 您的投资目的是:

A. 资产迅速增长　　B. 资产稳健增长　　C. 资产保值

五、风险偏好【本题共 3 小题,每题最高 5 分,最高 15 分】

1. 以下哪项描述最符合您的投资态度?

A. 希望赚取高回报,愿意为此承担较大本金损失

B. 寻求资金的较高收益和成长性,愿意为此承担有限本金损失

C. 保守投资,不希望本金损失,愿意承担一定幅度的收益波动

D. 厌恶风险,不希望本金损失,希望获得稳定回报

2. 假设有两种投资:投资 A 预期获得 10% 的收益,可能承担的损失非常小;投资 B 预期获得 30% 的收益,但可能承担较大亏损。您会怎么支配您的投资:

A. 全部投资于收益较大且风险较大的 B

B. 同时投资于 A 和 B,但大部分资金投资于收益较大且风险较大的 B

C. 同时投资于 A 和 B,但大部分资金投资于收益较小且风险较小的 A

D. 全部投资于收益较小且风险较小的 A

3. 您认为自己能承受的最大投资损失是多少?

A. 50% 以上　　B. 30% ~ 50%　　C. 10% ~ 30%　　D. 10% 以下

六、诚信情况【本题共 1 题,总分 10 分】

您是否被法院列入失信被执行人员名单,而被采取限制高消费等措施?

A. 是　　　　　　B. 否

客户签署确认

本人已经了解并愿意遵守国家有关证券市场管理的法律、法规、规章及相关业务规则,本人在此郑重承诺以上填写的内容真实、准确、完整。若本人提供的信息发生任何重大变化,本人将及时书面通知贵公司。

客户(签名):

签署日期:

私募投资基金投资者风险问卷调查

(适用于机构投资者)

机构投资者名称:____________________

统一社会信用代码:____________________

填写日期:____________________

本问卷旨在了解您可承受的风险程度等情况,借此协助您选择合适的金融产品类别,以符合您的风险承受能力。

风险承受能力评估是本公司向客户履行适当性职责的一个环节,其目的是使本公司所提供的金融产品与您的风险承受能力等级相匹配。

本公司特别提醒您:本公司向客户履行风险承受能力评估等适当性职责,并不能取代您自己的投资判断,也不会降低金融产品的固有风险。同时,与金融产品相关的投资风险、履约责任以及费用等将由您自行承担。

本公司提示您:本公司根据您提供的信息对您进行风险承受能力评估,开展适当性工作。您应当如实提供相关信息及证明材料,并对所提供的信息和证明材料的真实性、准确性、完整性负责。

本公司建议:当您的各项状况发生重大变化时,需对您所投资的金融产品及时进行重新审视,以确保您的投资决定与您可承受的投资风险程度等实际情况一致。

本公司在此承诺,对于您在本问卷中所提供的一切信息,本公司将严格按照法律法规要求承担保密义务。除法律法规规定的有权机关依法定程序进行查询以外,本公司保证不会将涉及您的任何信息提供、泄露给任何第三方,或者将相关信息用于违法、不当用途。

风险提示:私募基金投资需承担各类风险,本金可能遭受损失。同时,私募基金投资还要考虑市场风险、信用风险、流动性风险、操作风险等各类投资风险。您在基金认购过程中应当注意核对自己的风险识别和风险承受能力,选择与自己风险识别能力和风险承受能力相匹配的私募基金。

以下一系列问题可在您选择合适的私募基金前,协助评估您的风险承受能力、理财方式及投资目标。

1. 贵单位的性质:

A. 国有企事业单位　　B. 非上市民营企业

C. 外资企业　　D. 上市公司

2. 贵单位的净资产规模为:

A. 500 万元以下　　B. 500 万元~2000 万元

C. 2000 万元~1 亿元　　D. 超过 1 亿元

3. 贵单位年营业收入为:

A. 500 万元以下　　B. 500 万元~2000 万元

C. 2000 万元~1 亿元　　D. 超过 1 亿元

4. 贵单位金融资产为:

A. 300 万元以内　　B. 300 万元~1000 万元

C. 1000 万元~3000 万元　　D. 超过 3000 万元

5. 贵单位是否有尚未清偿的数额较大的债务? 如有,主要是:

A. 银行贷款

B. 公司债券或企业债券

C. 通过担保公司等中介机构募集的借款

D. 民间借贷

E. 没有数额较大的债务

6. 对于金融产品投资工作,贵单位打算配置怎样的人员力量?

A. 一名兼职人员(包括负责人自行决策)

B. 一名专职人员

C. 多名兼职或专职人员,相互之间分工不明确

D. 多名兼职或专职人员,相互之间有明确分工

7. 贵单位所配置的负责金融产品投资工作的人员是否符合以下情况？

A. 现在或此前曾从事金融、经济或财会等与金融产品投资相关的工作超过两年

B. 已取得金融、经济或财会等与金融产品投资相关专业学士以上学位

C. 取得证券从业资格、期货从业资格、注册会计师证书（CPA）或注册金融分析师证书（CFA）中的一项及以上

D. 本单位所配置的人员不符合以上任何一项描述

8. 贵单位是否建立了金融产品投资相关的管理制度？

A. 没有，因为要保证操作的灵活性

B. 已建立，包括了分工和授权的要求，但未包括投资风险控制的规则

C. 已建立，包括了分工与授权、风险控制等一系列与金融产品投资有关的规则

9. 贵单位的投资经验可以被概括为：

A. 有限：除银行活期账户和定期存款外，基本没有其他投资经验

B. 一般：除银行活期账户和定期存款外，购买过基金、保险等理财产品，但还需要进一步的指导

C. 丰富：本单位具有相当投资经验，参与过股票、基金等产品的交易，并倾向于自己做出投资决策

D. 非常丰富：本单位对于投资非常有经验，参与过权证、期货或创业板等高风险产品的交易

10. 有一位投资者一个月内做了15笔交易（同一品种买卖各一次算一笔），贵单位认为这样的交易频率：

A. 太高了　　B. 偏高　　C. 正常　　D. 偏低

11. 过去一年时间内，您购买的不同金融产品（含同一类型的不同金融产品）的数量是：

A. 5个以下　　B. 6～10个　　C. 11～15个　　D. 16个以上

12. 以下金融产品，贵单位投资经验在两年以上的有：

A. 银行存款

B. 债券、货币市场基金、债券型基金或其他固定收益类产品

C. 股票、混合型基金、偏股型基金、股票型基金等权益类投资品种

D. 期货、融资融券

E. 复杂金融产品或其他产品

（注：本题可多选，但评分以其中最高分值选项为准。）

13. 如果贵单位曾经从事过金融产品投资，在交易较为活跃的月份，平均月交易额大概是多少？

A. 100 万元以内　　B. 100 万元～300 万元

C. 300 万元～1000 万元　　D. 1000 万元以上

E. 从未投资过金融产品

14. 贵单位用于证券投资的大部分资金不会用作其他用途的时间段为：

A. 短期——0～1 年　　B. 中期——1～5 年

C. 长期——5 年以上

15. 贵单位进行投资时的首要目标是：

A. 资产保值，我不愿意承担任何投资风险

B. 尽可能保证本金安全，不在乎收益率比较低

C. 产生较多的收益，可以承担一定的投资风险

D. 实现资产大幅增长，愿意承担很大的投资风险

16. 贵单位打算重点投资于哪些种类的投资品种？

A. 债券、货币市场基金、债券基金等固定收益类投资品种

B. 股票、混合型基金、偏股型基金、股票型基金等权益类投资品种

C. 期货、融资融券

D. 复杂金融产品

E. 其他产品

（注：本题可多选，但评分以其中最高分值选项为准。）

17. 贵单位认为自己能承受的最大投资损失是多少？

A. 10% 以内　　B. 10%～30%　　C. 30%～50%　　D. 超过 50%

18. 假设有两种不同的投资：投资 A 预期获得 5% 的收益，有可能承担非常小的损失；投资 B 预期获得 20% 的收益，但有可能面临 25% 甚至更高的亏损。您将您的投资资产分配为：

A. 全部投资于 A　　B. 大部分投资于 A

C. 两种投资各一半　　D. 大部分投资于 B

E. 全部投资于 B

19. 贵单位参与金融产品投资的主要目的是什么？

A. 闲置资金保值增值

B. 获取主营业务以外的投资收益

C. 现货套期保值、对冲主营业务风险

D. 减持已持有的股票

20. 贵单位是否被法院列入失信被执行人员名单，而被采取限制高消费等措施？

A. 是　　　　　　　　B. 否

客户签署确认

本人已经了解并愿意遵守国家有关证券市场管理的法律、法规、规章及相关业务规则，本人在此郑重承诺以上填写的内容真实、准确、完整。若本人提供的信息发生任何重大变化，本人将及时书面通知贵公司。

机构投资者签字或盖章：

签署日期：

2. 适当性匹配阶段涉及的核心文件

在投资者填写完毕风险调查问卷后，基金募集机构应根据投资者信息表、风险测评问卷以及其他相关材料，对普通投资者风险等级进行综合评估，并在评估工作结束之日起5个工作日内，告知投资者风险等级评估结果。该阶段涉及的核心文件有：《投资者风险评估结果及适当性匹配意见》《投资者风险承受等级告知书》等。

示例：

×××私募基金管理有限公司

风险调查问卷（适用于自然人投资者）打分表

序号/选项	A	B	C	D	E
一、基本信息（最高20分）					
第1题	5	1	/		
第2题	5	4	3	2	2
第3题	5	4	3	2	1
第4题	5	4	3	2	1
二、财务情况（最高30分）					
第5题	5	4	3	2	1
第6题	5	4	3	1	/

续表

第 7 题	5	4	3	1	/
第 8 题	5	4	3	1	/
第 9 题	5	4	3	1	/
第 10 题	5	4	3	2	1
三、投资知识及投资经验情况(最高 15 分)					
第 11 题	5	4	3	1	/
第 12 题	5	4	3	2	/
第 13 题	5	4	3	1	/
四、投资目标(最高 10 分)					
第 14 题	5	4	3	2	/
第 15 题	5	4	3	/	/
五、风险偏好(最高 15 分)					
第 16 题	5	4	3	2	/
第 17 题	5	4	3	2	/
第 18 题	5	4	3	2	/
六、诚信情况(10 分)					
第 19 题	1	10	/		
总　计					

根据对投资者的打分情况，私募基金管理人应内部评估投资者的风险承受能力等级及适当性匹配意见。

××××私募基金管理有限公司
投资者风险评估结果及适当性匹配意见

投资者姓名【　　　】　　证件号【　　　　】

投资者风险测评得分：

基本信息	财务状况	投资知识	投资目标	风险偏好	诚信情况	总分

投资者风险评估结果:(____________)

A:专业投资者:

B:普通投资者:积极型/稳健型/普通型(或 C1/C2/C3/C4/C5 五档)

投资者适当性匹配意见:

该投资者可匹配本公司【　　　　】风险产品。销售人员/机构可向该投资者推介本公司风险评级为【　　　　】的产品。

×××私募基金管理有限公司

年　　月　　日

募集机构内部完成对投资者的风险测评后,应将结果书面告知投资者让其确认,并将告知过程录音或者录像。《投资者风险匹配告知书及投资者确认函》参考如下:

投资者风险匹配告知书及投资者确认函参考模板

<table>
<tr><td colspan="2">投资者姓名/名称</td><td></td></tr>
<tr><td>证件类型</td><td></td><td>证件编号:</td></tr>
<tr><td colspan="2">投资者风险匹配告知书</td><td>尊敬的投资者:
根据您/贵机构填写的《投资者基本信息表》,依据相关法律、法规的规定,我司将您认定为专业投资者/普通投资者。结合您/贵机构填写的《风险测评问卷》以及其他相关信息,我司对您的风险承受能力进行了综合评估,现得到评估结果如下:
您/贵机构的风险承受能力为:【　　　】,依据我司的投资者与产品、服务风险等级匹配规则,您/贵机构的风险承受能力等级与我司【产品、服务风险等级】相匹配。
我司在此郑重提醒,我司向您/贵机构销售的产品或提供的服务将以您的风险承受能力等级和投资品种、期限为基础,若您/贵机构提供的信息发生任何重大变化,您/贵机构应当及时以书面方式通知我司。我司建议您/贵机构审慎评判自身风险承受能力,结合自身投资行为,认真填写投资品种、期限,并做出审慎的投资判断。
如同意我司评估结果,请在投资者确认函中签字,以示同意。
募集机构签章:
年　　月　　日</td></tr>
</table>

续表

<table>
<tr><td>投资者确认函</td><td colspan="4">尊敬的(募集机构):
本人/本机构已仔细阅读贵司的《投资者类型及风险匹配告知书》,已充分知晓并理解贵司对本人/本机构的风险承受能力评估及产品、服务风险等级匹配结果。本人/本机构对该《投资者类型及风险匹配告知书》内容没有异议,愿意遵守法律、法规及贵司有关规定,通过贵司购买产品或者服务。
本人/本机构承诺,将及时以书面方式如实地向贵司告知本人/本机构的重大信息变更。
本确认函系本人/本机构独立、自主、真实的意思表示。
特此确认。
投资者签字/签章:
年　　月　　日</td></tr>
<tr><td rowspan="3">授权经办人信息</td><td>经办人</td><td></td><td>职务</td><td></td></tr>
<tr><td>证件类型</td><td></td><td>证件号码</td><td></td></tr>
<tr><td colspan="4">经办人签字:
年　　月　　日</td></tr>
</table>

3. 产品推介阶段涉及的核心文件

募集机构在完成投资者适当性匹配后,就可以向投资者推介相关产品了,该步骤涉及的核心文件包括《基金产品募集说明书》《风险揭示书》等。基金募集机构应该按照《募集行为管理办法》的规定,制作基金推介材料,在向投资者推介基金产品的过程中,应注意《募集行为管理办法》规定的禁止行为,需严格遵守。

示例:

×××私募投资基金
产品募集说明书

一、基金的基本信息

1. 基金名称

____________________投资(有限合伙)企业

2. 基金架构

该基金的架构为____________________。

3. 基金类型

该基金属于____________________基金。

（1）是否为母子基金、是否有平行基金。

（2）股权类基金、证券类基金等。

4. 基金注册地

____________________市____________________区。

5. 基金的组织形式

拟组建的基金采用合伙制形式设立，为有限合伙企业，依照《中华人民共和国合伙企业法》的规定设立。

根据《中华人民共和国合伙企业法》第6条“合伙企业的生产经营所得和其他所得，按照国家有关税收规定，由合伙人分别缴纳所得税”的规定，采取合伙企业的形式有利于有效避免重复纳税的问题。

6. 基金规模

基金规模为________亿元人民币，计划由意向出资人根据拟投资项目资源储备情况和预期投资进度分步缴付到位，最低认缴额为________元人民币，____________________（管理人公司）将按照基金出资额的1%进行出资。

7. 基金存续期限

基金的存续期暂定为____年。到期后由合伙人会议决定存续期是否延长及延长的期限等事项。

8. 基金出资人的类别

基金的出资人（股东）分为普通合伙人和有限合伙人两类。

____________________（管理人公司）为普通合伙人，执行合伙事务，为基金管理人；其他出资人为有限合伙人。

有限合伙人和普通合伙人的权利和义务遵照《中华人民共和国合伙企业法》和《合伙协议》的相关规定。

9. 基金运作方式

本基金为____________________基金。

10. 基金联系人及联系方式

基金联系人姓名：____________________

联系方式：____________________

11. 基金托管人

基金托管人基本信息：____________________

二、基金管理人的基本情况

1. 管理人(以下简称公司)名称

____________________私募基金管理有限公司

2. 注册地

____________________市____________________区

3. 成立时间

公司成立于________年____月____日

4. 组织形式

公司为有限责任公司。

5. 在基金业协会登记情况

登记时间:____________________

登记编号:____________________

机构类型:____________________

6. 基金管理团队介绍

____

三、基金的投资信息

1. 基金的投资目标

基金的投资目标为对项目进行投资以及为达到该等投资为目的的其他形式投资,在投资收益中为投资人获取良好的回报。

2. 投资策略

基金净资产的70%以上将投资于存在并购机会的项目,基金约30%的净资产将用于对PRE－IPO项目的投资,作为基金投资的重要补充。这类项目属于快速成长型企业,基本可以确定在未来1～2年内完成上市融资,股权可以在资本市场流通退出。

本基金闲置资金的投资策略:为了最大限度提高资金使用效率,保护基金出资人利益,同时满足基金资产的流动性要求,将基金闲置资金投资于国债、金融债等金融理财品种以及进行风险低、收益稳定的新股网上申购等,以获取高于同期银行平均存款利率的稳定收益。

3. 投资方向

基金将投资方向定位为主动并购型股权投资,不限定特定行业,重点关注传统行业里业务比较稳定与成熟的公司,及时寻找或创造市场并购机会,通过参股、控股等方式主动对并购对象进行投资，实现对目标公司的控股或一定的控制，进而对其实施资本、管理以及结构重组，改善公司的治理与运营，实现公司的价值创造与提升，在其增值后再出售或者上市获利。

4. 业绩比较基准：如年化收益率8%/沪深300指数收益率×120%等

5. 风险收益特征

本基金属于【高风险高收益型】基金，基金风险较高。

四、基金的募集期限

本基金募集期限自基金发售之日起原则上不超过1个月，具体募集期（或称认购期、发行期）由基金管理人根据相关法律法规以及本合同的规定确定并告知基金合同各方当事人。

五、基金估值政策、程序和定价模式

1. 银行存款每日计提应收利息，按本金加应收利息计入资产。

2. 股权以成本估值。

3. 固定收益类理财产品，按照固定收益率每日计提收益；定期公布单位净值的产品，按估值日前一工作日公布的单位净值进行估值，估值日前一工作日单位净值未公布的，以此前最近一个工作日单位净值计算；既无固定收益率，也不定期公布单位净值的，按成本估值。

4. 本基金投资于券商基金/基金公司基金/基金子公司专项基金等合同约定定期公布单位净值的产品，按该产品管理人公布的估值核对日前一工作日公布的单位净值进行估值，估值核对日前一工作日单位净值未公布的，按照该产品管理人公布的此前最近一个工作日的单位净值进行估值。

5. 如有确凿证据表明按上述方法进行估值不能客观反映其公允价值的，管理人可根据具体情况与托管人商定后，按最能反映公允价值的价格估值。相关法律法规以及监管部门有强制规定的，从其规定。如有新增事项，按国家最新规定估值。

六、基金的申购与赎回安排

本基金为封闭性基金，按照股权投资基金监管部门的规定，本基金无投资赎回条款。

七、基金管理人最近3年的诚信情况说明

基金管理人最近3年没有重大失信记录，未被中国证监会采取市场禁入措施，未受到行业纪律处分。

八、管理人的承诺

1. 公司承诺不从事违反《中华人民共和国公司法》《合伙协议》的经营活动；承诺依照恪尽职守、诚实信用、谨慎勤勉的原则管理和运用基金财产。

2. 公司承诺建立健全的内部风险控制制度，采取有效措施，防止以基金财产从事下列行为：

(1) 向他人贷款或者提供担保；

(2) 房地产业务；

(3) 在二级市场上买入并卖出已上市的股票进行短期投资活动；

(4) 对单个企业的投资超过本基金总资产的30%；

(5) 承担无限责任的投资；

(6) 向其他基金管理人出资；

(7) 不公平地对待公司管理的不同基金财产；

(8) 依照法律、行政法规有关规定禁止的其他活动。

九、重要声明

本文件属于____________________基金的商业机密，基金保留对任何侵犯该宗商业机密或者利用该商业机密进行不正当竞争的行为进行追究、追诉和追偿的权利。

本文件仅供潜在投资人参考之用，并不直接构成任何要约，也不具有任何促使投资人购买之意向。如果投资人对本文件之内容有任何疑惑，应寻求独立的专业财务及法律意见。

本产品仅针对特定对象募集，本文件不得转载或以任何方式向第三方传阅。

×××私募基金管理有限公司

年　　月　　日

在推介产品后，投资者签署基金合同前，应向投资者披露基金可能的风险，让投资者签署《私募投资基金风险揭示书》。

示例：

×××私募投资基金
风险揭示书

（格式示例如下，风险揭示书须包含但不限于以下内容）

尊敬的投资者：

投资有风险。当您/贵机构认购或申购私募基金时，可能获得投资收益，但同时也面临着投资风险。您/贵机构在做出投资决策之前，请仔细阅读本风险揭示书和基金合同、公司章程或者合伙协议（以下统称基金合同），充分认识本基金的风险收益特征和产品特性，认真考虑基金存在的各项风险因素，并充分考虑自身的风险承受能力，理性判断并谨慎做出投资决策。

根据有关法律法规，基金管理人［具体机构名称］及投资者分别作出如下承诺、风险揭示及声明：

一、基金管理人承诺

1. 私募基金管理人保证在募集资金前已在中国证券投资基金业协会（以下简称中国基金业协会）登记为私募基金管理人，并取得管理人登记编码。

2. 私募基金管理人和私募基金办理登记备案不构成对私募基金管理人投资能力、持续合规情况的认可；不作为对基金财产安全的保证。

3. 私募基金管理人保证在投资者签署基金合同前已（或已委托基金销售机构）向投资者揭示了相关风险；已经了解私募基金投资者的风险偏好、风险认知能力和承受能力；已向私募基金投资者说明有关法律法规，说明投资冷静期、回访确认的制度安排以及投资者的权利。

4. 私募基金管理人承诺按照恪尽职守、诚实信用、谨慎勤勉的原则管理运用基金财产，不保证基金财产一定盈利，也不保证最低收益。

二、风险揭示

（一）特殊风险揭示

若存在以下事项，应特别揭示风险：

1. 基金合同与中国基金业协会合同指引不一致所涉风险；

2. 私募基金未托管所涉风险；

3. 私募基金委托募集所涉风险；

4. 私募基金外包事项所涉风险；

5. 私募基金聘请投资顾问所涉风险；

6. 私募基金未在中国基金业协会履行登记备案手续所涉风险。

（二）一般风险揭示

1. 资金损失风险

基金管理人依照恪尽职守、诚实信用、谨慎勤勉的原则管理和运用基金财产，但不保证基金财产中的认购资金本金不受损失，也不保证一定盈利及最低收益。

本基金属于[相应评级水平]风险投资品种，适合风险识别、评估、承受能力[相应评级水平]的合格投资者。

2. 基金运营风险

基金管理人依据基金合同约定管理和运用基金财产所产生的风险，由基金财产及投资者承担。投资者应充分知晓投资运营的相关风险，其风险应由投资者自担。

3. 流动性风险

本基金预计存续期限为基金成立之日起至[存续期限][包括延长期（如有）]结束并清算完毕为止。在本基金存续期内，投资者可能面临资金不能退出带来的流动性风险。

根据实际投资运作情况，本基金有可能提前结束或延期结束，投资者可能因此面临委托资金不能按期退出等风险。

4. 募集失败风险

本基金的成立需符合相关法律法规的规定，本基金可能存在不能满足成立条件从而无法成立的风险。

基金管理人的责任承担方式：

（1）以其固有财产承担因募集行为而产生的债务和费用；

（2）在基金募集期限届满（确认基金无法成立）后30日内返还投资人已交纳的款项，并加计银行同期存款利息。

5. 投资标的风险（适用于股权类）

本基金投资标的的价值取决于投资对象的经营状况，原股东对所投资企业的管理和运营，相关市场宏观调控政策、财政税收政策、产业政策、法律法规、经济周期的变化以及区域市场竞争格局的变化等都可能影响所投资企业经营状况，进而影响本基金投资标的的价值。

6. 税收风险

契约性基金所适用的税收征管法律法规可能会由于国家相关税收政策调整而

发生变化，投资者收益也可能因相关税收政策调整而受到影响。

7. 其他风险

包括但不限于法律与政策风险、发生不可抗力事件的风险、技术风险和操作风险等。

三、投资者声明

作为该私募基金的投资者，本人/机构已充分了解并谨慎评估自身风险承受能力，自愿自行承担投资该私募基金所面临的风险。本人/机构做出以下陈述和声明，并确认(自然人投资者在每段段尾“__________________”内签名，机构投资者在本页、尾页盖章，加盖骑缝章)其内容的真实和正确：

1. 本人/机构已仔细阅读私募基金法律文件和其他文件，充分理解相关权利、义务、本私募基金运作方式及风险收益特征，愿意承担由上述风险引致的全部后果。__________________

2. 本人/机构知晓，基金管理人、基金销售机构、基金托管人及相关机构不应当对基金财产的收益状况作出任何承诺或担保。__________________

3. 本人/机构已通过中国基金业协会的官方网站(www. amac. org. cn)查询了私募基金管理人的基本信息，并将于本私募基金完成备案后查实其募集结算资金专用账户的相关信息与打款账户信息的一致性。__________________

4. 在购买本私募基金前，本人/机构已符合《私募投资基金监督管理暂行办法》有关合格投资者的要求并已按照募集机构的要求提供相关证明文件。__________________

5. 本人/机构已认真阅读并完全理解基金合同的所有内容，并愿意自行承担购买私募基金的法律责任。__________________

6. 本人/机构已认真阅读并完全理解基金合同第____章第____节“当事人的权利与义务”的所有内容，并愿意自行承担购买私募基金的法律责任。__________________

7. 本人/机构知晓，投资冷静期及回访确认的制度安排以及在此期间的权利。__________________

8. 本人/机构已认真阅读并完全理解基金合同第____章第____节“私募基金的投资”的所有内容，并愿意自行承担购买私募基金的法律责任。__________________

9. 本人/机构已认真阅读并完全理解基金合同第____章第____节“私募基金的费用与税收”中的所有内容。__________________

10. 本人/机构已认真阅读并完全理解基金合同第____章第____节“争议的处理”中的所有内容。__________________

11. 本人/机构知晓,中国基金业协会为私募基金管理人和私募基金办理登记备案不构成对私募基金管理人投资能力、持续合规情况的认可;不作为对基金财产安全的保证。__________________

12. 本人/机构承诺本次投资行为是为本人/机构购买私募投资基金。__________________

13. 本人/机构承诺不以非法拆分转让为目的购买私募基金,不会突破合格投资者标准,将私募基金份额或其收益权进行非法拆分转让。__________________

基金投资者(自然人签字或机构盖章):
日期:
经办员(签字):
日期:
募集机构(盖章):
日期:

4. 合同签署阶段涉及的核心文件

私募基金管理人在完成向投资者揭示私募基金的投资风险后,应履行合格投资者的确认程序并与投资者签署基金合同。合格投资者的确认程序是指私募基金管理人通过核查投资者提供的资产证明文件、收入证明文件,以及投资者出局的承诺函等方式,核查该投资者是否符合法律法规及规范性文件规定的私募基金合格投资者标准。该阶段涉及的核心文件为《合格投资者承诺函》和基金合同(如公司型基金的公司章程、有限合伙型基金的合伙协议及契约型基金的基金合同)。

示例:

合格投资者承诺函

依据《私募投资基金监督管理暂行办法》之规定,私募基金的合格投资者是指具备相应风险识别能力和风险承担能力,投资于单只私募基金的金额不低于100万元且符合下列相关标准的单位和个人:

1. 净资产不低于1000万元的单位;

2. 金融资产不低于300万元或者最近3年个人年均收入不低于50万元的个人。

前款所称金融资产包括银行存款、股票、债券、基金份额、资产管理计划、银行理财产品、信托计划、保险产品、期货权益等,还包括以下几种:

1. 社会保障基金、企业年金等养老基金,慈善基金等社会公益基金;

2. 依法设立并在基金业协会备案的投资计划;

3. 投资于所管理私募基金的私募基金管理人及其从业人员;

4. 中国证监会规定的其他投资者。

本人/机构属于以下情形之一:【　】

1. 本单位投资本只私募基金的金额不低于100万元,且净资产不低于1000万元;

2. 本个人投资本只私募基金的金额不低于100万元,且金融资产不低于300万元;

3. 本个人投资本只私募基金的金额不低于100万元,且最近三年个人年均收入不低于50万元;

4. 社会保障基金、企业年金等养老基金,慈善基金等社会公益基金;

5. 依法设立并在基金业协会备案的投资计划;

6. 本人为投资于所管理私募基金的私募基金管理人及其从业人员;

7. 中国证监会规定的其他投资者。

本人/机构承诺本人/机构是为自己购买私募基金,不存在以非法拆分转让为目的购买私募基金的行为。

本人/机构承诺在作出投资决定时,属于《私募投资基金监督管理暂行办法》规定的合格投资者。

承诺人(签字或盖章)

日期:　　　　年　　月　　日

投资者只有完成上述文件的签署后,私募基金管理人才可以与其签订基金合同。根据中国基金业协会发布的《私募投资基金合同指引》的规定,要求私募基金管理人在制定基金合同时,合同中应包括该指引要求的必备条款。私募股权基金一般以有限合伙型基金居多,本书提供一份有限合伙型基金的合伙协议范本供大家参考。

示例：

×××投资中心(有限合伙)
合伙协议

本合伙协议(以下简称本协议)由××××私募基金管理有限公司作为普通合伙人与全体有限合伙人于　　　年　　月　　日在××市共同订立。

下文中普通合伙人和有限合伙人合称为“各方”。

鉴于各方拟根据《中华人民共和国合伙企业法》及其他有关法律法规设立一家有限合伙企业,从事股权投资业务,经各方平等协商,达成如下协议:

第一条　定　　义

1.1　定义

在本协议中,除非上下文另有说明,下列词语分别具有本条所指含义:

1.1.1　本协议或《合伙协议》,指《××××投资中心(有限合伙)合伙协议》及其经适当程序通过的修正或修订版本。

1.1.2　《合伙企业法》,指由中华人民共和国第十届全国人民代表大会常务委员会第二十三次会议于2006年8月27日修订通过,自2007年6月1日起施行的《中华人民共和国合伙企业法》,及将来对其所作的不时修订。

1.1.3　有限合伙,指×××投资中心(有限合伙)。

1.1.4　人、人士,指任何自然人、合伙企业、公司等法律或经济实体。

1.1.5　管理团队,指普通合伙人之管理团队,包括但不限于普通合伙人高级管理人员、执行团队成员及普通合伙人不时指定的其他成员。

1.1.6　关联人,指对于任何人士而言,包括受该等人士控制的人,控制该等人士的人以及与该等人士共同受控制于同一人的人。此处的“控制”是指一方支配另一方主要商业行为或个人活动的权利,这种权利的形成可以是基于股权、投票权、亲属关系以及其他通常认为有支配力的关系。

1.1.7　管理费,指作为普通合伙人向有限合伙提供投资管理服务的对价,而由有限合伙向普通合伙人支付的管理费用。

1.1.8　有限合伙费用,指由有限合伙自身承担的开支,包括2.10.1条所列之各项费用。

1.1.9　普通合伙人、执行事务合伙人,指×××投资管理有限公司,或者在发生本协议12.2.1条约定的受让普通合伙人的财产份额的情形后，指受让普通合伙人财产份额的主体。

1.1.10 有限合伙人，指签署本协议的全体合伙人中，除了普通合伙人以外的其他合伙人。

1.1.11 合伙人，除非另有说明，指普通合伙人和有限合伙人。

1.1.12 出资，指合伙人对有限合伙缴付的货币资金。

1.1.13 认缴出资额，指某个合伙人承诺向有限合伙缴付的并为普通合伙人所接受的资金金额。

1.1.14 总认缴出资额，指全体合伙人承诺向有限合伙缴付的并为普通合伙人所接受的资金总额。

1.1.15 实缴出资额，指某个合伙人根据本协议约定实际向有限合伙缴付的资金金额。

1.1.16 单笔实缴出资份额，指某个合伙人根据本协议约定实际向有限合伙缴付的单笔资金。

1.1.17 总实缴出资额，指全体合伙人根据本协议约定实际向有限合伙缴付的资金总额。

1.1.18 有限合伙财产份额，指合伙人按照本协议的约定在有限合伙中享有的财产份额：对有限合伙人而言，是指其基于实缴出资额而在有限合伙中享有的财产份额，包括收回投资及取得收益分配的权利；对于普通合伙人而言，除上述基于实缴出资额而享有的财产份额（包括收回投资及取得收益分配的权利）之外，还有权取得合伙事务的执行及管理权以及额外与之相关的利益。

1.1.19 项目，指有限合伙直接进行的或者通过其他投资载体（包括但不限于投资企业）对投资组合公司进行的股权投资。

1.1.20 项目成本，对于每个项目而言，指有限合伙直接或者通过其他投资载体（包括但不限于投资企业）用于项目的投资本金以及分摊到该项目的有限合伙费用之和。

1.1.21 项目回收资金，对于每个项目而言，指包括从该项目获得的股息、红利、合伙协议利息以及其他分配所产生的现金收益，以及因处置该项目全部或部分财产份额而取得的现金。

1.1.22 项目收益，对于每个项目而言，指该项目的项目回收资金扣除项目成本后剩余的部分。

1.1.23　可分配现金，指有限合伙收到的所有项目回收资金、临时投资收入、违约金收入、投资相关补偿及其他应归属于有限合伙的现金收入，偿还有限合伙的债务并扣除相关税费、预留金额及根据法律法规应扣除的项目后可分配的部分，但该等现金收入不包括合伙人的出资。

1.1.24　违约合伙人，指违反本协议约定并由普通合伙人认定为“违约合伙人”的有限合伙人。

1.1.25　守约合伙人，指不存在违反本协议约定之记录的有限合伙人。

1.1.26　投资目标，本基金通过直接股权投资的形式投资于有良好发展前景的教育、医疗产业、科技行业未上市企业股权。投资方式为直接股权投资，投资标的为未上市公司股权，投资阶段以成熟期的企业为主。

1.1.27　季度，指一个日历季度。

1.1.28　工作日，指中国法定节假日、休息日之外的日期。

1.1.29　元，若非特别指出币种，指人民币元。

1.1.30　开办费，指普通合伙人为筹建、设立合伙企业及与合伙企业相关的其他实体或开展合伙企业的募集活动而实际发生的各项费用和成本，包括但不限于募集费用、公共关系维护费用、政府审批、登记、备案费用、差旅费、法律、税务、财务或其他专业机构的咨询服务费用。

1.2　标题

本协议各部分的标题仅为索引方便而设，标题并不对本协议及其条款进行任何形式的定义、内容或含义上的限制或扩大。

第二条　有限合伙企业

2.1　成立

2.1.1　各方确认，并取得营业执照之日为“有限合伙成立日”。

2.1.2　各合伙人同意并承诺，为合伙企业依照适用法律规范在企业登记机关登记注册或变更登记/备案，或依照其他适用法律规范办理合伙企业作为私募投资基金应履行的备案（以下简称私募基金备案）之目的，经普通合伙人要求，将签署所需的全部文件，提供所需的全部文件和信息，协助履行所需的全部程序。

2.2　名称

2.2.1　有限合伙的名称为×××投资中心（有限合伙）。

2.2.2　根据有限合伙的经营需要，普通合伙人可变更有限合伙的名称，但应在决定变更后书面通知有限合伙人，并办理相应的企业变更登记手续。

2.2.3　有限合伙存续期间以及终止或解散前，由合伙人会议决定继续使用上述名称和字号的所有权利和财产份额（包括但不限于使用或允许他人使用上述名称和字号作为其他机构的全部或部分字号）的具体事项。

2.3　主要经营场所

2.3.1　有限合伙主要经营场所为【　】

2.3.2　根据有限合伙的经营需要，经合伙人会议全体一致同意，可变更有限合伙的主要经营场所，但应在决定变更后书面通知有限合伙人，并办理相应的企业变更登记手续。

2.4　合伙目的

通过进行股权投资或以其他方式进行投资，为合伙人获取良好的投资回报。

2.5　经营范围

投资信息咨询；投资兴办实业（具体项目另行申报）；企业管理咨询；创业投资业务。

2.6　经营期限

2.6.1　合伙期限为7年。

2.6.2　有限合伙单笔实缴出资额到账日起到有限合伙单笔实缴出资额到账日起满3年之日，为该有限合伙单笔实缴出资份额投资期。

2.6.3　有限合伙单笔实缴出资额投资期结束之日起2年内为有限合伙单笔实缴出资额的退出期，普通合伙人应将该有限合伙单笔实缴出资份额对投资标的公司的投资全部变现。

2.6.4　在投资期届满后，除为下列用途，普通合伙人不应再向任何合伙人发出缴款通知要求其向合伙企业缴付其认缴的出资额（为免疑义，每一有限合伙人的实缴出资额以其认缴出资额为限）：

2.6.4.1　用于承担合伙企业费用以及合伙企业的债务和义务（包括但不限于管理费）；

2.6.4.2　对在投资期结束前已经批准的投资项目（包括已批准的对现有被投资企业进行后续投资）进行出资，或用于投资期结束时已进行中的合伙企业的潜在投资交易（根据投资期结束前已签署的有法律约束力的投资协议约定需要在投资期结束后继续投资交易）；

2.6.4.3　对经全体合伙人同意的投资项目进行投资；

2.6.4.4　经过合伙人会议一致同意，对现有被投资企业进行后续投资。

2.6.5　根据有限合伙的经营需要，全体合伙人可以一致同意延长有限合伙的投资期、退出期和合伙期限。

2.7　合伙人

2.7.1　有限合伙的唯一普通合伙人××××投资管理有限公司。

2.7.2　有限合伙的有限合伙人以及有限合伙人类型根据《合伙协议》确定。

2.8　合伙人登记册

有限合伙成立后，普通合伙人应在其经营场所置备合伙人登记册，登记各合伙人名称、住所、认缴出资额、实缴出资额、证照号码、出资方式、出资期限等及普通合伙人认为必要的其他信息；普通合伙人并应根据上述信息的变化情况随时更新合伙人登记册。

2.9　出质禁止

任何合伙人均不得在其对有限合伙的财产份额或合伙财产份额上设定质押合伙协议或其他任何形式的权利负担。

2.10　有限合伙费用

2.10.1　有限合伙应承担包括与有限合伙之设立、组建、运营、终止、解散、清算等相关的所有费用（以下简称有限合伙费用），包括但不限于以下各项：

（1）开办费；

（2）合伙企业制作年度审计报告之费用和支出；

（3）与合伙企业所设立的投资委员会、咨询委员会、合伙人会议履职的费用；

（4）政府部门对合伙企业的存续、收益或资产及登记注册变更登记/备案、合伙企业私募基金备案等事宜收取的税费以及任何合伙企业承担的其他政府费用；

（5）合伙协议2.10.3条所述的管理费；

（6）为合伙企业的利益提起诉讼、应诉、进行仲裁、与争议对方进行谈判、和解、采取其他法律行动或履行其他法律程序而产生的费用；

（7）合伙企业应国家相关税务规定或税务监管部门的要求，履行为其自然人有限合伙人代扣代缴个人所得税的义务而产生的一般行政性事务费用［为免疑义，本项所称费用不包括合伙企业代扣代缴的税款、罚金、滞纳金（如有）］；

（8）合伙企业的清算、解散相关的费用；

（9）在合伙企业运营中发生的，通常不被归入普通合伙人日常运营费用之内的其他成本和费用。

2.10.2　有限合伙成立日之前，普通合伙人或其关联人垫付的开办费等费用，列入基金管理人管理费，有限合伙不再另行支付。

2.10.3　作为普通合伙人对有限合伙提供管理及其他服务的对价，各方同意有限合伙在其存续期间应按下列规定向普通合伙人支付管理费：

(1)从首次交割日起至投资期终止之日，年度管理费应为每一合伙人实缴出资额的1%。

(2)自投资期终止之日至合伙企业解散之日，年度管理费不再收取。

2.10.4　普通合伙人的收益管理费提取方法：

合伙企业经营期末的净资产与企业经营期初的净资产之间的差额为投资净收益，投资净收益与期初净资产的比例为投资净收益率。

(1)各方一致同意普通合伙人不收取收益管理费；

(2)如合伙企业接纳新的有限合伙人入伙，或现有有限合伙人追加认缴出资额，则普通合伙人或管理人有权对新增的合伙企业认缴出资额(即后续募集出资额)追加自合伙企业追加认缴出资额实际出资之日起的管理费。

2.10.5　有限合伙发生的下列费用由普通合伙人或管理人在管理费中列支，包含在管理费中，有限合伙无须另行支付：与普通合伙人及管理人日常行政和管理相关的，无法列入合伙企业费用且无法由被投资企业或其他人士承担的费用和支出，包括管理团队的人事开支(包括工资、奖金、福利等)、办公场所租金、办公设施费用、物业管理费、水电费、通讯费以及其他日常营运费。

第三条　出　资

3.1　合伙人总认缴出资额及各合伙人认缴的出资额

3.1.1　有限合伙认缴金额为1000万元，如有变更需经合伙人会议全体一致同意。

3.1.2　单个有限合伙人认缴出资额不应低于100万元，但普通合伙人在特定情况下有权决定调整此最低额度限制。

3.2　出资方式

所有合伙人之出资方式为现金出资。

3.3　缴付出资

3.3.1　有限合伙存续期间，各合伙人应按照3.1条约定缴付出资。

3.3.2　除本协议另有约定外，各合伙人认缴的有限合伙出资根据各有限合伙人与有限合伙签署的《合伙协议》约定数额为准。

3.3.3　在有限合伙募集期间内，各有限合伙人经合伙人会议全体一致同意后可以根据自己情况随时增加入伙资金。该有限合伙人应按照新签订的相关协议约定的日期将入伙资金足额缴付至普通合伙人指定的有限合伙银行募集专户。

3.3.4 除各合伙人另有约定,有限合伙成立日后,各有限合伙人应按照认缴出资额等比例缴付入伙资金。

3.3.5 如普通合伙人为潜在投资而要求合伙人缴付出资,但相关投资于付款到期日后并未成功或最终未实际进行,普通合伙人可以在可行的情况下尽快将全部或多余的出资按照各合伙人就该投资的实缴出资比例返还给各合伙人。就合伙人的资本账户而言,按照前述规定实际返还的出资不视为合伙企业的分配,且合伙人之前为此而进行的出资不视为合伙人实缴出资,该部分仍视为未实缴出资。

第四条 普通合伙人

4.1 无限责任

普通合伙人对有限合伙的债务承担无限连带责任。

4.2 执行事务合伙人应具备的条件和选择程序

4.2.1 执行事务合伙人应具备如下条件:

(1)系在中华人民共和国境内注册的机构;

(2)经有限合伙人全体一致同意接纳为有限合伙的普通合伙人。

4.2.2 符合上述4.2.1条规定条件的人士当然担任有限合伙之执行事务合伙人;全体合伙人签署本协议即视为唯一普通合伙人被选定为有限合伙的执行事务合伙人。

4.3 执行事务合伙人委派的代表

4.3.1 执行事务合伙人应以书面通知有限合伙的方式指定其委派代表,负责具体执行合伙事务。执行事务合伙人应确保其委派的代表独立执行有限合伙的事务并遵守本协议约定。

4.3.2 执行事务合伙人可独立决定更换其委派的代表,但更换时应书面通知有限合伙,并办理相应的企业变更登记手续。有限合伙应将执行事务合伙人代表的变更情况及时通知有限合伙人。

4.4 普通合伙人权限

4.4.1 普通合伙人作为执行事务合伙人拥有《合伙企业法》及本协议所规定的对于有限合伙事务的独占及排他的执行、管理权,包括但不限于按有限合伙规定的程序:

(1)决定、执行合伙企业的投资及其他业务;

(2)取得、拥有、管理、维持合伙企业的财产;

(3)采取为维持合伙企业合法存续、以合伙企业身份开展经营活动所必需的一切行动;

(4)开立、维持和撤销合伙企业的银行账户,开具支票和其他付款凭证;

(5)聘用专业人士、中介及顾问机构对合伙企业提供服务;

(6)订立与合伙企业日常运营和管理有关的协议;

(7)按照本协议约定批准有限合伙人转让合伙企业权益;

(8)为合伙企业的利益决定提起诉讼或应诉,进行仲裁;与争议对方进行妥协和解等,以解决合伙企业与第三方的争议;采取所有可能的行动以保障合伙企业的财产安全;

(9)根据国家税务管理规定处理合伙企业的涉税事项;

(10)采取为实现合伙目的、维护或争取合伙企业合法权益所必需的其他行动;

(11)代表合伙企业对外签署、交付和执行文件;

(12)变更合伙企业名称中字号以外的部分;

(13)变更合伙企业主要经营场所;

(14)变更其委派至合伙企业的代表;

(15)聘任合伙人以外的人担任合伙企业的经营管理人员;

(16)执行事务合伙人根据合伙协议被授予的其他权限。

4.4.2　在4.4.1条规定基础上,全体合伙人在此特别同意普通合伙人可对下列事项提交议案至合伙人会议审议,经合伙人会议审议表决全体一致同意后交由普通合伙人执行:

(1)缩小有限合伙的募集规模,停止接受后续出资;

(2)后续有限合伙人入伙;

(3)有限合伙人的财产份额转让(但进入退出期的除外);

(4)对本协议进行非实质性减损有限合伙人现有利益的修改;

(5)聘任合伙人以外的人担任有限合伙的经营管理人员;

(6)将普通合伙人的有限合伙财产份额转让给普通合伙人的全资子公司或控股子公司。

4.5　利益冲突和关联交易

4.5.1　有限合伙人在此同意并认可,为遵守适用法律、区分不同类型的有限合伙人或其他合理商业之目的,普通合伙人可以设立一支或多支"平行有限合伙"但非经合伙人会议全体一致同意，平行有限合伙不得对同一投资目标进行投资，也不得投资有限合伙的潜在投资项目或与有限合伙进行竞争；普通合伙人应确保平行有限合伙与有限合伙之间独立运作、独立管理、独立核算。

4.5.2 有限合伙人在此同意并认可：

(1)普通合伙人或其关联人目前正在主导或管理其他投资载体；

(2)在有限合伙存续期间，普通合伙人及其关联人可以作为普通合伙人在中国境内发起设立新的投资载体或担任该新投资载体的管理人。(前述投资载体和新投资载体合称“关联投资载体”)

4.6 违约处理办法

普通合伙人应基于诚实信用原则为有限合伙谋求最大利益。若因普通合伙人的故意或重大过失行为，致使有限合伙受到损害或承担债务、责任，普通合伙人应承担赔偿责任。

4.7 普通合伙人的财产权利

普通合伙人对于其认缴的出资享有与有限合伙人相同的财产权利。

4.8 免责保证

各合伙人同意，普通合伙人及普通合伙人之管理团队、雇员及普通合伙人聘请的代理人、顾问等人士为履行其对普通合伙人或有限合伙的各项职责、处理有限合伙委托事项而产生的责任及义务均及于有限合伙。如普通合伙人及上述人士因履行职责或办理受托事项招致任何索赔、诉讼、仲裁、调查或其他法律程序，有限合伙应补偿上述人士因此产生的所有损失和费用，除非有证据证明该等损失、费用以及相关的法律程序是由于上述人士的故意或重大过失所引起。

普通合伙人是依据《公司法》设立的有限责任公司，具有法人资格，依法独立享有民事权利和承担民事义务。普通合伙人向有限合伙人提供的与本协议的签署或履行相关任何文件中有关普通合伙人股东或关联人的陈述不得被视为普通合伙人的股东或关联人对有限合伙或有限合伙人的承诺和保证，或被视为对普通合伙人的股东或关联人施加任何义务或责任。

4.9 普通合伙人除名及更换

4.9.1 因普通合伙人故意或重大过失行为，致使有限合伙受到重大损害或承担有限合伙无力偿还或解决的重大债务、责任时，有限合伙可将普通合伙人除名。

4.9.2 普通合伙人除名应履行如下任一程序：

(1)经本协议约定的诉讼程序，诉讼机构裁决有限合伙可依 4.10.1 条规定将普通合伙人除名；

(2)合伙人会议就普通合伙人除名作出决议。

4.9.3　若合伙人会议在作出普通合伙人除名决议之时未能同时就接纳新的普通合伙人作出决议，则有限合伙进入清算程序。

4.9.4　除本协议12.2.1条另有规定以外，普通合伙人更换应履行如下程序：

(1)在完成4.9.2条所规定的普通合伙人除名程序之同时就接纳新的普通合伙人作出决议；

(2)新的普通合伙人签署书面文件确认同意受本协议约束并履行本协议规定的应由普通合伙人履行的职责和义务。

4.9.5　自4.10条所述程序全部履行完毕之日起，普通合伙人退出有限合伙，停止执行有限合伙事务并向合伙人会议同意接纳的新的普通合伙人交接有限合伙事务。

4.9.6　普通合伙人依据4.9条被除名或被更换的，对于其被除名或者更换前尚未进行分配的项目回收资金和有限合伙的其他收入享有完全的收益分配的权利，有关分配应根据本协议规定的分配机制进行。

4.9.7　普通合伙人依据4.9条被除名或被更换的，仍应依法对有限合伙在其被除名或更换之前发生的债务承担无限连带责任。

4.10　普通合伙人退伙

4.10.1　普通合伙人在此承诺，除非本协议另有明确约定，在有限合伙按照本协议约定解散或清算之前，普通合伙人始终履行本协议项下的职责；在有限合伙解散或清算之前，不要求退伙，不向除普通合伙人之全资子公司或控股子公司外的第三方转让其持有的有限合伙财产份额；其自身亦不会采取任何行动主动解散或终止。

4.10.2　普通合伙人发生下列情形时，当然退伙：

(1)依法被吊销营业执照、责令关闭撤销，或者被宣告破产；

(2)发生根据《合伙企业法》适用于普通合伙人的规定被视为当然退伙的其他情形。

4.10.3　普通合伙人依上述约定当然退伙时，除非有限合伙同时接纳了新的普通合伙人，否则有限合伙进入清算程序。

第五条　有限合伙人

5.1　有限责任

有限合伙人以其认缴的出资为限对有限合伙债务承担责任。

5.2　不得执行合伙事务

5.2.1　有限合伙人不执行有限合伙事务,不得对外代表有限合伙。任何有限合伙人均不得参与管理或控制有限合伙的投资业务及其他以有限合伙名义进行的活动、交易和业务,或代表有限合伙签署文件,或从事其他对有限合伙形成约束的行为。

5.2.2　有限合伙人对除名、选定普通合伙人行使表决权时,应遵守本协议的明确规定。

5.2.3　本协议所有规定均不构成有限合伙人向有限合伙引入投资人或新的投资项目的责任或对有限合伙人其他投资行动的限制。有限合伙人行使本协议规定的任何权利均不应被视为构成有限合伙人参与管理或控制有限合伙的投资或其他活动,从而引致有限合伙人被认定为根据法律或其他规定需要对有限合伙之债务承担连带责任的普通合伙人。

5.3　有限合伙人的陈述和保证

有限合伙人在此承诺和保证:

(1)其系依法成立并有效存续的实体或有完全民事行为能力的自然人;

(2)其签订本协议已按其内部程序作出有效决议并获得充分授权,代表其在本协议上签字的人为其合法有效的代表(适用于公司、企业或者其他组织);

(3)其签订本协议已取得其财产共有人的同意(适用于自然人);

(4)签订本协议不会导致其违反法律法规、章程(如适用)、对其具有法律约束效力的任何规定或其在其他协议项下的义务;

(5)其已获得普通合伙人此前向其提交的募集文件并仔细阅读了该等文件的内容,尤其是其中的风险提示内容,其理解参与本有限合伙可能承担的风险并有能力承担该等风险;

(6)其系根据自己的独立意志判断决定参与本有限合伙,其认缴有限合伙出资并不依赖于普通合伙人或管理团队提供的法律、投资、税收等建议;

(7)其已仔细阅读本协议并理解本协议条款之确切含义,不存在重大误解情形;

(8)其缴付至有限合伙的出资来源合法;

(9)根据普通合伙人发出的《缴付出资通知》按时履行出资义务;

(10)其向有限合伙和普通合伙人提交的有关其主体资格和法律地位的资料或信息真实、准确,如该等资料或信息方式变化,其将及时通知普通合伙人。

5.4　有限合伙人退伙

5.4.1　有限合伙人可依据本协议约定转让其持有的有限合伙财产份额或本协议约定的其他方式,从而退出有限合伙。如退出期有限合伙人通过转让有限合伙财产份额方式退出有限合伙的,则对于该有限合伙人拟退出的有限合伙财产份额,普通合伙人和其他守约合伙人参照本协议12.1.4条规定享有和行使优先受让权;如果普通合伙人和其他守约合伙人均放弃优先受让权的,如该有限合伙人因没有受让主体,导致不能转让其有限合伙财产份额时,普通合伙人应当受让该有限合伙人在有限合伙中的财产份额。

5.4.2　有限合伙人发生下列情形时,当然退伙:

(1)如果有限合伙人为法人或其他组织,依法被吊销营业执照、责令关闭撤销,或者被宣告破产;

(2)如果有限合伙人为自然人,其死亡或被宣告死亡,且其继承人不愿继承有限合伙人资格;

(3)持有的有限合伙财产份额被法院强制执行;

(4)有限合伙人因故意或重大过失给有限合伙造成损失;

(5)发生根据《合伙企业法》规定被视为当然退伙的其他情形。有限合伙人依上述约定当然退伙时,有限合伙不应因此解散,因有限合伙人的原因导致上述当然退伙的,有限合伙人应赔偿有限合伙或其他合伙人因此遭受的全部损失,普通合伙人有权从其退伙结算应得财产中直接扣除该等赔偿额,不足部分由该有限合伙人另行支付。

5.4.3　退伙或除名后的处理

有限合伙人按照本协议的规定退伙或被除名后,除本协议另有约定外,其他合伙人应与该退伙人按照退伙时的有限合伙净资产状况进行结算。扣除退伙人应该承担的有限合伙费用后,应在有限合伙存续期限届满并完成清算后向其退还。

5.5　身份转换

除非法律另有规定或全体合伙人达成全体一致同意的书面决定,有限合伙人不能转变为普通合伙人,普通合伙人亦不能转变为有限合伙人。

5.6　有限合伙人的权利

有限合伙人不执行合伙事务,不得对外代表有限合伙企业。有限合伙人享有下列权利,且该权利的实施不视为执行合伙事务:

(1)对企业的经营管理提出建议;

(2)参与选择承办有限合伙企业审计业务的会计师事务所;

(3)获取经审计的有限合伙企业财务会计报告;

(4)对涉及自身利益的情况,查阅有限合伙企业财务会计账簿等财务资料;

(5)在有限合伙企业中的利益受到侵害时,向有责任的合伙人主张权利或者提起诉讼;

(6)执行事务合伙人怠于行使权利时,督促其行使权利或者为了本企业的利益以自己的名义提起诉讼;

(7)依法为本企业提供担保。

第六条　投资业务

6.1　投资项目的决策原则

所有投资项目须经投资决策委员会审查批准。

6.1.1　一般投资项目

单笔投资金额不超过认缴总额20%(含20%)的投资项目,经投资决策委员会过半数的委员同意,形成投资决议,交管理人落实执行。

6.1.2　特殊投资项目

单笔投资金额超过认缴总额20%以上重大投资项目,须经投资决策委员会全部委员一致同意,形成投资决议,交管理人落实执行。

6.1.3　投资合法合规性限制

所有投资项目以及投资金额、投资比例不得与已生效法律法规相抵触,如本协议与相关已生效法律法规相抵触,以相关生效法律法规约束为准。

6.2　投资限制

6.2.1　有限合伙不得从事证券二级市场上买卖流通股股份的交易(证券交易),但是前述证券交易不包括有限合伙在从所投资项目退出时进行的证券交易。

6.2.2　有限合伙不得对外提供担保,不得对外举借债务。

6.3　禁止行为

6.3.1　向他人贷款或者提供担保;

6.3.2　向其他基金管理人出资;

6.3.3　从事可能使基金资产承担无限责任的投资;

6.3.4　将基金资产投资于与基金管理人有利害关系的公司发行的股权;

6.3.5　国家法规规定禁止从事的其他行为。

6.4　关联方认定以及投资规则

普通合伙人或者普通合伙人关联方持股超25%的企业,被认定为普通合伙人的关联方。为保护基金出资人利益,非经合伙人大会一致同意,基金不得投资于普通合伙人的关联方。

6.5 投资后管理

基金管理人当履行对投资企业的持续监督职责,切实防范投资风险。基金管理人应当要求基金投资企业自每个会计年度结束后三个月内向基金管理人提交经审计的财务报告。基金管理人应当每个季度与被投资企业进行不低于一次的访谈,留底访谈记录,并在年度合伙人会议向所有合伙人进行报告。

第七条 收益分配与所得税

7.1 收益分配

7.1.1 本投资计划所取得的收益在投资期结束后应按照本协议的约定向全体合伙人进行分配,不得用于再投资。项目投资的收益包括但不限于股息、红利、股权转让所得。

7.1.2 合伙企业的可分配收入,应按下述原则进行分配:

(1)原则上应在合伙企业取得收入后的90日内进行分配,临时投资收入应与最近一次的项目处置收入或投资运营收入一起分配;

(2)任一投资项目部分退出的(即合伙企业仅对其所持有的该等投资项目的部分而非全部权益进行了处置),该投资项目退出的部分应被视为一个单独投资项目,应根据7.1.4条的规定对部分退出而得的可分配收入进行分配,并按已退出部分占整体项目的比例计算已退出部分的投资成本,并基于此计算绩效收益;

(3)在合伙企业有足够现金且普通合伙人认为必要的情况下,合伙企业可向合伙人进行现金分配,以使其足以支付合伙人(在该等合伙人本身为合伙企业等所得税穿透实体的情况下,其直接或间接的合伙人或股东)就其在合伙企业取得的收入应当缴纳的所得税,该等分配应作为向该等合伙人的预分配,从后续该等合伙人本应收到的收入中等额扣除。

7.1.3 合伙企业投资期内,除非全体合伙人一致同意,合伙企业原则上不使用可分配收入进行循环投资。

7.1.4 在受限于本协议7.2条和7.3条的前提下,合伙企业的每一个项目退出取得项目处置收入或取得投资运营收入后,对应的合伙企业的可分配收入,应当在全体合伙人之间按照下列顺序进行分配(同一顺位的合伙人之间按照投资成本分摊比例进行分配):

(1)首先,实缴出资额返还。100%向全体合伙人进行分配;

(2)合伙企业收益80%/20%分配。其中20%分配给普通合伙人,80%按照实缴出资比例分配给全体合伙人。

7.2　普通合伙人对本合伙企业的债务承担无限连带责任

7.3　所得税及其他税和费

根据《合伙企业法》及相关行政法规之规定,本合伙企业缴纳各项税费后,由各合伙人自行按相关规定申报缴纳所得税,法律要求本合伙企业代扣代缴,则本合伙企业将根据法律规定进行代扣代缴。

第八条　会计及报告

8.1　会计年度

有限合伙的会计年度与日历年度相同;首个会计年度自有限合伙成立日起到当年的12月31日。

8.2　年度报告

普通合伙人应在会计年度结束后四个月之内以信件、传真、电子邮件或其他方式向有限合伙人提交管理人报告。

第九条　合伙事务的执行

9.1　合伙事务的执行

9.1.1　有限合伙由普通合伙人执行合伙事务。有限合伙及其投资业务以及其他活动之管理、控制、运营、决策的权利全部排他性地归属于普通合伙人,由其直接行使或通过其委派的代表行使。

9.1.2　普通合伙人有权以有限合伙之名义,在其自主判断为必须必要、有利或方便的情况下,为有限合伙缔结合同及达成其他约定、承诺,管理及处分有限合伙之财产,以实现有限合伙之经营宗旨和目的。

9.2　普通合伙人之行为对有限合伙的约束力

普通合伙人及其委派的代表为执行合伙事务所作的全部行为,包括与任何第三人进行业务合作及就有关事项进行交涉,均对有限合伙具有约束力。

9.3　授权

9.3.1　全体有限合伙人通过在此签署本协议向普通合伙人进行一项不可撤销的特别授权,授权普通合伙人代表全体及任一有限合伙人在下列文件上签字:

(1)本合伙协议的修正案或修改后的合伙协议。当修改内容为本协议规定的普通合伙人独立决定事项之相关内容时,普通合伙人可直接代表有限合伙人签署;

当修改内容为本协议规定的合伙人会议决议事项之相关内容时，普通合伙人凭合伙人会议决议即可代表有限合伙人签署。

(2)有限合伙所有的企业登记/变更登记文件。

(3)当普通合伙人担任有限合伙的清算人时，为执行有限合伙解散或清算相关事务而需签署的文件。

9.4　资金托管以及监督

9.4.1　全体合伙人一致同意，合伙企业的资产免于托管。

9.4.2　全体合伙人若认为无托管产品，产生风险，可以召集临时合伙人会议，由经持有除普通合伙人所持有的合伙权益外的合伙权益的75%以上的有限合伙人同意聘任的其他审计机构对合伙企业的资金使用状况进行特别审计。经审计认定，如果发现因普通合伙人和管理人未能尽责给合伙企业造成损失的，普通合伙人和管理人应当赔偿损失。

第十条　合伙人会议

10.1　合伙人会议

10.1.1　合伙人会议为有限合伙合伙人之议事程序，由普通合伙人召集并主持，合伙人会议的职责和权利包括且仅包括：

(1)听取普通合伙人所作的年度报告，并向有限合伙提出投资战略方面的建议；

(2)决定除本协议明确授权普通合伙人独立决定事项之相关内容外，本协议其他内容的修订；

(3)决定2.6.5条约定的有限合伙投资期、退出期或合伙期的延长，决定有限合伙经营期的提前终止；

(4)批准有限合伙举借债务；

(5)批准符合本协议约定的有限合伙人退伙事项；

(6)根据本合伙协议的约定决定普通合伙人的除名，选举替代的普通合伙人，合伙人会议不应讨论有限合伙潜在项目或其他与有限合伙事务执行有关的事项，并且有限合伙人不应通过合伙人会议对有限合伙的管理及其他活动施加控制；

(7)本协议约定的其他权利。

10.1.2　普通合伙人应于运营开始后三个月内组织召开一次年度合伙人会议，会议召开前普通合伙人应提前二十个工作日书面通知全体合伙人。年度合伙人会议的主要内容是根据10.1.1条第(1)项听取普通合伙人所投资的投资报告，并由全体合伙人向有限合伙提出投资战略方面的建议。

10.1.3　普通合伙人在经提前十五个工作日书面通知后，可就10.1.1条第(2)项至第(6)项事项组织召开临时合伙人会议，所议事项由普通合伙人及出席合伙人会议的全体有限合伙人通过方可作出决议。

10.1.4　普通合伙人按照10.1.2条、10.1.3条发出的会议通知应当至少包括以下内容：

(1)会议的时间、地点；

(2)会议的召开方式；

(3)会议议题；

(4)合伙人表决所必需的会议材料；

(5)联系人和联系方式。

10.1.5　当普通合伙人不履行或无法履行合伙人会议召集、主持义务时，可以由任一有限合伙人召集、主持合伙人会议。

第十一条　投资决策委员会

11.1　投资决策委员会的组成

投资决策委员会为基金投资决策机构，由5名委员组成，其中由有限合伙人选派1名委员，由基金管理人委派4名委员。投资决策委员会委员由各合伙人选派完成后，由各合伙人出具书面选派确认书，并经基金管理人书面确认后生效。按照一人一票的方式对基金投资的事项作出决议。除另有约定外，投资决策委员会作出的决议应取得过半数的委员同意通过，并交由管理人负责办理具体事务。

11.2　投资决策委员会的职权

投资决策委员会的决议职权范围包括：

(1)处分基金的资产；

(2)转让或者处分基金的知识产权和其他财产权利；

(3)制订基金的利润分配方案；

(4)决定基金资金的划转；

(5)选择确定投资项目，对管理人提交的投资方案进行表决；

(6)其他与基金投资项目的相关事务；

(7)投资决策委员会作出投资决策及其流程不得与现行法律法规与相关监管机构规定相抵触。

第十二条　财产份额转让

12.1　有限合伙人财产份额转让

12.1.1　除依照本协议之明确规定进行的转让，有限合伙人不应以其他任何方式转让其在有限合伙当中的任何财产份额，包括但不限于对于出资及接受分配的权利。不符合本协议规定之财产份额转让可能导致普通合伙人认定该转让方为违约合伙人并要求其承担违约责任。

12.1.2　拟转让有限合伙财产份额的有限合伙人（以下简称转让方）申请转让其持有的全部或部分有限合伙财产份额的，当下列条件全部满足时方为一项"有效申请"：

（1）转让方按本合伙协议约定发出转让申请；

（2）该等财产份额转让不会导致有限合伙违反《合伙企业法》或其他有关法律法规的规定，或由于转让导致有限合伙的经营活动受到额外的限制；

（3）在转让方发出上述转让请求时，拟议中的受让方（以下简称拟议受让方）已向普通合伙人提交关于其同意受本协议约束及将遵守本协议约定、承继转让方后续出资义务（如有）的承诺函，以及普通合伙人认为适宜要求的其他文件、证件及信息；

（4）在转让方发出上述转让请求时，拟议受让方已书面承诺承担该次转让引起的有限合伙及普通合伙人所发生的所有费用。若普通合伙人根据其独立判断认为拟议中的转让符合有限合伙的最大利益，则可决定放弃12.1.2条规定的一项或数项条件，认可一项有关有限合伙财产份额转让的申请为"有效申请"。

12.1.3　对于一项有关有限合伙财产份额转让的有效申请，须经合伙人会议全体一致同意（进入退出期的除外）。

12.1.4　如合伙人会议对有效申请作出同意的决定，除拟议受让方为转让方之关联人或现有守约合伙人之情形外，对于拟转让的有限合伙财产份额，普通合伙人享有第一顺序优先受让权，转让方以外的守约合伙人（以下简称有权有限合伙人）享有第二顺序优先受让权。如普通合伙人行使第一顺序优先受让权，应于发出普通合伙人同意该有效申请的通知后十五个工作日内作出决定通知有限合伙人，否则视为放弃第一顺序优先受让权；上述十五个工作日期限届满之日或在此之前普通合伙人书面表示放弃第一顺序优先受让权之日为普通合伙人放弃第一顺序优先受让权之日。在普通合伙人放弃第一顺序优先受让权的情形下，如有权有限合伙人决定行使第二顺序优先受让权的，应在普通合伙人放弃第一顺序优先受让权后十五个工作日内作出决定通知有限合伙人，否则视为放弃第二顺序优先受让权，行使第二顺序优先受让权的有权有限合伙人有权受让;上述十五个工作日期限届满之日或在此之前有权有限合伙人书面表示放弃优先受让权之日为该有权有限合伙人放弃优先受让权之日。转让方可在有权有限合伙人放弃第二顺序优先受让权之日后向拟议受让方(转让方之关联人或现有守约合伙人除外)转让合伙财产份额。在拟议受让方为转让方之关联人或现有守约合伙人的情形下,普通合伙人和有权有限合伙人不享有优先受让权。

12.1.5　普通合伙人可在有限合伙存续期间或退出期受让有限合伙人持有的有限合伙财产份额。该等情况下的普通合伙人受让有限合伙财产份额之处理与有限合伙人受让有限合伙财产份额相应情况之处理相同。

12.2　普通合伙人财产份额转让

12.2.1　若合伙人会议根据本协议的约定通过决议将原普通合伙人除名并选举了替代的普通合伙人,则原普通合伙人应向新的普通合伙人转让其持有的全部有限合伙财产份额,并且转让价格应经转让方及受让方均接受的独立第三方进行评估确定。

12.2.2　如普通合伙人出现被宣告破产、被强制执行有限合伙财产份额等特殊情况,则视为普通合伙人退伙,当受让人愿意承担原普通合伙人之全部责任和义务且经由全体合伙人参加的合伙人会议全体一致通过的情况下普通合伙人可以向受让人转让全部有限合伙财产份额,否则有限合伙进入清算程序。

第十三条　不可抗力

“不可抗力”指在本协议签署后发生的、本协议签署时不能预见的、其发生与后果无法避免或克服的、妨碍任何一方全部或部分履约的所有事件。上述事件包括地震、台风、水灾、火灾、战争、国际或国内运输中断、政府或公共机构的行为(包括重大法律变更或政策调整)、流行病、民乱、罢工,以及一般国际商业惯例认作不可抗力的其他事件。一方单纯缺少资金非为不可抗力事件。如果发生不可抗力事件,影响一方履行其在本合同项下的义务,则在不可抗力造成的延误期内中止履行,而不视为违约。宣称发生不可抗力的一方应迅速书面通知另一方,并在其后的十五天内提供证明不可抗力发生及其持续的充分证据。如果发生不可抗力事件,各合伙人应立即互相协商,以找到公平的解决办法,并且应尽一切合理努力将不可抗力的后果降到最低限度。如不可抗力的发生或后果对有限合伙运作造成重大妨碍,时间超过六个月,并且各合伙人没有找到公平的解决办法,则该方可按照本协议约定要求退伙,在此种情况下,合伙人会议应批准该方的退伙要求。

第十四条　争议解决及适用法律

因本协议引起的及与本协议有关的一切争议，首先应由相关各方之间通过友好协商解决，如相关各方不能协商解决，则应提交【　】人民法院管辖，败诉方还应补偿胜诉方的律师费等支出。争议发生后，在对争议进行诉讼时，除争议事项外，争议方应继续行使各自在本协议项下的其他权利，并应继续履行各自在本协议项下的其他义务。本协议的成立、效力、解释和履行，以及本协议项下发生的争议，均适用中国法律。

第十五条　解散和清算

15.1　解散

当下列任何情形之一发生时，有限合伙应被终止并清算：

(1)经营期满，普通合伙人提议解散时；

(2)有限合伙所有项目提前退出，经合伙人会议全体一致同意；

(3)因不可抗力无法继续经营；

(4)普通合伙人被除名或根据本协议约定退伙且有限合伙没有接纳新的普通合伙人；

(5)有限合伙人一方或数方严重违约，致使普通合伙人判断有限合伙无法继续经营；

(6)有限合伙被吊销营业执照或被责令关闭；

(7)出现《合伙企业法》及本协议规定的其他解散原因。

15.2　清算

15.2.1　清算人由普通合伙人担任，除非经全体有限合伙人全部参加会议并全体一致通过决议决定由普通合伙人之外的人士担任。

15.2.2　在确定清算人以后，所有有限合伙未变现的资产由清算人负责管理，但如清算人并非普通合伙人，则普通合伙人有义务帮助清算人对未变现资产进行变现，清算期内有限合伙不再向普通合伙人支付任何管理费或其他费用。

15.2.3　清算期结束时未能变现的非货币资产按照本协议第七条约定的分配原则进行分配。

15.3　清算清偿顺序

15.3.1　有限合伙到期或终止清算时，合伙财产按下列顺序进行清偿及分配：

(1)支付清算费用；

(2)支付职工工资、社会保险费用和法定补偿金；

(3)缴纳所欠税款;

(4)清偿有限合伙债务;

(5)根据本协议约定的收入分配原则和程序在所有合伙人之间进行分配,即优先用于支付守约有限合伙人的实缴出资及未分配预期收益。其中对(1)至(3)三项必须以现金形式进行清偿,如现金部分不足则应增加其他资产的变现。第(4)项应与债权人协商清偿方式。

15.3.2　有限合伙财产不足以清偿合伙债务的,由普通合伙人向债权人承担连带清偿责任。

第十六条　其　　他

16.1　附件

本协议附件(如有)作为本协议不可分割的组成部分,与本协议具有同等法律效力。

16.2　可分割性

如本协议的任何条款或该条款对任何人或情形适用时被认定无效,其余条款或该条款对其他人或情形适用时的有效性并不受影响。

16.3　保密

各方同意,本协议所涉及事项、本协议的存在以及因协商、签署及执行本协议而了解到的关于合伙企业、普通合伙人及/或其关联方以及其他有限合伙人的信息、投资项目或被投资企业、共同投资载体等的商业、法律、财务等信息均为保密信息。除非发生如下情形,否则在未获得普通合伙人及相关方的事先同意之前,任何一方(包括其关联方、雇员、董事等)均不得向任何第三方披露任何保密信息或从中牟利。

16.3.1　非因方或其任何代理人违反本条的约定而使保密信息已为公众知晓或可知晓;

16.3.2　根据适用法律规范的强制性规定以及监管部门的监管要求必须进行披露;

16.3.3　向负有同等保密义务的法律及其他专业顾问披露;

16.3.4　尽管有前述约定,为合伙企业募集资金之便,普通合伙人应有权在合理范围内向合伙企业的潜在私募基金投资者或意向私募基金投资者披露保密信息。同时,普通合伙人可以披露适用法律规范或监管部门所要求披露的合伙企业或有限合伙人的任何必要信息,此时,应普通合伙人之要求,在不违反适用法律规范的前提下,各有限合伙人应将该等信息及时提供给普通合伙人。普通合伙人的该等披露不应视为普通合伙人对本条项下的保密义务的违反,但普通合伙人披露保密信息或有限合伙人的前述必要信息,需要求接收该等信息的第三方承担相应的保密义务。

16.3.5 依据本条约定而披露信息的有限合伙人须在适用法律规范范围内尽合理努力事先通知普通合伙人,以便普通合伙人有足够时间采取其认为必要的合理措施。

16.3.6 无论本协议其他条款如何约定,普通合伙人有权在合理的期间内就下列事项不向有限合伙人披露并予以保密:(1)普通合伙人合理善意认为披露该信息不符合合伙企业或其投资的最大利益的信息;(2)适用法律规范、监管机关要求合伙企业保密的信息。

16.4 普通合伙人的工商登记事项变更

有限合伙人在此明确同意,如果普通合伙人的工商登记事项发生变更导致本协议需要修订的,普通合伙人应向所有有限合伙人发出书面通知告知其该等工商登记事项变更的具体情形,并由各合伙人签署一份相应的补充协议对本协议作出相应修订,该补充协议经各合伙人签署后生效,对全体合伙人有法律约束力。

16.5 签署文本

16.5.1 本协议由合伙企业的合伙人共同签署,一式多份(由普通合伙人根据实际情况合理确定);合伙企业保存多份,合伙人各执 1 份,提交企业登记机关备案 1 份(如需)。

16.6 本协议生效日

16.6.1 本协议于全体合伙人共同有效签署之日起生效(以下简称生效日),自合伙企业清算结束后终止。

16.6.2 符合本协议约定的条件的后续募集合伙人有效签署本协议、认购册以及普通合伙人要求的其他文件(如有),即成为合伙企业的有限合伙人并接受本协议的法律约束。

16.6.3 本协议对于任何一方的法律约束力均及于该方之继承人、继任者、受让人;如该方存在信托或代持的情形,本协议之约束力也应及于该方之受托人或实际权益持有人等。

16.7 投资冷静期、冷静期解除权

16.7.1 有限合伙人作为投资人,享有二十四小时的投资冷静期。投资冷静期自本协议签署完毕且有限合伙人交纳认购的私募基金份额的款项后起算。投资冷静期内，有限合伙人可以解除本协议。在投资冷静期满后，管理人应对投资者以录音电话、电邮、信函等适当方式进行投资回访。有限合伙人在回访确认成功前亦有权解除本协议。

16.7.2　如投资者根据以上16.7.1条的规定行使冷静期解除权，自该等投资者发出的书面解除通知送达普通合伙人及管理人之日起，该等投资者不再继续享有本协议项下作为有限合伙人的任何权利，亦不再继续履行本协议项下作为有限合伙人的义务（但本协议规定的保密义务除外），合伙企业将退还该私募基金投资者届时已经实际缴付的出资（如有，为免疑义，该等返还金额仅包括其已经实际缴付的出资本金，不包括任何的利息或收益），且与该私募基金投资者认购合伙企业权益相关的其他法律文件（包括但不限于认购协议等，如有）一并解除。

16.7.3　全体合伙人特此确认，特定的投资者根据本协议的规定行使冷静期解除权解除本协议的效力仅及于其自身，本合伙协议自生效日起对除有效通知解除的合伙人外的其他所有合伙人具有约束力。

16.8　私募基金备案

管理人应依照法律规范的规定办理合伙企业的私募基金备案，并向中国证券投资基金业协会报送要求报送的各项信息和文件。

16.9　合伙协议声明

如本合伙协议有任何条款与国家法律法规强制性规定相冲突，则冲突部分以国家法律法规规定为准，不影响其他条款的法律效力。

普通合伙人签字/盖章

有限合伙人签字/盖章

签署日期：　　　　年　　月　　日

需要注意的是，根据《募集行为管理办法》的规定，基金合同应当约定给投资者设置不少于二十四小时的投资冷静期，募集机构在投资冷静期内不得主动联系投资者。募集机构应当在投资冷静期满后，指令本机构从事基金销售推介业务以外的人员以录音电话、电邮、信函等适当方式进行投资回访。回访过程不得出现诱导性陈述。募集机构在投资冷静期内进行的回访确认无效。

经回访确认以后，投资者交纳的认购基金款项才能由募集监管账户划转到基金财产账户或托管资金账户。转入基金财产账户后,管理人才可以动用基金财产进行投资运作。管理人还可以向投资者出具投资确认函,确认回访事项、投资者的投资日期、投资份额和其他相关事项。

示例:

投资确认函

×××(投资者):

您/贵单位与×××公司(以下简称本公司)于　　年　　月　　日签署的【基金合同名称】已生效。

本公司于　　年　　月　　日通过【电话/邮件/信函】的方式已经对您进行回访确认成功。

根据双方已经生效的【基金合同名称】,本公司确认您/贵单位的投资金额为【　　】,投资期限自【　　】起算,其他相关事宜见双方合同约定。

特此确认。

××××投资管理有限公司

年　　月　　日

至此,基金算正式募集完毕。私募基金管理人在募集完毕后20个工作日内,通过私募基金等级备案系统进行备案,填报相关信息,获得基金产品编号。根据基金业协会的相关规定,私募基金未经备案不得投资运作。所以,私募基金需在备案获得备案号以后才可以进行投资。

私募基金管理人可通过基金业协会资产管理业务登记备案系统视频课件进行系统填报资料的学习。

第六讲　私募基金的托管

在 2018 年 7 月之前，私募基金是否由托管人进行托管并不是私募基金获得备案的条件。但是 2018 年以来，一些已经获得备案的、没有进行托管的私募基金将募集的资金从事 P2P 等业务，最后资金链断裂，投资者大规模维权，给监管层造成了一些压力。于是，在 2018 年 7 月后，陆续有一些私募基金管理人在进行私募基金备案过程中发现了两个问题：一是如契约型的私募基金没有托管，在备案时系统会跳出提示"契约型私募基金应当由具有托管资格的基金托管人托管"；二是有一些有托管行的私募基金收到协会的反馈，即"根据审慎管理原则，请托管机构对本基金投资范围、产品结构、收益分配、底层投资协议等的合规性和真实性、基金后续募集安排、基金拟投资进度安排、工商确权安排等进行核实并发表意见，托管机构签章确认"。特别是第二个问题，引起了很多私募基金管理人、托管人的疑义。私募基金的托管问题让大家重新审视起来。

一、私募基金是否必须托管

《基金法》第 88 条规定："除基金合同另有约定外，非公开募集基金应当由基金托管人托管。"

根据国务院《私募投资基金管理暂行条例》（征求意见稿）第 14 条的规定："除基金合同另有约定外，私募基金财产应当由符合《证券投资基金法》规定的基金托管人托管。基金合同约定私募基金不聘请基金托管人进行托管的，应当在基金合同中明确保障基金财产安全的制度措施和纠纷解决机制。"

证监会发布的《私募监管暂行办法》第 21 条也规定："除基金合同另有约定外，私募基金应当由基金托管人托管。基金合同约定私募基金不进行托管的，应当在基金合同中明确保障私募基金财产安全的制度措施和纠纷解决机制。"

从基金业协会发布的《私募投资基金合同指引》(1 号《契约型私募基金合同内容与格式指引》、2 号《公司章程必备条款指引》、3 号《合伙协议必备条款指引》)里面的规定看,也没有要求私募基金必须进行托管。

《契约型私募基金合同内容与格式指引》第 6 条规定:"私募基金进行托管的,私募基金管理人、基金托管人以及投资者三方应当根据本指引要求共同签订基金合同;基金合同明确约定不托管的,应当根据本指引要求在基金合同中明确保障私募基金财产安全的制度措施、保管机制和纠纷解决机制。"

《公司章程必备条款指引》第 5 条托管事项中也规定:"(九)【托管事项】公司财产进行托管的,应在章程中明确托管机构的名称或明确全体股东在托管事宜上对董事会/执行董事的授权范围,包括但不限于挑选托管人、签署托管协议等。(十)公司全体股东一致同意不托管的,应在章程中明确约定本公司型基金不进行托管,并明确保障投资基金财产安全的制度措施和纠纷解决机制。"

《合伙协议必备条款指引》第 5 条第 8 项托管事项中也有类似表述:"(八)【托管事项】合伙企业财产进行托管的,应在合伙协议中明确托管机构的名称或明确全体合伙人在托管事宜上对执行事务合伙人的授权范围,包括但不限于挑选托管人、签署托管协议等。全体合伙人一致同意不托管的,应在合伙协议中明确约定本合伙型基金不进行托管,并明确保障投资基金财产安全的制度措施和纠纷解决机制。"

也就是说,现行生效的法律规范中,并未要求私募基金必须由具有托管人资格的基金管理人托管,采取的是管理人与投资者自行约定的方式。约定托管的,由具有托管人资格的基金管理人托管;约定不托管的,在基金合同中约定保障投资基金财产安全的制度措施和纠纷解决机制即可。从《私募投资基金管理暂行条例》(征求意见稿)关于托管的规定中我们也可以看出国务院有关部门正在制定的《私募投资基金管理暂行条例》也采取的这个思路。

二、契约型私募股权基金应当托管的逻辑

根据目前基金业协会对私募基金备案的反馈,公司型、有限合伙型私募股权基金的托管没有强制要求,契约型私募股权基金强制要求托管,并要求托管行出具相关说明文件。为什么契约型私募股权基金强制要求托管?原因大概有两个:

(一)私募股权投资基金没有形成资金监管的闭环

相比证券投资基金而言,股权投资基金从投资者账户划转到基金财产账户后,资金的使用就脱离了监管。因为,证券投资基金将资金投向二级市场进行市场交易,资金会进入证券公司的三方存管账户,资金是受监管的。但是股权投资基金投入项目公司后,项目公司的资金划转和使用不受监控,这就导致一些不法私募基金公司的“自融”行为,即将募集来的资金投向自己控制的公司,然后再将资金转到实际控制人自己的个人账户中,最后实际控制人“跑路”,造成投资者损失。也就是说,契约型证券基金可能会亏损,但是一般情况下,很难进入基金管理人的个人的账户,契约型股权基金则不然。此外,契约型股权投资基金的投资者还存在无法确权的问题。

(二)契约型股权投资基金,投资者没有工商确权环节

公司型基金和有限合伙型基金的投资者,可以在工商管理部门进行确权。即公司型基金的投资者可以体现在该公司型基金的股东信息中,有限合伙型基金的投资者可以体现在有限合伙型基金的合伙人信息中,这些信息都可以通过全国企业信用信息系统查询得到。但契约型股权投资基金因为不是商业主体,不用去工商机关备案,所以投资者和私募基金管理人之间只有一纸合同,按照法学理论来讲,缺少物权的公示环节,易引发道德风险。契约型股权基金在投向项目公司的时候,由于契约型股权基金的股权一般由基金管理人代持,在被投企业的股权结构中也得不到体现,这也造成投资者权利确认不清晰的情形。

鉴于此,基金业协会要求契约型基金必须由具有基金托管资格的托管人托管,强化受托职责,从形式上的管理转向实质性的监管,开展包括对基金投资对象、投资范围、投资比例、禁止投资行为等的全面监督,最大可能保障投资者利益。

三、托管行的职责与权利

根据《基金法》第36条的规定,基金托管人应当履行下列职责:(1)安全保管基金财产;(2)按照规定开设基金财产的资金账户和证券账户;(3)对所托管的不同基金财产分别设置账户,确保基金财产的完整与独立;(4)保存基金托管业务活动的记录、账册、报表和其他相关资料;(5)按照基金合同的约定,根据基金管理人的投资指令,及时办理清算、交割事宜;(6)办理与基金托管业务活动有关的信息披露事

项;(7)对基金财务会计报告、中期和年度基金报告出具意见;(8)复核、审查基金管理人计算的基金资产净值和基金份额申购、赎回价格;(9)按照规定召集基金份额持有人大会;(10)按照规定监督基金管理人的投资运作;(11)国务院证券监督管理机构规定的其他职责。

根据《契约型私募基金合同内容与格式指引》第25条的规定,私募基金托管人的义务包括但不限于:(1)安全保管基金财产;(2)具有符合要求的营业场所,配备足够的、合格专职人员,负责基金财产托管事宜;(3)对所托管的不同基金财产分别设置账户,确保基金财产的完整与独立;(4)除依据法律法规规定和基金合同的约定外,不得为私募基金托管人及任何第三人谋取利益,不得委托第三人托管基金财产;(5)按规定开立和注销私募基金财产的托管资金账户、证券账户、期货账户等投资所需账户(私募基金管理人和私募基金托管人另有约定的,可以按照约定履行本项义务;如果基金合同约定不托管的,由私募基金管理人履行本项义务);(6)复核私募基金份额净值;(7)办理与基金托管业务有关的信息披露事项;(8)根据相关法律法规和基金合同约定复核私募基金管理人编制的私募基金定期报告,并定期出具书面意见;(9)按照基金合同约定,根据私募基金管理人或其授权人的资金划拨指令,及时办理清算、交割事宜;(10)根据法律法规规定,妥善保存私募基金管理业务活动有关合同、协议、凭证等文件资料;(11)公平对待所托管的不同基金财产,不得从事任何有损基金财产及其他当事人利益的活动;(12)保守商业秘密,除法律法规规定和基金合同约定外,不得向他人泄露本基金的有关信息;(13)根据相关法律法规要求的保存期限,保存私募基金投资业务活动的全部会计资料,并妥善保存有关的合同、交易记录及其他相关资料;(14)监督私募基金管理人的投资运作,发现私募基金管理人的投资指令违反法律法规的规定及基金合同约定的,应当拒绝执行,立即通知私募基金管理人;发现私募基金管理人依据交易程序已经生效的投资指令违反法律法规的规定及基金合同约定的,应当立即通知私募基金管理人;(15)按照私募基金合同约定制作相关账册并与基金管理人核对。

根据《契约型私募基金合同内容与格式指引》第24条的规定,私募基金托管人的权利包括但不限于:(1)按照基金合同的约定,及时、足额获得私募基金托管费用;(2)依据法律法规规定和基金合同约定,监督私募基金管理人对基金财产的投资运作,对于私募基金管理人违反法律法规规定和基金合同约定、对基金财产及其他当事人的利益造成重大损失的情形,有权报告中国基金业协会并采取必要措施;(3)按照基金合同约定,依法保管私募基金财产。

托管行也可以根据私募基金管理人及私募基金的实际情况,在法律许可的范围内,增加自己的权利主张。

值得说明的是,对于有托管的私募基金,协会要求托管行也作为合同一方与投资者一起签订基金合同。协会的用意是让托管行作为合同一方对投资者承担相应的责任,投资者可以根据合同起诉。这与管理人委托托管人,托管人直接向管理人承担责任有较大的区别。

第七讲 私募基金的投资

一、私募股权投资的一般流程

私募股权投资基金流程围绕投资决策展开，通常包括项目开发与筛选、初步尽职调查、项目立项、签署投资框架协议、尽职调查、投资决策、签署投资协议、投资交割等主要环节。

项目开发主要解决项目来源问题。项目来源的渠道主要包括：行业研究，中介机构推荐，各级商会组织推荐，政府机构如各地金融办、上市办、高新区管委会推荐，行业展会、创业大赛等。基金管理人获得项目后，根据其在被投资企业所处行业、地域、发展阶段等方面的投资偏好对项目进行筛选，选择符合投资偏好的项目进入初步尽调。

初步尽调的核心是对拟投资项目进行价值判断，在初步尽调阶段，主要从管理团队，行业进入壁垒、行业集中度、市场占有率和主要竞争对手，商业模式、发展及盈利预期、政策与监管环境等方面进行判断。初步尽调前，通常双方会签署保密协议，双方承诺对在尽调过程中接触到的对方商业秘密承担保密义务。

初步尽调完成后，符合基金管理人立项要求的项目，会进入基金管理人的立项程序。通过项目立项程序，引入更高层级的投资管理团队成员或直接提交投资决策成员对项目质量进行判断。项目立项通过，则项目进入正式尽调阶段。

在开始正式尽调之前，通常会与项目企业签订投资框架协议，投资框架协议也叫投资条款清单。投资条款清单主要包括私募基金的投资达成的条件及主要投资条款、保密条款及排他性条款。一般来讲，除保密条款和排他性条款外，框架协议的内容主要为投融双方下一步协商的基础，对双方无法律上的约束力。

正式的尽职调查主要内容包括业务尽调、法律尽调和财务尽调三部分，有时候投资方会聘请外部机构如律师事务所协助完成尽职调查。本书会在下文给大家详细讲解尽职调查的内容。

尽调完成后进入私募基金的投资决策阶段。私募基金一般会设置投资决策委员会（以下简称投决会）对尽调完成的项目进行决策，投决会一般由基金管理人的高级管理团队及外部专家担任。项目负责团队在尽调结束后会制作尽调报告及投资建议书及其他文件资料，提交投决会进行决策。

投决会审查通过的项目，双方会进入投资协议的签署流程。通常情况下，创业投资基金主要以增资方式投资目标公司，并购基金一般以购买存量股权的方式对目标公司进行投资。投资协议通过一系列的具体条款对私募基金投资的具体方案进行确认，对目标公司控制权分配和利益分配等事项进行约定。

投资协议签署并生效后，就进入了投资交割程序。私募基金管理人或托管人按照约定的时间将投资款项划转至被投资企业或其股东账户，被投资企业依据投资协议的约定进行股权及公司章程的工商变更登记。

投资交割完成后就进入私募基金投后管理阶段，约定的投资期限结束后，私募基金根据情况采取不同的退出方式退出。

二、项目尽职调查的主要内容

私募股权投资在进行对外投资时，尽职调查是必备的一个环节。私募基金管理人要通过尽职调查来弥补投资双方在信息上的不对称，验证目标公司提供的数据材料的真实准确和完整性，进而确定目标公司的投资价值。

尽职调查的目的，是要把投资目标公司调查透彻，为投资决策部门提供参考材料和决策依据。尽职调查一般由私募基金的法务部门组织和进行调查，调查结束后出具尽职调查报告；当然，尽职调查的工作也可以外包给律师事务所或者会计师事务所，由第三方专业机构提供服务。

尽职调查查什么，怎么查，本部分我们一起来学习。

（一）尽职调查的基本流程

当私募基金管理人收到融资企业商业计划书及融资需求说明书后，会筛选出符合基金投资范围和喜好的企业并进一步确定优质企业。确定拟投企业后，双方进入融资谈判阶段，确定基本投资条款，签订投资意向书。签署投资意向书后，就进入了尽职调查的阶段，私募基金管理人会组建尽调团队或者委托律师或会计师进场开展尽调工作。在进场之前，为了保护企业商业秘密，一般会和拟投企业签署

《保密协议》约定保密事项，尽调团队发送《尽职调查清单》，让企业准备相关资料，并确定进场访谈时间。尽调团队通过搜集资料、企业访谈、外部查证等方式方法，最终形成《投资项目尽职调查报告》提供给私募基金投资决策部门作为决定是否投资的参考材料，如投资决策部门通过，决定对该企业进行投资，后续双方就会签署《投资协议》及完成相关投资交割。需要注意的是，如尽调报告发现拟投企业有不合规或者不规范的经营行为，私募基金管理人一般会要求企业进行整改，直至符合投资先决条件。

尽职调查流程见图 7.1：

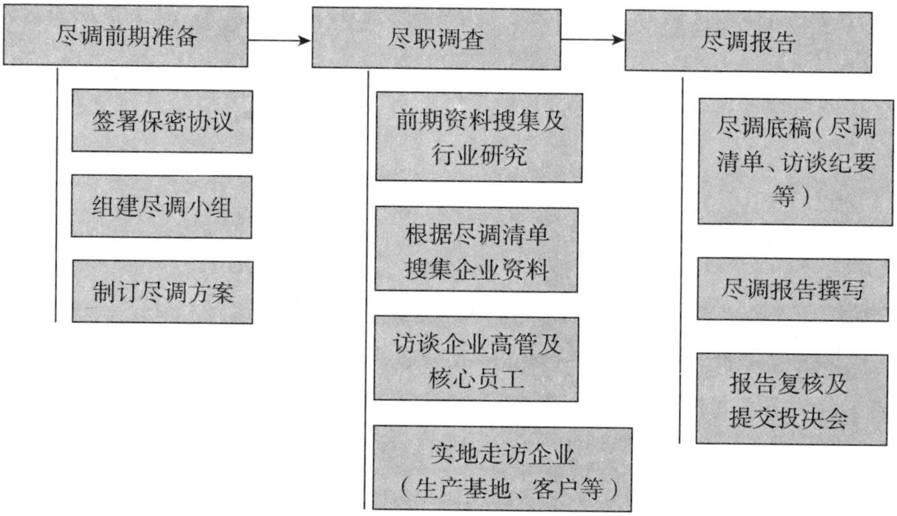

图 7.1　尽职调查流程

（二）尽职调查的内容

尽职调查一般分为行业尽调、法律尽调和财务尽调，其中行业尽调随着私募基金管理人对投资领域越来越聚焦，在投资前进行行业尽调已经不多见。因为专业的私募基金管理人往往都会聚焦在某一个或者几个行业进行投资，在设立私募基金前已经分析过行业未来的发展趋势，投研团队随时在学习行业最新的政策和前沿技术，和掌握行业最新的发展情况，私募基金管理人已经对想要投资的行业有了足够的了解。所以，私募基金管理人在投资前对行业再进行尽调就没有必要，显得不专业，浪费了时间和精力，也可能失去转瞬即逝的投资机会。

私募基金的尽调主要包括法律尽调和财务尽调，下面我们看看尽调具体要调查哪些内容。

1. 法律尽职调查

法律尽职调查是最重要的尽职调查，需要涵盖企业的方方面面，如公司的设立及历史沿革、股权变动、股东及实际控制人、核心团队、公司资产情况、公司债权债务情况、重大合同、劳动人事情况、涉及诉讼、仲裁、行政处罚及监管措施等。

(1)公司设立及历史沿革调查

公司设立及历史沿革的尽职调查主要是要求公司提供自设立以来的全套工商登记档案进行书面核查以及利用公开信息查核等方式，调查公司是否合法设立并有效存续，公司出资是否足额缴纳，股东没有虚假出资或抽逃出资的情形，历次变更是否合法合规等问题。

尽调人员可以要求公司出具书面的委托书和介绍信，指派公司员工携带公章、营业执照等前往公司所在地的工商登记机关调取公司成立以来的全部登记档案，也可以委托律师事务所指派执业律师前往工商登记机关调取。目前，部分省市开通了本地企业和律师事务所线上调取工商登记电子档案的系统，可以不去工商登记机关复印，下载后自行打印非常便捷。

公司设立的合法性及有效存续问题，主要关注公司设立是否符合当时公司法的规定，涉及公司改制的，改制过程是否合法合规。例如：2006 年 1 月 1 日之前设立股份公司，需经国务院授权的部门或省级政府批准；2014 年 3 月前新设需要验资报告；国有企业需提供相应的国有资产监督管理机构或国务院、地方政府授权的其他部门、机构关于国有股权设置的批复文件；外商投资企业须提供商务主管部门出具的设立批复文件等。

调查公司设立时的股东出资情况，股东出资是否缴足，股东的出资额、出资方式和出资时间等情况。尤其要注意股东出资中以实物、知识产权、土地使用权等非货币财产出资的，应当评估作价，核实财产，明确权属，财产权转移手续是否办理完毕；以国有资产出资的，应遵守有关国有资产评估的规定；实物、专利技术出资的至少应有实物出资清单、《资产评估报告》或《价值鉴定书》等价值鉴定材料，有权属证明文件的应当核实登记的权利人是否已经变更为目标企业；还应当关注是否有购置合同、付款凭证，记载的金额是否与价值鉴定材料中的金额存在较大差异。

(2)公司历次股本及股权变动情况调查

通过获取公司历次变更的全部工商登记资料，梳理公司股权变动情况。具体工作上，一是核查公司历次增资、减资等股本变化情况及履行的内部决议、外部审批程序，是否涉及国有产权主管部门批准备案(国有股权管理)、集体企业确权，外资商务或外经贸主管部门的批准。二是核查增资、股权转让及整体变更，要核查历次增资及股权转让时定价依据，注意低价转让及估值差距的合理性；历次股权转让、股利分配及整体变更时公司股东履行纳税义务情况，如未缴纳，应说明是否导致控股股东、实际控制人存在重大违法行为；历次股权转让、股利分配及整体变更时公司决策程序是否合法完备；历次股权转让及增资是否存在委托持股、利益输送或其他利益安排。三是对于公司减资，不仅要核查股东会决议、董事会决议等决策机构的决策文件、章程修正案或新章程、工商行政管理部门出具的《准予企业变更通知书》及换发的新的营业执照；还需特别注意公司是否向特定债权人发出的减资通知书、在报纸上刊登的关于减少公司注册资本的公告，否则可能导致股东的补充赔偿责任。四是对于股权转让，需核查是否履行价款支付及缴纳个税，是否存在争议纠纷。可以通过获取历次股权转让协议、支付凭证、缴纳个税凭证、访谈股东或取得股东的确认函等方式进行核查。另外，如有股权代持，应与相关当事人访谈；获取委托持股相关文件及解除委托持股的相关文件，确保不存在争议纠纷。五是如企业为高新技术企业或存在国有创业引导基金前期投资的情况，要关注国有创投公司投资公司时是否履行相关法律程序，如投资时，是否经有权部门履行了决策程序，是否需要国有资产监督管理部门批准；增资扩股时，是否同比例增资，如未同比例增资，是否履行评估备案手续；退出时，是否履行了评估备案，是否在产权交易所进行了交易。

考虑到各地工商登记机构对于股权变动登记材料的窗口差异，尽调团队通过核查企业的股权变动的工商登记档案后，如发现可能存在工商登记档案和企业真实的股权变动情况不一致的，应要求拟投公司提供真实的股东情况和协议文本，并要求公司股东出具承诺函保证提供材料的真实准确完整及合法有效。

(3)公司章程制定和修改的调查

公司章程相当于一个公司的“宪法”，公司章程有对外公示的效力，是法院解决股东、董事、高管等责任纠纷的重要依据。所以，尽调团队要关注公司章程的内容。具体工作上，一是查阅目标公司设立时制定的公司章程、公司章程批准文件及制定章程的董事会和股东会决议等资料，核查目标公司章程的制定是否履行法定程序；核对工商登记内容，核查设立时的公司章程是否于当时的工商登记内容相一致；二是根据目标公司具体情况确认公司章程的制定、修改是否涉及其他政府主管部门审批，章程的制定、修改是否已取得该等审批文件；三是查阅目标公司设立以来历次公司章程的修正案及相关的董事会和股东会决议等资料，核查目标公司章程的修改是否履行法定程序；四是查阅目标公司现时有效的公司章程、工商登记文件、相关会议资料，核查公司章程是否经目标公司股东会审批批准，是否与工商登记文件一致，核查公司章程的内容是否符合相关法律、法规的规定，重点核查公司章程对股东会、董事会、监事会的职责规定是否明确、是否合法、是否有相关限制、是否有特殊安排等。

私募基金投资后，还会涉及对公司章程的修改，尽调团队应关注现时有效章程是否有对己方权利重大不利的内容，应在尽调报告中进行相关提示并提出修改建议。

(4)公司股东及实际控制人调查

对目标公司股东和实际控制人进行调查，需区分自然人、法人、合伙企业、其他组织等不同情形进行核查。如果股东为法人、合伙企业、其他组织的，需查阅其营业执照、公司章程或其他组织文件、工商登记文件等资料，核查是否具备股东资格及设立变更情况，尽调团队应调取法人股东的工商登记材料进行核查；如股东为外国或我国港、澳、台地区的法人，该等股东需就其具备法人主体资格等基本情况及其出资不违反当地法律法规的规定，提供当地执业律师出具的法律意见或使领馆馆公证文件；如股东为发行人设立的持股平台，应核查相关管理制度及持股平台出资人是否为发行人员工，是否签署一致行动人协议，持股平台的表决权安排等。

如果股东是自然人的，需核查其有效的身份证明文件，关注是否具备出资能力，是否存在代持情况等；尽调团队应穿透核查公司的控股股东/实际控制人到自然人，核查实际控制人的身份情况。鉴于股东的出资可能涉及夫妻共同财产或家庭共同财产的问题，建议尽调团队适当问询股东及实际控制人的配偶、子女情况，避免股东或实际控制人的婚姻不稳定导致股权被冻结、分割等纠纷，尽调团队应在尽调报告中做相应的风险提示并提供规避风险建议。

(5)公司核心团队调查

尽职调查要关注公司核心团队的履历、背景及稳定性。核心团队包括公司高管团队和研发团队，一个公司好不好、值不值得投，和团队密切相关。尽调人员应梳理公司的组织架构，列出各部门的核心人员，获取公司员工名册、核心员工简历及劳动合同，对核心团队逐一进行访谈，了解团队对于公司发展方向的认知，对公司的忠诚度及稳定性。必要时，可以对核心团队的人员开展背景调查，了解其是否具有相关的职业资历。

考察核心团队的稳定性，一方面要核查公司劳动合同的签订情况，关注劳动合同的期限问题；另一方面要关注公司是否实施了股权激励计划，是否对核心团队有股权激励以及股权激励的具体方案等问题。通过股权激励计划，对核心团队进行股权激励，既能让员工共享公司发展成果，又能绑定员工，是一个比较好的方法。很多私募基金在投资前，都要求被投企业制定核心员工的股权激励计划，以保证核心团队在投资期限内的稳定。尽调团队在尽职报告中应对股权激励计划进行相应的提示和说明。

（6）公司资产情况调查

公司的资产主要包括银行存款、固定资产、无形资产、商誉等，尽职调查应围绕资产负债表中的资产情况展开调查。具体工作包括：

对于银行存款，尽调团队要获取公司所有开户银行信息及银行对账单，向银行发送询证函，核查企业相关存款情况是否与公司提交的资产负债表一致。

对于固定资产，尤其是房屋建筑物、在建工程等不动产，应取得并核查与房屋建筑物、在建工程相关的房屋所有权证或房地产权证；如为在建工程的，取得相应的土地使用权证、建设项目批准文件、建设用地规划许可证、建设工程规划许可证、建筑工程施工许可证、竣工验收资料等各阶段应取得的批准或验收等文件；主要房屋如系受让取得，核查相应的房屋买卖合同、价款支付凭证、资产评估报告、出让方合法拥有该等出让房产的产权证明等相关文件；主要房屋如系其他方式取得，比如司法裁决、法院拍卖等的，应核查相应的依据文件（如司法判决、竞得通知等）。对于重要的房屋建筑物、在建工程在必要情况下可安排实地调查。

对于土地使用权，首先应确定公司土地使用权的取得方式，系招拍挂取得还是划拨取得。根据不同的土地使用权获取方式，核查具体材料。包括土地使用权证、土地招牌挂成套文件、成交确认书、国有土地使用权出让/转让合同、土地使用权出让金缴纳凭证或受让土地使用权的付款凭证等；取得划拨、集体用地相关的协议和政府批文、会议纪要等文件（如有）。对于重要的土地使用权在必要情况下可安排实地调查，此外还应向不动产登记机关查证该等土地使用权权利证书的真实性以及是否存在权利纠纷等，并向有关外部登记机关进行查证和确认。

对于公司的商标、专利等无形资产的调查，尽调团队要取得并核查与商标、专利相关的文件、资料，包括但不限于商标、专利权利证书、转让协议及证明（如有）、续展证明（如有）；商标、专利许可协议及备案证明（如有）、专利年费缴纳凭证等，此外还要向国家知识产权局网站进行进一步的查证和确认，对专利技术授权和被授权情况进行核查。

对于目标公司长期股权投资，尽调团队应取得并核查目标公司的控股子公司及参股公司最新有效的营业执照、批准证书或其他政府批准或备案登记文件、政府主管部门的设立批准文件、最新有效的公司章程、合资合同或股东协议、生产经营资质或许可；尽调团队应调取目标公司控股子公司及参股公司全部工商登记资料进行核查。尽调团队应关注长期股权投资的估值情况，与目标公司并表情况，对目标公司的损益情况。

对于目标公司有租赁资产的，应取得并核查租赁协议、租赁备案登记文件、出租方产权证明文件并进行查验。尽调团队应关注租赁物的租赁期限是否会影响公司的经营，在尽调报告中提示相应的风险。

此外，尽调团队还要重点关注公司资产上的权利负担情况，关注公司资产是否存在抵押、质押或其他权利负担。如存在权利负担情况，应取得并核查主要资产抵押、质押或其他权利负担相关的抵押合同、质押合同、出质证明文件及其他相关文件，必要时向有关资产抵押、质押登记部门进行查证、确认。

(7)公司债权债务情况调查

调查公司的债权债务情况，尤其是或有债务情况，对于控制投资风险有重要意义。对于公司的债权情况，尽调团队应关注应收款科目，了解金额较大且期限较长的应收账款明细，并以此为导向，查阅相关交易协议，判断相关交易协议是否合法有效，以及是否存在潜在纠纷或其他重大法律风险，给公司提示避免呆坏账风险。

对于主要债务，尽调团队一是要关注银行贷款的数额、期限及利息情况，判断企业现金流是否可以覆盖利息；二是要重点调查或有债务问题，问询公司及股东、实际控制人是否为他人提供了担保，要查阅担保合同，判断相关合同是否合法有效，以及是否存在潜在纠纷或其他重大法律风险。如存在重大对外担保事项，可能承担连带责任等情形时，应在尽调报告中作重点提示和说明。

企业除了合同之债以外，还有可能存在侵权之债。尽调人员要核查目标公司是否存在因环境保护、知识产权、产品质量、劳动安全、人身权等原因产生的重大侵权债务。既要与财务人员、法务人员等相关人员谈话的方式了解目标公司是否存在因环境保护、知识产权、产品质量、劳动安全、人身权等原因产生的重大侵权债务，又要通过互联网进行公开信息检索等方式搜索发行人是否存在因环境保护、知识产权、产品质量、劳动安全、人身权等原因产生的重大侵权债务。

(8)公司主要合同及履行情况调查

公司的业务情况是通过合同反映出来的，所以尽调团队应要求公司提供3年内的合同台账及主要合同进行核查，了解公司的主营业务情况。尽调团队首要判断合同是否真实有效，要对目标公司及其控股子公司的主要供应商和客户进行核查，具体内容应包括但不限于查验公司主要客户和供应商名称，对目标公司主要客户、供应商进行实地走访/访谈，或者以函证方式对部分重要客户、供应商与发行人的往来款项进行查验；通过公开信息查询目标公司主要大客户、供应商与目标公司及其控股股东、实际控制人、董事、监事、高管及其近亲属是否存在关联关系进行核实。

尽调团队应关注合同履行情况，是否按约履行，有没有违约情形，是否会发生合同纠纷等情况，关注是否存在不公允关联交易情况，并在尽调报告中进行体现和作出相应提示。

(9)公司劳动人事情况调查

对公司劳动人事情况的调查，主要是要了解拟投企业的员工情况，包括员工构成、部门人数、用工形式、劳动合同签订情况、社保缴纳情况等，对企业劳动用工是否规范作出判断，避免产生集体用工风险。根据法律规定，用人单位自用工之日起一个月内未与劳动者签订书面劳动合同的，应赔偿劳动者双倍工资；用人单位违法解除劳动合同的，应根据劳动者在用人单位的工作年限，每满一年支付 2 个月的工资作为赔偿。用人单位如未给劳动者缴纳社保的，劳动者一旦发生工伤，由用人单位自行承担责任。所以，公司必须规范用工，不然容易引发劳动人事纠纷。

尽调团队应该关注公司的劳动合同签订情况和社保缴纳情况，并核查劳动合同及公司规章制度的内容，必要时还应关注公司规章制度是否合法有效，在尽调报告中作出相应的体现和提示。

(10)公司涉诉涉罚情况调查

公司经营过程中产生纠纷，通过诉讼、仲裁等司法渠道解决纠纷很正常。但公司涉诉、仲裁过程中有可能会发生银行账户、主要资产被冻结的情况，影响公司经营，进而影响股东利益，所以公司涉诉涉罚情况是尽职调查的一个重要方面。尽调人员一是要核查目标公司股东、目标公司及其控股子公司涉及的诉讼、仲裁情况(包括已结案的、未结案的及潜在纠纷)，在取得所涉诉讼、仲裁案件统计清单的基础上，与目标公司法务部门访谈了解涉及的诉讼、仲裁情况；核查正在进行之诉讼、仲裁案件的起诉书、申请书、答辩文件、裁判文件、所涉及的主要协议、对公司影响程度的估计及相关法律意见；核查目标公司因所涉诉讼、仲裁导致资产被采取司法、行政强制措施的情况说明及相应的司法、行政文件。二是核查目标公司涉及的行政处罚情况，在取得所涉行政处罚情况统计清单的基础上，核查目标公司所涉行政处罚的行政处罚决定书、罚款缴纳凭证，并查验取得处罚主管部门出具的关于受处罚行为是否属于重大违法行为的情况说明。尽调团队要对公司涉诉涉罚对公司经营可能造成的影响作出判断，并在尽调报告中作出详细的提示。

尽调团队可通过信用中国网站、中国审判流程信息公开网、中国裁判文书网、中国执行信息公开网、全国失信被执行人公示系统等官方网站查询目标公司的涉诉信息。

此外，“中兴事件”以后，企业的合规经营调查也变得非常重要，尤其对于一些有进出口业务的公司而言，公司在境内外的经营是否受到他国法律管辖，是否可能会受到他国法律制裁，进而限制企业的进出口或者相关授权，这些都需要尽调团队根据现实情况进行判断，并在尽调方案制订和尽调报告中进行体现。

法律尽职调查应当尽量做到审慎全面，根据公司实际情况制订不同的尽调方案，并有所侧重。法律尽调报告的内容还可以报告关联方调查、公司税务及财政补贴、环保、社保等情况调查等，这些方面的调查比较简单，此处不再赘述。

2. 财务尽职调查

财务尽调主要的目的有两个：分析过去财务数据的真实性，发现企业真实业绩表现，评估风险；基于历史业绩表现做盈利预测，为后续投资估值提供数据基础。分析过去财务数据的真实性，其实和企业审计的内容差不多，私募基金管理人可以要求拟投资的企业提供审计报告或者委托会计师事务所对拟投企业进行入场审计。基于历史业绩表现做盈利预测，主要是构建财务模型进行财务指标的分析。对于天使投资或者创业投资基金来说，一般不太关注对企业进行盈利预测，很多企业虽然在投资期内暂未盈利，但是估值高，对于投资基金而言，也是可以接受的。这里简要介绍几个常用的财务指标，方便读者了解财务分析的主要内容。

（1）资产周转率：资产周转率指标反映资产总额的周转速度，周转越快，反映销售能力越强，企业可以通过薄利多销的办法，加速资产的周转，带来利润绝对数的增加。多少资产创造多少销售收入，由此可以看出一个公司是资产（资本）密集型还是轻资产型。资产周转率的计算公式为：

总资产周转率 = 销售收入 ÷ 平均总资产

（2）资产负债率：资产负债率是负债总额除以资产总额的百分比，也就是负债总额与资产总额的比例关系。资产负债率反映在总资产中有多大比例是通过借债来筹资的，也可以衡量企业在清算时保护债权人利益的程度；资产负债率的高低，能够体现一个企业的资本结构是否合理。资产负债率的计算公式为：

资产负债率 =（负债总额 ÷ 资产总额）×100%

（3）流动比率：流动比率是流动资产除以流动负债的比例，反映企业的短期偿债能力。流动资产是最容易变现的资产，流动资产越多，流动负债越少，则短期偿债能力越强。流动比率的计算公式为：

流动比率 = 流动资产 ÷ 流动负债

（4）应收账款周转率（应收账款周转天数）：应收账款周转率反映应收账款的周转速度，也就是年度内应收账款转为现金的平均次数。用时间表示的周转速度是应收账款周转天数，也叫平均收现期，表示自企业取得应收账款的权利到收回款项，转换为现金所需要的时间。一般来说，应收账款周转率越高、平均收账期越短，说明应收账款收回快。否则，企业的营运资金会过多地呆滞在应收账款上，影响正常的资金周转。应收账款周转率的计算公式为：

应收账款周转率 = 销售收入 ÷ 平均应收账款；应收账款周转天数 = 360 ÷ 应收账款周转率

（5）销售毛利率：销售毛利率表示每一元销售收入扣除销售产品或商品成本后，有多少钱可以用于各期间费用和形成利润。该指标是企业销售净利率的最初基础，没有足够大的毛利率便不能盈利。销售毛利率的计算公式为：

销售毛利率 =（销售收入 − 销售成本）÷ 销售收入 ×100%

（6）净值报酬率：净值报酬率是净利润与平均股东权益（所有者权益）的百分比，也叫股东权益报酬率。该指标反映股东权益的收益水平。净值报酬率的计算公式为：

净值报酬率 =（净利润 ÷ 平均股东权益）×100%

（7）经营活动净现金流：经营活动净现金流是企业在一个会计期间（年度或月份，通常指年度）经营活动产生的现金流入与经营活动产生的现金流出的差额。这一指标说明经营活动产生现金的能力，企业筹集资金额根据实际生产经营需要，通过现金流量表，可以确定企业筹资总额。一般来说，企业财务状况越好，现金净流量越多，所需资金越少；反之，财务状况越差，现金净流量越少，所需资金越多。一个企业经营净现金流量为负，说明企业需筹集更多的资金满足于生产经营所需，否则企业正常生产经营难以为继。

（8）市场占有率：市场占有率，就是我们常说的“市场份额”，是指企业在市场上同类产品中所占有的百分比，也就是企业对市场的控制能力。企业市场份额的不断扩大，可以使企业获得某种形式的垄断，这种垄断既能带来垄断利润又能保持一定的竞争优势。当一个企业获得市场25%的占有率时，一般就被认为控制了市场。市场占有率对企业至关重要，一方面它是反映企业经营业绩最关键的指标之一，另一方面它是企业市场地位最直观的体现。市场占有率是由企业的产品力、营销力和形象力共同决定的。市场占有率一般通过行业协会或咨询公司取得。

私募基金可以通过这几个指标对拟投企业进行财务分析，作出估值判断，进而决定是否投资。

尽调结束后，尽调团队形成尽调报告提交私募基金投资决策部门。如投资决策部门决定对企业进行投资，就会进入下一个流程，评估拟投企业值多少钱，也就是企业的估值问题。

三、股权投资的几种估值方法

估值是投资的最重要环节之一，它决定了私募基金投多少钱，占多少股比的问题。私募基金在投资之前，需要明确目标公司的公允价值，估值结果作为价格谈判的基础，为确定谈判策略提供支持。需要注意的是，估值没有一个最准确的标准，通常根据投融资双方协商确定，私募基金可以采用自己的估值方法，企业也会采用自己的估值方法。双方估值结果可能也不一样，也没有对或错。

双方采用的估值方法不同，估值结果也不一样，但是为了达成交易，双方可以根据估值结果协商一个交易价格进行交割。下面介绍常见的几种估值方法。

（一）相对估值法

相对估值法的基本原理是以可以比较的其他公司的价格为基础，来评估目标公司的相应价值。相应估值法的计算公式为：

目标公司价值 = 目标公司某指标 ×（可比公司价值/可比公司某指标）

“可比公司价值/可比公司某指标”被称为倍数，常用的倍数包括：市盈率倍数（P/E倍数）、市销率（P/S）倍数、市净率（P/B）倍数、企业价值/息税前利润倍数，互联网行业一般还会用到P/订单量、P/用户数、P/月活跃用户数（MAU）等。

相对估值法的估值步骤一般包括：(1)选取可比公司，可比公司是指与目标公司所处行业、主营业务或主导产品、公司规模、盈利能力、资本结构、市场环境以及风险度等方面的相同或相近的公司。(2)计算可比公司估值倍数。根据市盈率、市销率等指标计算可比公司的估值倍数。(3)计算适用于目标公司的可比倍数。通过用几个可比公司的可比倍数平均数或中位数作为倍数参考。(4)计算目标公司的估值。

下面举例进行介绍。

1. 市盈率倍数法

市盈率倍数反映的是一家公司的股权价值对其利润的倍数,市盈率倍数的计算方式为:市盈率倍数 = 每股价值/每股收益率。计算出市盈率倍数后,一般采用月初的盈利数据乘以市盈率倍数计算估值。例如:某私募基金拟投资某公司,该公司行业平均市盈率倍数为 20 倍,公司预计当年的净利润为 1 亿元,则公司估值为:1 × 20 = 20 亿元。

需要注意某些行业的特殊性,如互联网公司,可能在融资时公司都还没有盈利,采用市盈率倍数就不太科学。

2. 息税前利润倍数法

市盈率倍数法是以利润指标为估值基础,而净利润归属于股东,无法反映债权人的求偿权,当目标公司与可比公司资本结构存在较大差异时可能导致错误结果。息税前利润(Earnings Before Interest and Tax ,EBIT)是在扣除债权人利息之前的利润,所有出资人(股东和债权人)对息税前利润都享有分配权,因此,不受股债比例即资本结构的影响。

息税前利润(EBIT) = 净利润 + 所得税 + 利息

企业价值(EV) = EBIT × (EV/EBIT 倍数)

例如:上个案例中公司净利润为 1 亿元,所得税率为 25% ,利息 2000 万元。则:

所得税为 1/(1 - 25%) × 25% = 0.33 亿元

EBIT = 1 + 0.33 + 0.2 = 1.53 亿元

按照息税前利润的 6 倍计算,该公司的估值为 1.53 × 6 = 9.18 亿元

息税前利润倍数法只考虑资本结构,没有考虑企业的折旧摊销。于是在息税前利润倍数法的基础上又发展出了息税折旧摊销前利润倍数(EBITDA:Earnings Before Interest ,Tax,Depreciation and Amortization)法。因为采用不同的折旧摊销政策及不同发展阶段的折旧摊销水平都会影响企业的净利润和息税前利润,但息税折旧摊销前利润不受影响。对于某些折旧摊销影响比较大的企业(如重资产行业),通常采用息税折旧摊销前利润倍数法。

EBITDA = EBIT + 折旧 + 摊销

企业价值(EV) = EBITDA ×(EV/EBITDA 倍数)

例如:上个案例中,该公司每年折旧 2000 万元,长期待摊费用 1000 万元,按照息税折旧摊销前利润倍数法估值,倍数为 5 倍,则估值为:

企业估值 = 5 ×(1.53 + 0.2 + 0.1) = 9.15 亿元

3. 市销率倍数法

市销率倍数反映的是公司的股权价值相对于其销售收入的倍数,市销率倍数的计算公式为:市销率倍数 = 每股价值/每股销售收入。计算出市销率倍数后,销售收入乘以市销率倍数计算估值。当拟投资的创业企业净利润为负,经营性现金流也为负的情况下,市盈率倍数、企业价值/息税前利润倍数、企业价值/息税折旧摊销前利润倍数法、市净率倍数法都无法估值的情况下,可以采用市销率倍数估值法。市销率倍数估值法的局限在于不能反映成本的影响,因此主要适用于成本率较稳定的企业,如商业服务业、互联网电子商务等公司。例如:某私募基金投资某电子商务公司,公司 3 年的平均销售额为 2.5 亿元,按照行业平均市销率 2 倍计算,则该公司估值 2.5 × 2 = 5 亿元。

4. 市净率倍数法

市净率倍数法比较适用于资产流动性较高的企业,如金融机构。因为这类企业的净资产账面价值更接近市场价值。市净率倍数反映的是公司的股权价值相对于其净资产的倍数。

市净率倍数 = 每股价值/每股净资产

企业股权价值 = 每股净资产 × 市净率倍数

例如:某私募基金投资入股某资产管理公司,该公司的净资产为 2 亿元,按照 3 倍市净率估值,则该公司的估值为 6 亿元。

(二)目标收益率估值法

如果股权投资基金拟投资的目标公司处于创业早期,利润和现金流均为负数,未来回报很高,但存在高度不确定性,这个时候可以采用目标收益率估值法进行估值。

例如,某私募基金投资从事智能机器人项目的公司股权,预计 5 年退出,退出时股权价值如为 100 亿元,目标收益率为年化 80%,则机器人公司现在的估值为:

企业价值(EV) = $100/(1 + 80\%)^5 = 5.3$ 亿元

计算出企业估值后，按照投资额/股权价值计算出应持有的股权比例。

（三）成本法

成本法包括账面价值法和重置成本法。

账面价值即公司总资产减去总负债后的价值。账面价值法即对公司账面价值按照公允或协商一致的方法调整后计算出公司的价值，进而对公司估值。

重置成本法是用公司资产重置全价减去各种贬值后的差额作为该项资产价值评估的方法，完全重置成本是指在现时条件下重新购置一项全新状态的资产所需的全部成本。例如重置一套厂房，重置全价为2000万元，目前该厂房成新率为80%，则该资产估值为1600万元。重置成本法的主观因素较大，一般只作为一种辅助的估值方法。

（四）清算价值法

清算包括破产清算和解散清算。清算价值法就是假设公司破产或者解散时，可出售的业务或资产的变现价值作为判断企业价值的一种方法。清算价值法估值的一个重要步骤就是进行市场的调查，搜集与被评估资产或类似资产清算拍卖相关的价格资料，对比分析评估与企业资产的差异及程度，然后估算出资产的价值。采用清算价值法估值时，通常资产都只能采用较低的折扣率。在企业正常可持续经营的情况下，不会采用该方法估值。

除上述方法外，还有折现现金流估值法等方法。折现现金流估值法是将估值时点之后目标公司的未来现金流以合适的折现率进行折现，加总得到相应的价值。这种方法较为复杂，这里就不展开介绍了。

四、投资协议主要条款解读

股权投资基金在完成初步尽调和项目立项后，启动正式尽职调查前，一般会要求和目标公司签署一份投资框架协议。投资框架协议也被称为投资条款清单或投资意向书，包含了双方就该次投融资的主要条款。这些条款通常会作为后续谈判及合作的基础，并最终成为正式投资协议的一部分。常见条款包括公司估值条款、估值调整条款、优先认购权条款、随售权条款、反摊薄条款、保护性条款、回售权条款、拖售权条款、竞业禁止条款、保密条款、排他条款等。

（一）估值条款

估值条款是投资协议最重要的条款之一，对于估值，有投前估值与投后估值两种表述。投前估值即公司接受投资前的估值，投后估值是公司接受投资后估值，等于投前估值加上新的投资额。

估值条款一般表述为：公司投资前估值人民币【　】万元。投资人认缴投资【　】万元人民币（其中【　】万元为增资额，其余【　】万元作为溢价计入公司资本公积），投资人取得增资完成后公司【　】%股权。

公司估值必须明确是投前估值还是投后估值，这一点非常关键。根据投资金额占投后估值的比例确定投资所占比例。

（二）估值调整条款/回售权条款（对赌条款）

股权投资基金因为对目标公司的估值主要依据当时企业的经营业绩以及对未来经营业绩的预测，由于信息的不对称及不确定，估值往往存在一定的风险。为了保护投资者利益，股权投资基金有时在股权投资协议中约定估值调整条款。估值调整条款又称为“对赌条款”，常见的对赌条件是业绩指标或者特定事件（如未在约定时间实现IPO、原大股东失去控股地位，高管严重违反约定等）。

对赌条件触发后，由被投资企业创始股东或其他利益方按照协议约定的计算规则向股权投资基金以现金或者股权方式提供补偿。现金补偿通常通过行使回售权实现，股份补偿可以通过股东间以较低的名义价格进行股权转让或调整优先股与普通股之间的转换系数来实现。

2002年，摩根士丹利等国际投行与蒙牛乳业签署的关于业绩对赌的协议是股权投资基金投资创业型企业的典型案例。摩根士丹利与蒙牛管理层约定，从2003～2006年，蒙牛乳业的复合年增长率不低于50%。若达不到，公司管理层将输给摩根士丹利约6000万～7000万股的上市公司股份；如果业绩增长达到目标，摩根士丹利等机构就要拿出自己的相应股份奖励给蒙牛管理层。最后蒙牛乳业实现了预期的业绩指标，双方都成了赢家。

常见按业绩作为对赌条件的估值调整条款如下：

如2016年归属于母公司所有者的净利润低于5000万元，则公司创始股东应对股权投资基金给予现金补偿，补偿金额为：投资总额×（5000万元－实际净利润）/5000万元。

实践中,一些投资基金的投资协议中将估值调整条款进化为回售条款,即当业绩指标等未达到约定条件时,投资机构要求公司创始股东或其他方按照约定价格购买所持有的股权。这个时候,相当于投资基金将目标公司的估值调整为零,寻求退出。

比如,某股权投资基金在投资某公司的投资协议中约定条款如下:

如A公司在【　　　　年　　月　　日】前未能在相关证券交易所上市交易的,股权投资基金有权向公司大股东出售其持有的股份。出售价款以下列方式计算:出售价款总额=投资总额×(1+10%×投资年限)-出售之日股权投资基金已经获得的红利。

应注意,对赌应该是双向的。即对于股权投资基金及公司创始人而言,不应该单向对赌。对股权投资基金而言,公司未达到约定条件的,创始人弥补基金因企业估值过高而支付的额外投资成本;对公司而言,公司达到约定条件的,基金弥补创始股东因企业估值过低而承受的损失。

(三)优先清算权条款

优先清算权是指股权投资基金在目标企业清算或发生视同清算的情形或结束业务时,具有的优先于其他普通股股东获得分配的权利。优先清算权条款是投资协议中一个非常重要的条款,决定公司在清算后蛋糕怎么分配,即在发生被投资公司清算的情况时,在依法偿付清算费用、职工工资、社会保险费用及法定补偿金、税款、债务后的清算财产,优先由投资人分配(投资金额加上一定的回报),分配后的余额由其他股东或投资人根据股份比例再次分配。

常见的优先清算权条款有:

"公司在IPO之前因任何原因导致清算、转让核心资产或控制权变更,在股东可分配财产或转让价款总额中,应首先从所得款项中拨付购买价的【　】倍给予投资人,再将剩余的全部所得款项分配给包括投资人在内的全体股东。

为了满足相关法律的要求并同时实现各方在本协议项下的约定,可以用分配红利或法律允许的其他方式实现投资人的清算优先权。"

对于目标公司来讲,有几个注意事项,一是明确清算事件,二是争取降低优先清算的倍率,三是在合同中约定清楚投资人优先清算后是否还参与剩余财产的分配。

(四)反稀释条款

反稀释条款也称为反摊薄条款,本质上是一种价格保护机制,适用于后轮融资为降价融资,即新一轮融资的估值低于上一轮融资估值时,用于保护上一轮投资者利益的条款。降价融资意味着投资基金此前购买的股权付出的价格相对来说更为高昂,从而导致投资者遭受损失,因此投资者会要求在投资协议中加入反稀释条款。棘轮就是一种防止倒转齿轮,用在股权投资领域,就是避免估值再倒回原来的水平。股权投资基金通过反稀释条款进行保护的方式通常有两种:完全棘轮方式和加权平均方式,前者比后者的保护力度更大。

完全棘轮,即上一轮投资者投入的资金所获得的股权全部按照新一轮较低的估值来重新计算,增加的部分由创始股东无偿或低价向上一轮投资者转让。完全棘轮的特点在于不考虑下一轮新发行股权的数量,只是简单地对比上一轮融资与此轮融资的差距。

加权平均与完全棘轮不同,加权即考虑新增投资额的权重,将新增出资额作为反稀释的一个重要考虑因素。加权平均条款更为各方所接受。常见的加权平均条款计算公式如下:

$A = B \times (C + D) / (C + E)$

A 为上一轮投资者经反稀释补偿调整后的每股新价格;B 为上一轮投资者在上一轮融资时支付的每股价格;C 为此轮增资扩股前的总股数;D 新投资者按照上一轮每股价格可以购买的股权数量;E 为按照此轮降价融资,新投资实际购买到的股权数量。

例如:某公司在融资前,创始团队持有 40000 股。上一轮投资者以每股 2 元的价格购买 15000 股,后轮投资者以每股 1 元的价格购买了 10000 股。

按照完全棘轮条款,创始团队需向上一轮投资者补偿的股票数量为:$15000 \times 2/1 - 15000 = 15000$ 股。

在加权平均条款下,经反稀释调整,上一轮投资者应适用的认股价格为:$2 \times (55000 + 5000) / (55000 + 10000) = 1.846$ 元,创始团队应该向上一轮投资者补偿的股票数量为:$15000 \times 2/1.864 - 15000 = 1094$ 股。

(五)优先认购权条款

优先认购权,是指目标公司未来发行新的股份或者可转换债券时,股权投资基金可以按其持股比例在同等条件下优先认购的权利。约定该条款的目的,主要是为了防止所持股权比例被公司增资扩股后被稀释。

在有限责任公司中,《公司法》规定,公司新增资本时,股东有权按照实缴的出资比例认缴出资,但全体股东约定不按出资比例优先认缴的除外。对股份公司的股东而言,法律没有规定优先购买权,所以有必要进行约定。

通常,投资协议会约定优先认购权的除外情况,包括为员工股权激励发行的股份、上市而进行的首次公开发行等。

常见的优先认购权条款如下:

在目标公司合格上市前,如果目标公司进行任何形式的增资或者发行任何新股,投资人有权但无义务按照其在目标公司中的持股比例认购目标公司的新股(以下简称优先认购权),以保持其全面稀释前的持股比例。各方认购目标公司新增注册资本或股权的价格、条款和条件应与其他潜在认购方的认购或投资的价格、条款和条件实质相同。

优先认购权不适用于目标公司发行的以下股权或股份:(1)按照董事会批准的员工期权计划发行的股权或股份;(2)目标公司首次公开发行并上市时发行的股份;(3)与股票分拆、股息支付和类似交易相关的股权或股份。

(六)共同出售权条款

共同出售权,是指目标公司的创始股东欲对外出售其所持有的公司股权时,投资人享有按持股比例以相同条件共同参与该出售交易。共同出售权通常和优先购买权同时出现,优先购买权是指目标公司其他股东对外出售股权时,作为老股东的股权投资基金在同等条件下有优先购买的权利。

实践中,投资协议往往还会有创始股东的股权锁定条款,在股权锁定期届满前通常不允许创始股东在未经股权投资基金同意的情况下向第三方转让股权。

常见条款如下:股权锁定期满后,如公司创始股东决定出售其持有的公司股权,投资人在相同条件下,享有按持股比例共同出售的权利。

例如,某股权投资基金完成对目标公司投资后,基金持股比例为20%,创始团队持股80%。后公司创始股东欲以每股10元的价格对第三人出售10000股股票,如协议中有优先购买权和共同出售权条款,基金可以选择:(1)行使优先购买权,以每股10元的价格购买10000股;(2)行使随售权,参与出售该交易,以每股10元的价格向第三人出售2000股股票,创始人股东将只能出售8000股股票。

(七)领售权条款

领售权又称拖售权、强制出售权,是指如果第三方向股权投资基金发出股权收购要约，且股权投资基金接受该要约，则有权要求其他股东一起按照相同的出售条件和价格向该第三方转让股权。随售权和领售权的区别在于，随售权是股权投资基金强行进入创始股东与第三方的交易，领售权是股权投资基金强迫其他股东进入股权投资基金与第三方的交易，交易价格以股权投资基金与第三方协商确定的价格为准。

拖售权的目的是股权投资基金找到合适的第三方欲对目标企业进行并购的情况下，保障股权投资基金实现退出。拖售权可以保证股权投资基金作为小股东，即使不实际管理、经营企业，在它想要退出的时候，原始股东和管理团队也不得拒绝，必须按照它和并购方达成的并购时间、条件和价格完成并购交易。

常见条款如：在投资基金投资完成【　　】年后，如果有购买方愿意购买公司的全部或者50%以上的股权或全部或实质性全部的资产或业务（统称为“整体出售”），在公司估值不低于【　　】万元人民币的情况下，投资人同意出售的，创始人应当采取一切措施和签署一切必要的文件使得整体出售交易得以实现。

领售权条款有时候会严重损害创始股东的利益，签署不当，可能导致创始团队失去自己的公司。

（八）保护性条款

保护性条款是指股权投资基金为保护自身利益而设置的要求目标公司在出现某些可能损害投资者利益或者对投资者利益有重大影响的行为时，需取得投资者同意的条款。有的投资机构还会增加设置重大事项的一票否决权条款。

常见的保护性条款如下：

下列事项须经投资人或投资人指派的董事同意后方可执行：(1)修改公司章程；(2)增资减资或者合并、分立、解散的；(3)公司出售核心资产的；(4)改变董事会人数的组成和方式的；(5)以派发股息、公积金资本化或其他形式在股东之间进行利润分配的；(6)设定或修改任何员工期权、股份激励计划的；(7)发行、分派、购买、赎回公司证券，或行使任何股份认购权、期权，或授予或发行任何期权或认股权等任何可能导致将来发行新股或造成投资人在公司的有效股权被稀释或减少的；(8)审批并通过公司的年度预算及对已审批后的年度预算的修改或变更；(9)其他对投资者利益产生或者可能产生严重影响的情形。

（九）股权激励条款

为了保证公司管理层及核心团队的稳定性，一些投资机构会要求目标公司在投资前完善对团队的股权激励。

常见条款如下：

创始团队从其股权份额中自行预留本次融资前【　】公司股权用于团队股权激励；团队股权激励的股权应包含于原股东持有的股权之内，不得导致投资人持有的股权被稀释。

股权激励的比例一般是15% ~20%，前期可以由核心创始人代持并行使表决权，后期可以设置持股平台。

（十）竞业禁止条款

竞业禁止条款是指在投资协议中，股权投资基金为了确保目标公司的良好发展和利益，要求目标公司通过保密协议、竞业禁止协议或其他方式，确保创始股东、董事、高级管理人员及核心技术人员不得兼职与本公司业务有竞争的职业，同时，在离职后一段时间内，不得加入与本公司有竞争关系的公司或从事与本公司有竞争关系的业务。目的是保证目标公司的利益不受损害，从而保障投资者利益。

常见条款如下：在投资人实现退出前，创始股东应将全部个人工作时间服务于目标公司，不从事其他兼职或投资经营其他公司（无论是否与目标公司构成同业竞争）。目标公司的创始人股东和高级管理人员应当遵守竞业禁止条款，不得设立或支持其他公司与目标公司直接或间接竞争；不得直接或间接投资、控制或从事与目标公司所从事业务构成直接或间接竞争关系的企业；也不得直接或间接地在任何与目标公司构成竞争性业务的实体中持有任何权益。

这里附上一份完整的私募基金投资协议供读者参考（文内涉及的年份日期仅为举例）。

投 资 协 议

本协议于【　】年【　】月【　】日由以下各方在【　】签署。

一、被投资公司（以下简称公司或×××公司）

上海×××有限公司，住所地：【　】；注册资本人民币【　】万元；法定代表人：【　】

二、创始人股东（以下简称创始人或公司原有股东或公司实际控制人）

1. 姓名：【　】，身份证号码：【　】；

2. 姓名：【　】，身份证号码：【　】。

本合同涉及被投资公司及创始人的违约责任均由创始人股东承担连带保证责任。

三、本次投资人(以下简称投资人)

×××投资合伙企业(有限合伙);执行事务合伙人(委派代表):【　】;营业执照号:【　】

以上各方经充分协商,根据《中华人民共和国公司法》《中华人民共和国合同法》及相关法律法规的规定,就投资人向公司增资及相关事宜达成以下协议,以兹共同遵照执行。

第一章　披　露

第一条　信息充分披露

公司及创始人应向投资人充分披露有可能影响公司经营发展的重要信息,包括但不限于:

第一类,现有债务(含银行贷款、其他借款、应付款)、现有应收账款、对外投资、对外担保、抵押、质押、留置、对外承诺、关联交易、未决诉讼及仲裁;

第二类,创始人投资或持有股权或股份的其他公司、公司行政处罚、税收滞纳金、罚款、股东及公司高管刑事处罚、股东及现有员工入职前与第三方签订的竞业禁止协议。

上述应披露的第一类信息按如下方式界定:单笔金额人民币伍万元以上或同类金额合计人民币壹拾万元以上。

上述披露信息时间截至本协议签订当天。

上述披露信息作为本合同的附件。

第二条　免责条款及赔偿

若公司及创始人未能及时履行本协议第一条内容,出现任何应披露但未披露信息的事项,则构成违约。因该事项所造成的所有损失均由公司创始人赔偿,投资人及投资人投资后的公司概不承担任何责任。若该事项所造成的损失导致公司经营管理受到严重影响,无法按既定规划经营,则投资人有权要求公司创始人回购投资人所持有的公司股份并要求公司创始人支付违约金,违约金按如下方式计算:总违约金＝投资人投资款总额×2×投资年限,其中,投资人投资款总额详见本协议第二章第一条所述,投资年限从本协议签订之日起计算,到触发投资人要求返还投资款时止,不足一年部分按一年计算,公司创始人内部之间按本协议第二章第一条增资前的持股比例承担违约金。

第二章　增　　资

第一条　增资与认购

1. 增资金额

截至本协议签订之日,公司的注册资本为人民币【　】万元。

本次增加注册资本合计人民币【　】万元,全部由投资人按照本协议约定认缴。

本次增资完成后,公司的注册资本将增加至人民币【　】万元。

2. 增资方式

投资人××投资合伙企业(有限合伙)以溢价增资的方式,向公司投资人民币【　】万元(大写:【　】)(以下简称投资款),取得增资完成后公司【　】的股权。其中,人民币【　】万元计入公司的注册资本,剩余人民币【　】万元计入公司的资本公积。

3. 各方的持股比例

本次增资完成前后,各方在公司的持股比例变化如下表:

<table>
<tr><td rowspan="2">股东名称</td><td colspan="4">股权比例</td></tr>
<tr><td colspan="2">增资前</td><td colspan="2">增资后</td></tr>
<tr><td>×××</td><td></td><td></td><td></td><td></td></tr>
<tr><td>×××</td><td></td><td></td><td></td><td></td></tr>
<tr><td>×××投资合伙企业
(有限合伙)</td><td></td><td></td><td></td><td></td></tr>
</table>

4. 股东放弃优先认购权

公司原有股东特此确认无条件放弃其对于本次增资所享有的优先认购权,无论该权利取得是基于法律规定、公司章程规定或任何其他事由。

5. 约定及承诺

(1)公司实际控制人承诺,2×18年、2×19年公司实现税后扣除非经常性损益后净利润(下称“净利润”)不低于【M】万元、【N】万元的经营目标,若2×18—2×19年税后净利润合计低于【　】万元,投资方可以要求股权补偿或回购。

(2)若公司2×18—2×19年度经审计的年度净利润合计低于业绩承诺【　】万元,则公司实际控制人承诺根据经有证券期货资格的会计师事务所审定的公司实际净利润,对投资方进行股权补偿,每年具体补偿股份数为:

2×18年补偿股份数=【[M]万元-2×18年经审计的年度净利润】/[M]×本

次投后股权比例

2×19 年补偿股份数 =【[N]万元 -2×19 年经审计的年度净利润】/[N]×本次投后股权比例

为免疑义,在计算 2×19 年应补偿股份数时,公司 2×18 年经审计的年度净利润超出 2×18 年度承诺利润【M】万元的部分,可以累积计入 2×19 年实际净利润。

投资人将无偿获得上述补偿股份数,而不用支付任何对价。实际控制人内部按其各自持有公司股权占实际控制人合计持有公司股权的比例向投资人分别无偿转让补偿股份数。投资人内部按其各自持有公司股权占投资人合计持有公司股权的比例取得各自的补偿股份数。

如果×××公司 2×18 年—2×19 年合计净利润达到预期业绩承诺【 】万元,可免除对投资人的股权补偿。

(3)若投资人选择由公司实际控制人回购投资方所持有股权,回购价格为投资人实际投资本金加上【 】% 年利率或不低于股权回购时经审计评估的投资方所持×××公司的股权所对应的净资产值,并按孰高原则确定最终回购的总金额。

(4)若×××公司在两年对赌期内,进行下轮融资公司估值达到人民币【 】亿元或以上且融资金额人民币【 】千万元或以上,将解除本合同与投资人对赌相关条款。

(5)公司实际控制人【 】【 】承诺自本合同签署日起【 】内补足实缴注册资本金人民币【 】万元。

(6)公司实际控制人【 】【 】保证×××公司具有独立完整的资产、业务及人员系统,承诺在 2×18 年××月××日之前把××品牌的所有业务、资产及人员重组至×××公司名下。公司实际控制人【 】【 】确认,自合同签署日起所有直营门店(包括本条所述应重组到×××公司名下的直营门店)经营所得归属×××公司,并将所有直营门店的收入资金归集至×××公司。

(7)公司实际控制人【 】【 】承诺:自本合同签署日起【 】个月内将上海××有限公司所持有×××所有相关商标权转让至×××公司,×××公司不用支付任何对价,且【 】年内完成上海××文化传播有限公司、上海××游乐有限公司、上海××投资管理咨询有限公司、上海××商务信息咨询有限公司等关联公司的注销。公司实际控制人【 】【 】进一步承诺将其持有(无论直接还是间接)的×××公司经营所关联的知识产权全部无偿注入×××公司。

(8)投资人不参与公司的具体业务经营,若投资人投资公司后,由于公司实际控制人管理不善导致的恶性事件，应由创始人承担连带责任，创始人在此确认投资方不承担相关责任；若投资人因此遭受损失的，由创始人对投资人进行充分补偿。

(9)投资方有权将其在本合同项下的权利和义务转让给其指定的第三方，投资方亦有权将其持有的公司股权转让给其指定的第三方，其他股东在此放弃就投资方将股权转让给第三方的优先受让权。

第二条　增资时各方的义务

在本协议签署后，各方应当履行以下义务：

1. 公司批准交易

公司原有股东确保公司股东会或股东决定、董事会或执行董事等公司权力机构及执行机构在本协议签订之日起10个工作日内，做出批准投资人对公司本次投资的相关决议并对公司章程等文件进行修订。

2. 投资人付款

本协议生效后，公司应开立验资账户并通知投资人，投资款分批汇入。投资人应在协议生效且公司批准本次交易后，将首期投资款【　】万元人民币汇入公司指定账户，剩余【　】万元人民币投资款将于5个月内公司业务达到投资方预期后汇入，投资人有权对公司银行账户资金进行监管。

3. 公司工商变更登记

在投资人支付首笔投资款后10个工作日内，公司应完成验资手续，并向工商行政机关办理完成本次增资的工商变更登记手续，将公司新增【　】股权登记到投资人名下。

4. 文件的交付

公司及创始人应按照投资人的要求，将批准本次增资的股东会决议、已收到投资款项的证明、经工商变更后的公司章程和营业执照等文件的复印件，提交给投资人。

第三条　各方的陈述和保证

1. 创始人与公司的陈述和保证

(1)有效存续。公司是依照中国法律合法设立并有效存续的有限责任公司。

(2)必要授权。公司原有股东与公司均具有相应的民事行为能力，并具备充分的权限签署和履行本协议。

(3)不冲突。公司与公司原有股东签署及履行本协议不违反其在本协议签署前已与任何第三人签署的有约束力的协议，也不会违反其公司章程或任何法律。

(4)股权结构。除已向投资人披露的事项之外,公司从未以任何形式向任何人承诺或实际发行过任何股权、债券、认股权、期权或性质相同或类似的权益。

公司原有股东持有的公司股权也不存在质押、法院查封、第三方权益或任何其他权利负担。

(5)核心员工劳动协议。核心员工与公司已签署或保证签署包括劳动合同、竞业禁止、知识产权转让和保密义务等内容的劳动法律文件。(提供核心员工认定标准及名单)

(6)债务及担保。公司不存在未向投资人披露的重大负债或索赔;除已向投资人披露的事项以外,公司并无任何以公司资产进行的保证、抵押、质押或其他形式的担保。

(7)公司资产无重大瑕疵。公司所有的资产包括财产和权利,无任何未向投资人披露的重大权利瑕疵或限制。

(8)信息披露。公司及创始人已向投资人披露了商业计划、关联交易,以及其他可能影响投资决策的信息,并保证前述披露和信息是真实、准确和完整的,在投资人要求的情况下,公司及创始人已提供相关文件。

(9)公司合法经营。除已向投资人披露且已取得投资人认可的事项以外,创始人及公司保证,公司在本协议生效时拥有其经营所必需的证照、批文、授权和许可,不存在已知的可能导致政府机构中止、修改或撤销前述证照、批文、授权和许可的情况,且保证相关资质、授权和许可等在到期时可以合法续期,公司自其成立至今均依法经营,不存在违反或者可能违反法律规定的情况。

(10)税务。公司就税款的支付、扣缴、免除及代扣代缴等方面遵守了相关法律的要求,不会发生重大不利影响;除向投资人披露的以外,不存在任何针对公司税务事项的指控、调查、追索以及未执行完毕的处罚。

(11)知识产权。公司对其主营业务中涉及的知识产权拥有合法的权利,并已采取合理的手段来保护;公司已经进行了合理的安排,以使其员工因职务发明或创作产生的知识产权归公司所有;对于公司有重大影响的知识产权,不侵犯任何第三人的权利或与之相冲突。

(12)诉讼与行政调查。公司不存在未向投资人披露的,针对创始人或公司的未决诉讼或仲裁以及未履行的裁判、裁决或行政调查、处罚。

(13)财务报表。创始人向投资人提供的公司截至20××年××月××日(简称"财务报表日")的资产负债表、利润分配表、现金流量表及相关销售数据(合称

“财务报表”)真实、完整和准确地反映了公司在相关期间或相关基准日的经营状况和财务状况。公司的所有审计账目及管理账目(包括转让账目)均系根据中国现行有效的财务、会计制度并结合公司的具体情况而制定,且真实和公平地反映了公司在有关账目日期的财务及经营状况。公司的财务记录和资料完全符合中国法律和法规的要求。

2. 投资人的陈述和保证

(1)资格与能力。投资人具有相应的资格和民事行为能力,并具备充分的权限签署和履行本协议。投资人签署并履行本协议不会违反有关法律,亦不会与其签署的其他合同或者协议发生冲突。

(2)投资款的合法性。投资人保证其依据本协议认购公司相应股权的投资款来源合法。

第三章　股 东 权 利

第一条　股权转让限制

公司在投资方认可的境内或境外合格资本市场首次公开发行股票或重组上市之前,未经投资人书面同意,创始人不得以转让、赠与、质押、信托等任何方式向任何人对公司股权进行处置或在股权上设置任何第三人权益。为执行经公司有权机构批准的股权激励计划而转让股权的除外。

第二条　公司分红决定权

自投资人出资后,公司所有分红方案,需经投资人书面确认后方可实行。公司原有分红方案在投资人出资后需重新拟定,未经投资人同意,公司不得实施分红方案。

第三条　优先购买权

公司在投资方认可的境内或境外合格资本市场首次公开发行股票或重组上市之前,并在不违反本协议其他条款的情况下,如某一创始人出售其拥有的部分或全部股权(以下简称拟出售股权)时,其他创始人和投资人有权以同等条件及价格优先购买全部或部分拟出售股权,当数方都有购买意愿时,则按照现有股本比例进行分配,确保投资人股权不被恶意稀释。

创始人承诺,就上述股权出售事宜应提前15个工作日书面通知投资人,投资人应10个工作日内书面回复是否行使优先购买权,如投资人未于上述期限内回复创始人,视为放弃行使本次优先购买权。

第四条　优先出售权

公司在投资方认可的境内或境外合格资本市场首次公开发行股票或重组上市

之前，并在不违反本协议其他条款的情况下，创始人出售其拥有的全部或部分股权，投资人有权优先向拟购买者以同样价格出售投资人拥有的部分或全部股权，否则创始人不得转让。

若创始人经投资人同意向公司股东以外的第三方转让股权，并退出公司日常经营管理岗位，对公司业绩，管理计划不再负担任何责任，但投资人仍继续愿意持有公司股权时，创始人应保证股权受让方签署接受本协议条款的协议，确保该等受让方将继续履行创始人在本协议项下须承担的全部责任及义务。

创始人承诺，就上述股权出售事宜应提前15个工作日书面通知投资人，投资人应于10个工作日内书面回复是否行使优先出售权，如投资人未于上述期限内回复创始人，视为放弃行使本次优先出售权。

第五条　优先认购权

公司在投资方认可的境内或境外合格资本市场首次公开发行股票或重组上市之前，创始人及公司以任何形式进行新的股权融资，需经投资人书面同意，投资人有权按其届时所持股权比例，以同等条件及价格优先认购新增股权。如果公司其他拥有优先认购权的股东放弃其优先认购权，则公司原有股东及投资人有权优先认购该股东放弃的部分。

第六条　清算优先权

1. 创始人及公司同意，在发生以下事项（统称“清算事件”）之一的，投资人享有清算优先权：

（1）公司拟终止经营进行清算的；

（2）公司出售、转让全部或核心资产、业务或对其进行任何其他处置，并拟不再进行实质性经营活动的；

2. 清算优先权的行使方式为：

清算事件发生后，在股东可分配财产或转让价款总额中，首先向投资人股东支付相当于其投资款100%的款项或等额资产，剩余部分由全体股东（包括投资人股东）按各自的持股比例分配。各方可以用分配红利或法律允许的其他方式实现投资人的清算优先权。

第七条　优先投资权

若公司发生清算事件且投资人未完全收回投资款，自清算事件发生之日起5年内任何一位创始人从事新项目的，在该新项目拟进行第一次及后续融资时，该创始人应提前向投资人披露该新项目的相关信息。投资人有权优先于其他人对该新项目进行投资，且创始人有义务协助投资人对该新项目行使优先投资权。

第八条　回购权

若创始人违反本协议约定的竞业禁止义务、违反约定质押股权、通过不公允的关联交易转移公司超过10万元的重大资产，或公司存在账外收入，或创始人存在出现重大诚信问题，则投资人有权要求创始人或公司（通过减资或其他法律允许的方式）回购其持有的全部或部分股权（以下简称待回购股权）。

股权回购价格按以下两者较高者确定，但如果任何第三方提出的购买条件优于该股权回购价格，则投资人有权决定将待回购股权转让给第三方：

1. 按待回购股权占投资人持有股权的比例计算，相当于相应的部分或全部投资款加上每年累积的、应向投资人支付但未支付的所有未分配利润，其中不满一年的红利按照当年红利的相应部分计算金额，再加上投资人完成投资出资义务之日起至实施回购权之日的利息（按中国人民银行同期同档次人民币贷款基准利率的2倍计算）。

2. 由投资人和代表超过公司50%投票权的股东共同认可的独立第三方评估机构评估的待回购股权的公允市场价格，评估费用可由要求评估的一方支付。

如投资人要求，待回购股权的价格可根据红利派发、资本重组和其他类似情况经双方协商进行相应调整。

创始人所持有公司全部股权自本协议签署之日起的4年内，如有任一创始人主动从公司离职、因自身原因不能履行职务或因故意、重大过失被解职，则投资人有权要求该创始人以1元人民币的价格（法律就股权转让的最低价格另有强制性规定的，从其规定）转让其股权给投资人和其他创始人，投资人和其他创始人按照其在公司的持股比例受让此股权。

第九条　投资退出权

创始人及公司同意，在发生以下事项（统称“退出投资”）之一时，投资人有权选择在适当的时候以合理的方式退出对公司的投资：

1. 公司以募集新股等方式在投资方认可的合格资本市场首次公开发行股票或重组上市后，投资人以出售股票的方式退出对公司的投资。

2. 公司在投资方认可的合格资本市场首次公开发行股票或重组上市之前，引入后续投资者时，投资人根据自身需要可一次性或分批退出部分投资，退出的行使方式为由后续投资者购买投资人所持的部分或全部股权，创始人有义务配合投资人促成该股权交易事项的达成。

3. 公司在投资方认可的合格资本市场首次公开发行股票或重组上市之前，如果投资人与合计拥有半数以上表决权创始人股东同意，由公司股东以外的第三方完全或部分地兼并或收购（以下简称并购）公司股份，则投资人按照与该第三方协商确定的条款和条件退出对公司的投资，创始人有义务配合投资人促成该并购事项的达成。

第十条 反稀释条款

1. 各方同意，投资协议签署后，若公司以任何方式（包括但不限于增资或受让老股）引进新投资人，应经投资人书面同意并应确保新投资人的投资价格不低于投资人本轮的投资价格。如新投资人根据某种协议或者安排导致其最终投资价格或者成本低于本协议投资人的投资价格或者成本，则公司实际控制人应无偿转让所持标的公司的部分股份给投资人或给予投资人认可的等值补偿，直至投资人的投资价格与新投资人投资的价格或者成本相同。

补偿股份数 =［本轮投资人投资金额 ÷（本轮投资人投资金额 + 下轮公司投后估值）－本轮投资人投后股份占比］× 下轮投后总股数

2. 以下情形不引发反稀释条款：

（1）任何经投资方批准的债券、认股权、期权，或其他可转换证券在转换和执行时所增加的股权；

（2）股东会批准（应包含投资人批准）的公司合并、收购，或类似的业务事件，用于代替现金支付的股权；

（3）按照股东会批准（应包含投资人批准）的债权融资、设备租赁或不动产租赁协议，给银行、设备出租方股权；

（4）在发放红利时新增的股权；

（5）按照股东会批准（应包含投资人批准）的计划，给公司员工、董事发行的或计划发行的股权（或期权）。

第十一条 信息知情权

1. 本协议签署后，公司应将以下报表或文件，在规定时间内报送投资人，并保证所提供数据及报表的真实性和准确性，投资人建档留存备查：

（1）每一个月度结束后 10 日内，送交该月度运营数据及财务报表；

（2）每一个季度结束后 30 日内，送交该季度财务报表和经营季度报告；

（3）每一个会计年度结束后 90 日内，送交经投资人认可的会计师事务所审计的该年度财务报表和经营年度报告；

(4)每一会计年度结束前30日内,送交下一年度综合预算;

(5)所提供给股东的文件或信息的副本。

2. 为保证公司内部运营管理的高效和廉洁,每月公司的会计账目、货款结算和单笔超过30万元的开支报销项目,必须提交给各方股东共同签署批准后方能入账。

3. 公司应就可能对公司造成重大义务或产生重大影响的事项,及时通知投资人。

4. 投资人如对任何信息存有疑问,可在给予公司合理通知的前提下,有权取得公司财务、管理、销售、市场或其他方面的信息和资料。除公司年度审计外,经全体投资人一致同意后,投资人有权独立聘请外部审计机构和咨询机构,对公司的具体事项进行审计和咨询,相关费用由公司承担。

第十二条　投资人地位

创始人同意,如公司进行后续融资或为进行后续融资、上市而对公司进行重组并在境内外直接或间接设立任何特殊目的公司、关联方,其确保投资人在后续融资中得到或保留本协议赋予投资者的所有权利和利益,并取得不次于后续融资中后续投资者取得的股东权利,本次投资方将自动获得后续融资中后续投资者取得的优于本次投资方的股东权利。

第四章　公司治理

第一条　董事会

公司设立董事会,由5名董事组成,其中创始人委派3名董事,××基金委派2名董事,公司重大事项需经董事会一致同意方可通过。未经投资人同意,公司股东会不得撤换投资人委派的董事。创始人保证每季度至少召开一次公司董事会,讨论公司重大事项及近期经营情况。

第二条　保护性条款

投资人原则上不参与公司日常经营的管理,但是,以下所列与公司的股权、重大资产、重大人事、公司是否存续等相关的重大事项决策,由公司管理层提交方案,并且须经投资人或投资人委派的董事书面或者邮件同意方可实施(以下1至3条款中的具体金额数目随着公司发展规模扩大,今后再协商修订):

1. 导致公司债务超过20万元的事由(包括但不限于取得银行贷款或授信等);

2. 公司超过100万元的一次性资本支出;

3. 公司资产(账面价值超过50万元人民币的资产)的购置、承租、转让、出租等各种形式的处置,或任何导致公司控股权变化的事项;

4. 公司以自有资产设置抵押或质押，为公司或公司以外的任何人提供任何形式的担保；

5. 公司合并、分立、重组、清算、解散或以各种形式终止经营业务；

6. 修改公司章程，增加或减少公司注册资本，变更公司组织形式或主营业务；

7. 公司利润分配；

8. 制订、批准或实施任何股权激励方案及任何清算优先权的设置或行使；

9. 进入任何投机、套利性业务领域；

10. 提起或和解任何法律诉讼、仲裁；

11. 聘请或更换进行年度审计的会计师事务所；

12. 其他经投资人及创始人共同认可的任何重大事项。

若公司违反上述约定，视为创始人股东违约，投资人有权按本协议第五章第二条约定要求创始人股东承担违约责任。

第三条　全职工作、竞业禁止与禁止劝诱

1. 创始人承诺，自本协议签署之日起将其全部精力投入公司经营、管理中，并结束其他任何劳动关系或工作关系。

2. 创始人承诺，其在公司任职期间及自离职起【　】个月内，不得到与公司有竞争关系的其他用人单位任职，或者自己参与、经营、投资与公司有竞争关系的企业（投资于在境内外资本市场的上市公司且持股比例不超过该上市公司【　】%股权的除外）。

3. 创始人承诺，在公司任职期间及自离职之日起【　】个月内，非经投资人书面同意，创始人不会劝诱、聘用在公司成立之日及以后受聘于公司的员工，并促使其关联方不会从事上述行为。

4. 创始人承诺，若公司经营失败导致破算或清算、或创始人因任何原因主动离职，则自上述事件发生之日起 5 年内，创始人不得参股或全资设立与公司当时主营业务类似或有竞争关系的公司或组织。

第五章　其　　他

第一条　陈述、承诺及保证

1. 本合同任何一方向本合同其他各方陈述如下：

（1）其具有签署与履行本合同所需的权力与授权，并且直至本合同所述增资扩股完成，仍将持续具有充分履行其在本合同项下各项义务的一切必要权力与授权；

(2)签署本合同并履行本合同项下的各项义务并不会侵犯任何第三方权利。

2. 本合同任何一方向本合同其他各方做出承诺和保证如下:

(1)本合同一经签署即对其构成合法、有效、具有约束力的合同;

(2)其在合同内的陈述以及承诺的内容均是真实、完整且无误导性的。

第二条　违约责任

1. 若本协议的任何一方违反或未能及时履行其在本协议项下的任何义务、陈述与保证,均构成违约。

2. 任何一方违反本协议的约定及其在本协议项下的任何义务、陈述与保证,应赔偿守约方因此遭受的所有损失,赔偿责任范围包括守约方的直接损失、间接损失以及因主张权利而发生的费用(包括但不限于律师费、诉讼费、调查取证费等)。各方同意,如果创始人违反本协议的任意一款约定、承诺及保证,创始人应就该等违约行为向投资人承担违约金,违约金按如下方式计算:总违约金 = 投资人投资总金额 ×2 × 投资年限,投资年限从本协议签订之日起计算,不足一年部分按一年计算。如果投资人未按照本协议的约定支付投资款,或投资款来源不合法,投资人应就该等违约行为向创始人承担违约金,每迟延一日按照迟延支付投资款金额的千分之一计算违约金。

第三条　保密条款

本协议各方均应就因签订和履行本协议而知悉的公司及其他方的保密信息,向相关方承担保密义务。在没有得到本协议相关方的书面同意之前,各方不得向任何第三人披露前述保密信息,并不得将其用于本次增资以外的目的。本条款的规定在本协议终止或解除后继续有效。

虽有上述规定,在合理期限内提前通知相关方后,各方有权将本协议相关的

保密信息:

1. 依照法律或业务程序要求,披露给政府机关或往来银行;

2. 在当事方承担与本协议各方同等的保密义务的前提下,披露给员工、律师、会计师及其他顾问。

第四条　变更或解除

1. 本协议经各方协商一致并共同签署书面文件,可以变更或解除。

2. 如任何一方严重违反本协议的约定,导致协议目的无法实现的,其他方可在违约方支付违约金后,以书面通知的方式单方面解除本协议。

第五条　适用法律及争议解决

1. 本协议适用中华人民共和国法律，并根据中华人民共和国法律进行解释。

2. 如果本协议各方因本协议的签订或履行发生争议的，应通过友好协商解决；协商未能达成一致的，任何一方均可向有管辖权的人民法院提起诉讼。

3. 诉讼过程中，本协议除争议事项以外的其他任何部分均应继续执行。

第六条　附则

1. 本协议由各方于【　】年【　】月【　】日共同签署并生效。本协议用于替代此前各方以口头或书面等形式就本协议所包含的事项达成的所有协议、约定或备忘。

2. 本协议一式【　】份，创始人股东共持壹份，投资人持壹份，公司持【　】份，具有同等法律效力。

3. 本协议的附件是本协议不可分割的组成部分，与本协议的其他条款具有同等法律效力。

4. 协议一方放弃行使本协议中的某一项权利，不得被视为其放弃本协议中的其他权利，并不得被视为其永久的放弃该等权利（除非该权利根据中国法律规定，一经放弃即不可重新行使）；协议一方未行使或迟延行使本协议项下的任何权利，不构成前述的放弃，亦不影响其继续行使权利；任何对本协议项下权利的单项或部分行使，不排除其对权利其余部分的行使，也不排除其对其他权利的行使。

5. 如果本协议的任何条款因任何原因被判定为无效或不可执行，并不影响本协议中其他条款的效力；且该条款应在不违反本协议目的的基础上进行可能、必要的修改后，继续适用。

6. 本协议如有未尽事宜，各方可再根据公司发展具体情况进行友好协商，并共同签署书面补充文件进行确认，该等补充文件是本协议不可分割的组成部分，并与本协议具有同等法律效力。（以下无正文）

公司（签字/盖章）：

创始人股东（签字/盖章）：

投资人（签字/盖章）：

第八讲 私募基金的投后管理

私募基金要获得超额收益,不仅需要投入资金,还需要投入管理等资源。被投企业不仅需要资金扶持,也需要资源扶持,扶持被投企业发展壮大,最好是能让企业进入资本市场,进而上市退出。很多投资基金已经意识到有效的投后管理服务可以降低投资风险,提高投资收益,并形成品牌软实力。一些有实力的投资机构,投资后团队规模已接近甚至超过投资团队。以前由进入董事会的投资人负责的管理工作,开始由专职的团队分担和延展。投后团队覆盖了公关团队、招聘团队、财务团队、法务团队、再融资团队与退出团队,为创业企业提供专业的服务,定期组织被投资企业管理人员培训,帮助被投资企业规范化管理。

投后管理还能起到验证之前投资逻辑和调整投资布局的作用,在投资部门完成企业投资后,投后人员通过长期的跟进回访,可以对当初投资人员的投资逻辑进行检验。另外,私募基金管理人在基金发行前都会设定好基金投资的领域和轮次范围,如果被投资的行业和领域产生"泡沫",投后部门在这个时候就要严格把控每个领域的占比和项目质量,私募基金管理人要及时调整投资布局。

投后管理实际上是从投资机构的角度出发,研究和分析如何对被投资企业进行管理和监控。投后管理的主要内容可以分为两类:一是对被投企业进行的项目跟踪与风险监控;二是为被投企业提供增值服务。项目的跟踪与风险监控包括跟踪协议条款的执行情况、监控被投企业的经营指标与财务状况以及参与被投企业的公司治理;为被投企业提供增值服务可以从公司治理支持、人力资源支持、技术研发支持、市场营销支持、资本运作支持等方面展开。

投后的项目跟踪与风控有利于及时了解被投企业的经营运作情况,根据不同情况采取必要措施,保证资金安全并促进投资收益;投后管理的增值服务有利于提升被投资企业自身价值,增加投资的收益。投资机构往往对被投企业要面临的后续融资、兼并收购、企业上市与上市后资本运作等问题更有经验和能力，能有效当地帮助被投企业利用好资本市场。

一、参与投后管理的主要方式

投后管理的有效实施，是以投资机构充分获取被投企业各种信息为前提。投资机构一般通过三种主要方式获得被投企业信息，进而参与投后管理。

（一）参与被投企业的股东会、董事会、监事会

参与被投企业的股东会、董事会、监事会这一点非常重要，也关系到投后管理是否能够正常进行以及风险监控目的能否实现。这一步需要提前在投资人与被投资企业进行投资谈判并在签署投资协议的过程中确定，必须在正式投资协议及附件中明确派驻人员及数量并明确相应职权。投资机构原则上应该派驻一名董事及/或一名财务负责人，可以在投资协议中约定派驻董事在重大事项中的一票否决权等权利。

（二）定期走访企业并要求被投企业披露相关报告

投资机构还应定期走访被投企业，了解企业的日常经营状况；要求被投资企业定期披露相关财务报告，了解企业业务进展情况。可以在投资协议中约定被投资企业提供财务报告的频次和需包含的内容，比如要求企业每月或每季度提供一次财务报告，包括资产负债表、现金流量表和利润表等，如有必要，投资机构还可以指定会计师事务所进行审计，提供审计报告。

（三）通过企业信用网站等关注企业涉诉及行政处罚情况

投资机构的投后部门还应该定期监控被投企业是否涉诉或者受到行政处罚情况，可以通过中国审判流程信息公开网、全国企业信用信息公示系统、信用中国网站等网站定期查询涉诉涉罚情况，可以在投资协议中约定发生涉诉涉罚情形的，被投企业应及时通报，否则承担相应违约责任。

二、投后管理主要方法

投资机构与被投资企业的发展目标和侧重点有所不同，在企业经营过程中可能会出现利益不一致的情形。投资机构作为外部投资者，做好投后管理，最重要的

就要做好项目的跟踪和风险监控。具体而言,需要跟踪和分析被投企业以下内容:

(一)跟踪与分析被投企业所在行业

1. 行业发展前景跟踪与分析

(1)行业周期分析。通过查阅行业研究资料、咨询行业专家等方式,分析行业周期性、区域性或季节性特征。

(2)商业模式分析。了解行业特有的商业模式并分析其优劣势,以及是否容易被复制、是否能够适应未来发展变化,是否能够带来可持续的盈利能力等。

(3)行业技术分析。通过收集行业内技术相关资料,了解行业技术水平和特点、趋势,关注研究同行业内先进企业的新技术及新应用,分析技术因素和新技术发明给行业所带来的影响。

2. 行业外部环境跟踪与分析

(1)行业政策分析。包括产业政策、进出口税收政策、行业准入政策、环境保护政策、行业质量标准、监管制度等。

(2)对行业上下游产业链进行分析,分析投资项目行业产业链核心能力及价值分配。

3. 行业内部环境跟踪与分析

(1)供需分析。主要分析行业生产供给总量和市场需求总量及未来变化情况,预测和判断行业未来增长水平。

(2)成本分析。主要分析行业关键投资要素的价格变化对行业内相关产品的生产成本、价格和利润的影响。

(3)竞争格局分析。主要是分析行业进入壁垒,竞争结构和行业竞争程度,企业与行业龙头在关键运营指标方面对比分析。

(4)利润水平分析。主要是对产品所在市场的划分方式、行业集中度和行业进度的难易程度进行分析,判断利润水平变化趋势。

(二)对被投企业经营情况的跟踪与分析

1. 经营策略及变化跟踪

(1)跟踪企业是否出让主营业务资产,是否对主营业务、行业属性、经营策略进行变更;

(2)跟踪企业是否跨行业经营,是否进入不熟悉的业务领域开展大额投资、结合非主营业务占比增长情况，调查是否存在主营业务不清，非主营业务过度投资等情况。

2. 债务人生产经营运转情况跟踪

(1)跟踪企业水费、电费是否按时缴纳，水、电用量是否发生大幅波动；是否拖欠税款，应交税额是否与财务报表数据相匹配；员工工资及福利是否按时足额支付等。

(2)对于在建项目，调查项目投资计划、施工工期以及施工进度，分析项目投资是否与施工进度相匹配。

(3)对进出口企业，通过外汇管理局、税务局、海关网站及媒体披露等渠道对债务人实际经营情况和盈利水平进行核实，判断企业是否存在虚假贸易或虚增销售收入。

3. 盈利模式及竞争力跟踪及分析

(1)跟踪分析企业实现盈利的主要途径与方式，选择一家行业龙头、三家相似公司及行业均值、各自市场份额，了解企业盈利模式和行业地位。

(2)跟踪企业产品技术或经营模式先进性、创新能力、成本控制能力以及市场营销能力，分析行业地位的稳定性及可持续性。

(3)跟踪被投企业无形资产如土地使用权、水面养殖权、探矿权、采矿权、海域使用权、专利技术以及特许经营权等相关材料，了解权利取得方式、相关使用费是否按时足额缴纳及受保护期限，分析对盈利模式及竞争力是否产生重大影响。

4. 对同业竞争及关联交易的跟踪与调查

(1)跟踪企业与控股股东或实际控制人及其控制的企业是否构成同业竞争。

(2)跟踪企业关联交易情况、占同类业务比重，是否按规定履行必要的审批程序。

(3)跟踪企业关联交易定价是否公允，是否存在损害企业及其他股东利益的情况。

(4)跟踪企业关联交易协议条款，是否公允合理，有无侵害企业利益的条款。

(5)跟踪企业关联交易产生的收入和利润占比，是否达到了影响经营独立性的程度。

(6)跟踪企业是否为控股股东及其他关联股东提供担保。

5. 纳税情况跟踪

(1)查阅企业纳税资料，了解是否符合现行法律、法规的要求，是否依法纳税。

（2）了解企业享受税收优惠或财政补贴情况，关注税收优惠期或补贴期影响，分析企业对税收政策依赖程度。

6. 环保及安全生产情况跟踪

（1）通过查验相关证明文件或资质证书，调查企业环保是否达标，是否满足节能减排政策要求、是否发生环保纠纷或受处罚，必要时通过实地走访企业生产经营场所，了解是否发生过环保事故。

（2）通过实地走访企业生产经营场所，调查企业为保障安全生产所采取的措施，判断是否满足安全生产要求，了解是否发生过安全生产事故。

7. 发展规划执行情况跟踪

（1）跟踪企业近期经营计划及远期发展战略、重大投资及在建项目等信息，判断对未来投资性现金流出规模的影响。对于集团客户，了解拟重点发展和支持的业务板块、成员企业发展规划等情况，分析集团未来整体发展趋势。

（2）跟踪企业未来几年的发展规划，对可行性、合理性进行判断，形成对企业未来业务发展及业绩表现的预测。

（3）对比企业以前年度计划与实际完成情况，评价企业在规划期间制订的计划安排是否合理。

（三）对被投企业财务数据的跟踪与分析

1. 资产负债表重点项目调查与跟踪

对于被投企业提供的财务报表，应对资产负债表重点科目进行分析，研究企业的财务状况、资产质量、资产负债结构和偿债能力等；对于企业为集团公司的，应对集团合并报表和集团本部报表分别分析。下面对各会计科目需要关注的问题进行介绍：

（1）资产类项目

货币资金科目：一是分析货币资金结构的合理性，区分企业可自由支配资金和受限制的资金，判断是否与其生产经营模式特征相符合，是否满足流动性风险管理要求。二是关注报告期货币资金的期初余额、本期发生额和期末余额。若存在大额、整数倍、与个人的货币资金往来、分析是否存在合理的业务背景、判断其存在的风险。若对大额银行存款账户存疑，可抽取该账户的银行对账单和银行存款余额调节表，分析金额重大的未达账项形成原因及其影响。三是若对企业提供的银行账户清单存疑时，应前往基本户开户银行打印账户清单《企业银行账户清单》（包含他行账户)，确认账户的完整性，重点关注是否存在账外资金。

存货科目：关注存货的原材料在产品和产成品之间的比例，以及产成品的库龄，存货周转率等指标，并与同行业平均水平进行比较，关注其存货营运能力，是否有大量积压的库存商品，考虑其变现性问题。对于房地产企业，关注存货中的业态分布、区域位置，考虑其变现能力。

应收账款科目：一是跟踪企业应收账款比重，分析应收账款的增长率是否明显大于销售收入的增长率，应收账款周转率是否低于同行业的一般水平等，是否存在虚增收入和利润的情况；二是跟踪企业应收账款的前十大客户变化，关注是否存在关联关系，收入的真实性，主要客户对业务稳定性的影响等情况；三是根据应收账款的历史回收情况，分析主要客户的偿债能力，并比照应收账款账龄明细表，了解企业是否未足额计提准备。

其他应收款科目：一是调查其他应收款是否比重过大或短期内大幅增加，明细构成是否合理；二是关注是否存在关联企业抽离资金，是否存在缺乏商业实质的交易或与实体正常业务不相关的交易，如资金拆借等；三是关注主要欠款人的偿债能力，其他应收账款的可回收性。

固定资产科目：一是取得主要固定资产清单，了解固定资产权属，购置时间，使用期限，金额等情况，分析其权属是否清晰，权利取得方式是否依法合规，是否设立抵押等；二是通过询问生产部门、设备管理部门和基建部门以及实地查看等方法，观察固定资产的使用情况；三是核查固定资产是否明显超过行业一般水平，固定资产周转率是否明显低于行业平均水平，固定资产周转速度较慢，资产闲置率较高等；四是核查固定资产折旧会计政策调整情况，关注固定资产折旧率近年调整，综合折旧率明显变化等情况并考虑对利润的影响。

长期股权投资科目：跟踪查阅股权投资相关资料，了解变化情况，分析财务报告的合并范围是否准确，重大内部交易是否抵消，对于重大投资，应了解企业经营状况和财务信息，判断是否存在减值迹象，同时还应查询其股权质押情况。

无形资产科目：调取无形资产明细，对于重大无形资产，应取得有关协议、资料，了解无形资产的权属、取得方式、金额、摊销年限、摊销金额的准确性及是否存在重大减值因素，无形资产的入账价值是否经过评估，评估结果是否合理及对净资产的影响。

投资性房地产科目：了解投资性房地产的分布、业态及变现能力。核查重要投资性房地产计量方法，采用成本法计量的，核查其折旧或摊销方法以及减值准备的计提依据；采用公允价值计量的，核查其公允价值的确定依据和方法，重点关注评估结果是否合理。如当期存在投资性房地产计量方法的转换，分析其对企业经营状况的影响程度。

（2）负债类项目

短期借款及长期借款（金融负债）科目：一是跟踪借款的完整性，查询人民银行征信报告，看是否与取得的企业借款台账、财务报表项目钩稽一致。二是关注融资能力，关注被投企业合作的金融机构类型，分析企业的借款期限、利率水平、风控措施、还款顺序及授信使用情况。同时，关注发行债券等其他金融负债的评级报告、期限、金额、利率水平、还款安排和持续发债的能力。关注企业应付商票、银票的规模与保证金水平，分析银行对保证金比例的要求，判断企业在银行的信用水平。三是关注流动性风险，关注企业的长、短期债务结构，是否与其业务发展匹配，是否存在短贷长用的情况。

应付账款科目：一是跟踪应付账款在会计期内的波动原因，对大额、异常应付账款，查阅原始合同，核实交易背景是否真实，交易对手是否为与企业有正常购销往来的客户，是否与企业主营业务相匹配，判断企业是否存在不正常的经营行为（如民间集资）；二是跟踪应付账款的集中度，主要供应商是否稳定；三是跟踪长期挂账应付账款的原因，并判断对偿债能力的影响；四是跟踪应付账款周转率与支付政策的变化，判断其经营性现金流情况；五是跟踪与存货和营业成本等项目的钩稽关系。

其他应付款科目：获得其他应付款科目余额表，抽取余额较大的债权人，调查原始凭证，重点关注是否存在有息负债或民间借贷；对不常见的债权人的款项，重点关注是否存在诉讼、职工社保缴纳不足的情况。

预收账款科目：分析预收账款与销售规模变动的同步性，判断是否存在销售收入提前确认的情况。获取预收账款的科目余额表，针对大额借方发生额对应的贷方科目为银行存款的情况，追查退款原因，判断是否涉及虚假销售、民间借贷等。关注预收账款与销售收入、应收账款及现金流量表的钩稽关系。

或有负债科目：一是跟踪对外担保情况；二是结合营业外支出的分析、法律尽调和查询法院诉讼情况，关注是否存在未决诉讼或仲裁、未决索赔；三是结合管理费用分析，检查管理费用中是否有律师费、诉讼费等项目，追查该类费用的形成原因，判断是否存在潜在诉讼及潜在的负债；四是对于存在大量工程建设情况的，要关注工程合同，结合付款记录和工程进度，匡算工程欠款；五是结合销售收入、应收账款及存货的尽调情况，了解企业是否与上下游客户和供应商存在纠纷，导致企业存在或有负债；六是分析履行担保义务对企业正常生产经营和盈利状况的影响程度；七是调查被担保方是否具备履行义务的能力、是否提供了必要的反担保等。

（3）所有者权益项目

实收资本科目：跟踪企业是否存在资本金未足额到位、实收资本与注册资本不符等情况；关注是否存在明股实债，相关投资及回购协议对偿债指标的影响。

资本公积科目：若金额较大，需跟踪形成原因，确定是否存在明股实债，相关投资及回购协议对偿债指标的影响。如因评估增值形成的资本公积，应取得相关资产评估报告，判断估值的合理性，并考虑对偿债能力的影响。

2. 利润表重点项目跟踪与分析

（1）主营业务收入、成本情况跟踪分析

对主营业务收入连续3年的趋势进行跟踪与分析，判断是否出现跳跃性增长或异常波动，结合业务尽调相关情况，分析收入的合理性、稳定性。

跟踪主营业务成本连续3年的趋势，分析判断是否出现大幅波动，结合主营业务收入的波动，分析波动原因是否合理；或通过分析销售毛利率，结合成本构成的价格变动等情况分析主营业务成本计量的合理性。

跟踪主营业务成本与预付账款、存货、应付账款、现金流量表的钩稽关系。

（2）利润来源情况跟踪分析

跟踪与分析被投企业利润构成情况，是否大量来自非经营活动或一次所得（投资收益以及营业外收入），持续经营能力是否存在问题，结合现金流量表，应收账款等科目分析利润的质量。

（3）财务费用情况跟踪分析

一是取得企业有息负债明细账，估算企业当年财务成本，并与财务费用，资本化利息、现金流量表“分配股利、利润或偿付利息所支付的现金”中偿付利息的金额进行比较，如存在较大差异，关注是否存在隐性负债；二是了解利息资本化情况，结合项目开发建设情况判断利息资本化的合理性；三是根据近几年财务费用变化情况，结合经营业务的发展情况和债务融资规模，分析公司的偿债压力变化以及对盈利的影响。

3. 现金流量表的跟踪与分析

一是对经营活动现金流进行跟踪与分析，通过了解企业的行业特征、生产经营规模以及生命周期等因素，跟踪主营业务收入的质量，判断各期经营活动净现金流的方向和持续稳定性，判断现金流对偿债能力的影响。二是对投资活动现金流分析，跟踪大额流进流出并分析原因，如是否为对外委托贷款、有息的资金拆借等；如企业通过变卖资产、投资其他与主营业务无关的产品获取现金流支持，应分析企业正常经营活动是否存在问题，是否存在持续经营风险。三是对筹资性现金流分析，跟踪企业的融资能力，关注筹资规模是否超过了企业的承担能力，关注是否存在主要依靠筹资活动现金流弥补经营活动形成的现金缺口或投资的资金需求等不能长期持续的情况。

4. 财务比率跟踪与分析

（1）偿债能力跟踪与分析

一是计算企业各年度资产负债率、流动比率、速动比率、现金比率、利息保障倍数等，分析企业偿债能力；二是重点关注指标的变化，与行业平均或可比公司进行比较；三是根据企业报表情况，调整比率的引用数据，例如企业净资产中如“明股实债”情况的，在引用净资产数据时，应剔除债务性质的资本。

（2）盈利能力跟踪与分析

计算企业各年度毛利率、资产收益率、净资产收益率、每股收益等，分析企业各年度盈利能力及变动情况，与行业平均或可比企业进行对比。

（3）营运能力跟踪与分析

计算和比较应收账款回收期、存货周转率、应收及存货增长是否超过销售收入的增长，与行业平均或可比企业进行对比，判断企业经营能力。

当投后部门发现被投企业存在重大风险或不确定性情况时，应当立即进行风险预警，及时采取风险控制措施，要求被投企业采取相应补救措施。值得一提的是，目前有部分私募基金公司在投资后要求控制被投企业公章、财务章、法定代表人印鉴、开户许可证、营业执照等证照、控制企业银行 U 盾、控制企业账户等方式作为企业的风险控制措施之一。笔者认为，这种情况一方面源于私募基金管理人与被投企业之间信息不对称，导致双方之间不信任；另一方面在于私募基金管理人的不专业，对自己投资眼光和投资能力以及投后风控能力的不自信。过多的干涉被投企业的经营管理，损害被投企业团队的经营管理权，有可能适得其反，最后导致投资失败。私募基金管理人的核心能力在于投资管理，被投企业的核心能力在于产品和运营，双方应当在互相信任、信息透明前提下各司其职，才能达到双赢的目的。

三、投后管理的增值服务

当前市场环境下，增值服务能力甚至成为投资机构的核心竞争力。私募基金为被投企业提供的增值服务，主要包括以下几个方面：

（一）协助建立完善规范的公司治理框架

早期的创业公司治理架构往往比较粗糙，缺乏现代企业的公司治理基础，这会成为企业发展到一定程度时的前进障碍。比如缺乏完善的股东会、董事会、监事会，及经理人员（以下简称三会一层），缺乏完善的三会一层议事规则等。私募基金应注重被投企业的公司治理结构，提供合理意见与建议，帮助被投企业逐步建立规范的公司治理结构。

（二）协助建立规范的财务管理体系

私募基金作为财务投资人，在财务管理体系建立方面具备专业的经验与能力，可以协助被投企业引入具有较高水平的财务管理人员，帮助被投企业建立起以“规范管理、风险控制和全面预算”为基本准则的现代财务管理体系。

（三）为企业提供管理咨询服务

为企业提供管理咨询服务，主要是指为被投企业提供战略、品牌、财务、人力资源、市场营销等方面的咨询、建议及培训。私募基金往往拥有更为宏观的行业认识与丰富的企业发展经验，识别和解决管理问题的经验相对丰富，投资机构向被投企业管理层提供一些有价值的经营管理思路和方法，有助于被投企业进行更好的战略规划，有助于被投企业规范管理、优化制度流程、提升市场影响力与品牌竞争力等。

（四）提供人才专家等外部关系网络

投资机构与社会各界有着广泛的联系，凭借这种关系网络，投资机构往往能为被投企业带来许多人才专家资源，并将其融入企业之中，成为企业的竞争优势，包括帮助其寻找合适的高级管理人才、核心技术人才、日常经营中的供应商和经销商、业务合作方、会计师事务所、律师事务所、管理咨询公司、专家顾问等。

（五）协助进行后续再融资工作

后续再融资在被投企业的发展壮大过程中非常重要，如果被投企业需要引入新的股权投资基金，投资机构往往会利用自己在资本市场上的关系网络，引荐其他投资基金甚至商业银行与被投企业进行接触，达成交易。现实中，也正是由于投资机构潜在的跟投或引入其他投资者，被投企业往往倾向于选择那些在投资行业内具有广泛关系网络的投资机构，保证后续轮次的融资顺利进行。

（六）协助上市及并购整合

对私募基金来说，被投企业上市，就是实现了最终的目标。投资机构对资本市场的熟悉程度高、资本运作能力强，可以对被投企业提供辅导和咨询，梳理财务报表，对接券商等，帮助企业上市或并购整合其他上下游企业。

投资机构为被投企业提供增值服务的案例有很多，比如国际知名私募基金KKR专门成立了一个子公司Capstone，人数大约有50人，专门为所投企业提供现金、收入、成本、组织架构和战略制定等五大方面的增值服务。KKR还拥有一支行业分析团队，这支团队与运营咨询团队以及高级顾问等，对提高企业商业收入和业务等提出规划和建议。

真格基金的投后管理也相对比较系统，涵盖人员招聘、PR品牌、资本对接、财务法务顾问等。

以笔者接触到的某基金投后管理增值服务为例，其投后提供的增值服务主要包括5个板块：

1. 投贷联动：可为所投企业提供快速便捷的“投联贷”服务的主流银行，旨在帮助所投企业拓宽融资渠道，获取相对较低成本的债权融资，从而优化财务结构，控制财务成本。

2. 流动资金补充：可为所投企业提供除银行信贷以外的资金融通业务，包括融资租赁业务、股权质押业务等以及针对大股东的抵质押贷款业务，旨在帮助企业获得适合自身特点的流动资金补充方案，为企业搭建多元化的融资平台。

3. 企业家服务：为所投企业的控制人以及主要经营管理者提供的企业家定制服务，包括通过商学院、行业沟通会、海外商旅、企业家俱乐部等形式，为已投企业家提供加强沟通和交流的平台。

4. 媒体服务：从投资人角度针对特定企业的品牌发展阶段和品牌定位，策划包括图文、视频等富媒体传播形式的动态报道、专业研报、人物专访、渠道广告等内容。同时，对接媒体资源，通过微信公众号、新闻客户端、政府类/门户类/财经类网站、财经类纸媒等多种媒体渠道，在公众及资本市场中展示企业投资亮点，突出竞争优势，塑造良好形象。

5. 路演论坛:组织召开与中小企业发展息息相关的投融资活动会,为企业提供免费路演平台,通过各种形式的行业论坛和交流会增强行业间投资机构与企业的思想碰撞等。

第九讲　私募基金的退出

“募投管退”是私募基金的四个阶段，项目的退出是私募基金投资的最后一个环节。私募基金能否顺利退出，决定了私募基金所投的项目能否成功，能否获得满意的投资回报。通常，股权投资基金在投资初期就会制订项目退出策略并根据被投资企业的发展情况、市场状况和股权投资基金自身的运营状况等及时调整退出方式。目前，股权投资基金的退出方式主要有上市退出、“新三板”挂牌转让退出、区域股权交易市场份额转让退出、协议转让退出、清算退出等。

一、上市退出

上市退出是私募基金获取收益最大化的主要途径，私募基金所投的项目能否成功上市，私募基金能否顺利减持退出，是衡量一个私募基金管理人投资管理能力的重要标准。

（一）主板上市

我国主板市场包括上海证券交易所及深圳证券交易所主板市场。根据证监会《首次公开发行股票并上市管理办法》（2020 年修正）第 26 条的规定，在主板上市，财务指标应该满足净利润、净现金流、营业收入、股本总额等指标，具体如下：

1. 最近 3 个会计年度净利润均为正数且累计超过人民币 3000 万元，净利润以扣除非经常性损益前后较低者为计算依据；

2. 最近 3 个会计年度经营活动产生的现金流量净额累计超过人民币 5000 万元；或者最近 3 个会计年度营业收入累计超过人民币 3 亿元；

3. 发行前股本总额不少于人民币 3000 万元；

4. 最近一期末无形资产（扣除土地使用权、水面养殖权和采矿权等后）占净资产的比例不高于 20%；

5. 最近一期末不存在未弥补亏损。

证监会根据《关于开展创新企业境内发行股票或存托凭证试点的若干意见》① 等规定认定的试点企业（以下简称试点企业），可不适用前款第 1 项、第 5 项规定。

企业评估自身情况基本满足上市条件的，可以着手启动上市工作。境内上市的流程主要包括股改、券商辅导、申报审核、发行上市四个阶段（见图 9.1）。这些流程也同样适用于创业板、科创板等上市板块，后文不再赘述。股改是股份制改造的简称，有限责任公司在上市前应该改制为股份有限公司，并建立完善的三会一层（股东会、董事会、监事会、管理层）制度。

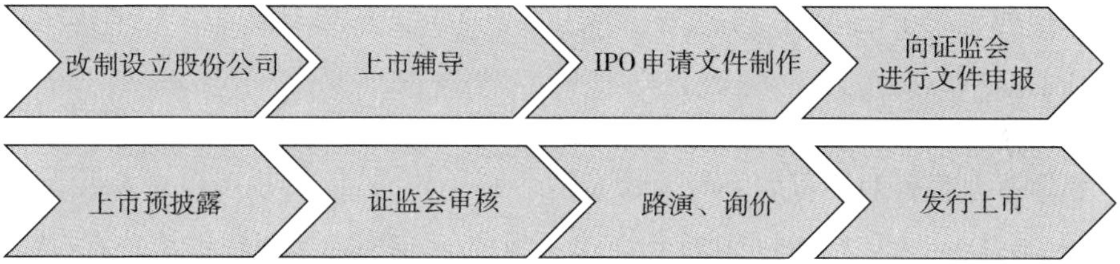

图 9.1　境内上市流程

根据证监会相关规定，拟公开发行股票的股份有限公司在向中国证监会提出股票发行申请前，均须由具有主承销资格的证券公司进行辅导。在辅导阶段，保荐人及其他中介机构在对拟上市企业进行尽调的基础上，帮助企业完善公司治理结构，制定各项制度，明确业务发展目标和募集资金使用计划，准备申报文件。

企业申报材料经保荐机构内核并出具保荐意见后，向证监会进行申报。证监会受理后进行审核和反馈，根据审核的问题要求企业进行整改和回复，进而形成初审报告，提交发行审核委员会审核。根据发行审核委员会的审核意见，中国证监会对发行人的发行申请作出核准或不予核准的决定。

股票发行经发审委核准后，企业将取得证监会同意发行的批文。发行人在指定的报纸、杂志、网站刊登招股说明书及发行公告，组织发行路演，通过询价程序确定发行价格，按照发行方案发行股票。发行成功后，与交易所签订上市交易协议，刊登上市公告，在交易所安排下完成上市交易。

---

① 该意见的主要目的是逐渐引导互联网、大数据、云计算、人工智能、软件和集成电路、高端装备制造、生物医药等高新技术产业和战略性新兴产业回归国内资本市场，即引导“中概股回归”。存托凭证，是指由存托人签发、以境外证券为基础在中国境内发行、代表境外基础证券权益的证券。

除直接上市外,还可以通过“借壳上市”的方式实现企业上市。所谓借壳上市,是指非上市公司通过收购一些业绩较差,筹资能力弱化的上市公司,剥离被购公司资产,注入自己的资产,从而实现间接上市的一种上市方法。相对于正在排队等候IPO的公司而言,借壳的平均时间大大减少,在所有资质都合格的情况下,半年以内就能走完整个审批流程,借壳的成本方面少了庞大的律师费用,而且无须公开企业的各项指标。但是借壳也容易产生一些负面问题,诸如滋生内幕交易、高价壳资源扰乱估值基础、削弱现有的退市制度等。证监会于2020年3月20日公布了新修订的《上市公司重大资产重组管理办法》,旨在规范借壳上市行为,给“炒壳”降温。国家监管政策的日趋完善和壳资源价格的日益飙升、退市制度的完善也导致借壳上市难度增加。

(二)创业板上市

私募基金投资的公司如一时无法达到主板上市条件的,还可以考虑在创业板上市,私募基金业可以在创业板减持退出。当然,私募基金也可以继续持有,待公司从创业板转主板上市后,在主板减持退出。

创业板与主板市场相比,上市要求往往更加宽松,主要体现在对成立时间、资本规模、中长期业绩等的要求上。可以说,创业板是一个门槛低、风险大、监管严格的股票市场,也是一个孵化创业型、中小型企业的摇篮,也是很多私募基金退出的最主要渠道。

根据《深圳证券交易所创业板股票发行上市审核规则》的规定,发行人申请股票首次发行上市的,应当至少符合下列上市标准中的一项,发行人的招股说明书和保荐人的上市保荐书应当明确说明所选择的具体上市标准。也就是说,创业板的上市标准为“三选一”:

1. 最近两年净利润均为正,且累计净利润不低于人民币5000万元;

2. 预计市值不低于人民币10亿元,最近一年净利润为正且营业收入不低于人民币1亿元;

3. 预计市值不低于人民币50亿元,且最近一年营业收入不低于人民币3亿元。

(三)科创板上市

私募基金投资的公司满足科创板上市要求的,还可以选择在科创板上市,私募基金在科创板减持退出。

根据《上海证券交易所科创板股票上市规则》的规定，发行人申请股票在科创板首次发行上市的，应当至少符合下列上市标准中的一项，发行人的招股说明书和保荐人的上市保荐书应当明确说明所选择的具体上市标准，即“五选一”：

1. 预计市值不低于人民币 10 亿元，最近两年净利润均为正且累计净利润不低于人民币 5000 万元，或者预计市值不低于人民币 10 亿元，最近一年净利润为正且营业收入不低于人民币 1 亿元；

2. 预计市值不低于人民币 15 亿元，最近一年营业收入不低于人民币 2 亿元，且最近三年累计研发投入占最近三年累计营业收入的比例不低于 15%；

3. 预计市值不低于人民币 20 亿元，最近一年营业收入不低于人民币 3 亿元，且最近三年经营活动产生的现金流量净额累计不低于人民币 1 亿元；

4. 预计市值不低于人民币 30 亿元，且最近一年营业收入不低于人民币 3 亿元；

5. 预计市值不低于人民币 40 亿元，主要业务或产品需经国家有关部门批准，市场空间大，目前已取得阶段性成果。医药行业企业需至少有一项核心产品获准开展二期临床试验，其他符合科创板定位的企业需具备明显的技术优势并满足相应条件。

前款所称净利润以扣除非经常性损益前后的孰低者为准，所称净利润、营业收入、经营活动产生的现金流量净额均指经审计的数值。

对于符合《关于开展创新企业境内发行股票或存托凭证试点的若干意见》相关规定的红筹企业，可以申请发行股票或存托凭证并在科创板上市。

营业收入快速增长，拥有自主研发、国际领先技术，同行业竞争中处于相对优势地位的尚未在境外上市红筹企业，申请发行股票或存托凭证并在科创板上市的，市值及财务指标应当至少符合下列上市标准中的一项，发行人的招股说明书和保荐人的上市保荐书应当明确说明所选择的具体上市标准：

1. 预计市值不低于人民币 100 亿元；

2. 预计市值不低于人民币 50 亿元，且最近一年营业收入不低于人民币 5 亿元。

对于存在表决权差异安排的发行人申请股票或者存托凭证首次公开发行并在科创板上市的，其表决权安排等应当符合《上海证券交易所科创板股票上市规则》等规则的规定；发行人应当至少符合下列上市标准中的一项，发行人的招股说明书和保荐人的上市保荐书应当明确说明所选择的具体上市标准：

1. 预计市值不低于人民币 100 亿元；

2. 预计市值不低于人民币 50 亿元，且最近一年营业收入不低于人民币 5 亿元。

（四）北京证券交易所上市

2021年后，私募基金又多了一个上市退出的渠道，就是北京证券交易所。私募基金投资的公司在北京证券交易所上市后，私募基金可通过市场公开交易减持退出。

根据《北京证券交易所股票上市规则（试行）》的规定，企业申请股票在北交所公开发行并上市，应当符合下列条件：

1. 发行人为在全国股转系统连续挂牌满12个月的创新层挂牌公司；

2. 符合中国证券监督管理委员会（以下简称中国证监会）规定的发行条件；

3. 最近一年期末净资产不低于5000万元；

4. 向不特定合格投资者公开发行（以下简称公开发行）的股份不少于100万股，发行对象不少于100人；

5. 公开发行后，公司股本总额不少于3000万元；

6. 公开发行后，公司股东人数不少于200人，公众股东持股比例不低于公司股本总额的25%；公司股本总额超过4亿元的，公众股东持股比例不低于公司股本总额的10%；

7. 市值及财务指标符合本规则规定的标准；

8. 本所规定的其他上市条件。

发行人申请公开发行并上市，市值及财务指标应当至少符合下列标准中的一项，即“四选一”：

1. 预计市值不低于2亿元，最近两年净利润均不低于1500万元且加权平均净资产收益率平均不低于8%，或者最近一年净利润不低于2500万元且加权平均净资产收益率不低于8%；

2. 预计市值不低于4亿元，最近两年营业收入平均不低于1亿元，且最近一年营业收入增长率不低于30%，最近一年经营活动产生的现金流量净额为正；

3. 预计市值不低于8亿元，最近一年营业收入不低于2亿元，最近两年研发投入合计占最近两年营业收入合计比例不低于8%；

4. 预计市值不低于15亿元，最近两年研发投入合计不低于5000万元。

前款所称预计市值是指以发行人公开发行价格计算的股票市值。

企业根据自身的情况，也可以选择赴境外上市。根据证监会《关于企业申请境外上市有关问题的通知》的规定，企业境外直接上市需要满足以下财务条件：“……

(三)净资产不少于4亿元人民币,过去一年税后利润不少于6000万元人民币,并有增长潜力,按合理预期市盈率计算,筹资额不少于5000万美元。”境外直接上市方式路径相对简单,但由于严格的条件,比较适合大型的国有企业。私募基金投资的企业可能达不到直接上市的条件,目前企业境外间接上市主要是通过搭建“VIE”结构①的方式实现,即利益主体仍在境内,只是通过协议安排,以境外公司的名义上市。这种情况下,私募基金持有的股份,并不是上市公司股份,不能在公开市场减持退出。但是,因为境内公司也可以享受境外公司的估值收益,私募基金可以在境内通过并购、回购等协议方式实现退出。

我国香港地区机构投资者众多,私募基金也可以通过在我国香港地区上市后减持退出。香港联合交易所(以下简称港交所)是香港目前唯一的证券交易所。境内企业申请去香港上市,需要遵守《国务院关于股份有限公司境外募集股份及上市的特别规定》(国务院令第160号)、《境内企业申请到香港创业板上市审批与监管指引》(证监发行字〔1999〕126号)等的规定,获得批准。

根据港交所的规定,企业在香港主板上市,其财务指标要满足以下三个测试要求之一:

1. 盈利测试

具备不少于3个会计年度的营业记录,而在该段期间,新申请人最近一年的盈利不得低于3000万港元,前两年累计盈利亦不得低于4500万港元,三年累计盈利不低于8000万港元。上述盈利应扣除日常业务以外的业务所产生的收入或亏损;至少前3个会计年度的管理层维持不变;至少经审计的最近一个会计年度的拥有权和控制权维持不变。

2. 市值/收益/现金流量测试

具备不少于3个会计年度的营业记录;至少前3个会计年度的管理层维持不变;至少经审计的最近1个会计年度的拥有权和控制权维持不变;上市时市值至少为20亿港元;经审计的最近1个会计年度的收益至少为5亿港元;新申请人或其集团的拟上市的业务于前3个会计年度的现金流入合计至少为1亿港元。

---

① VIE模式产生的一个背景是,政府禁止或限制境外投资者投资的一些领域,比如增值电信业务领域,而境内企业在境内融资困难又不得不利用到境外资本,于是通过协议控制的方式实现境外上市,境内由全内资运营。VIE模式的操作核心是,境内公司将境内的资产/权益,以股权/资产收购或协议控制等形式转移至境外注册的特殊目的公司,通过该境外的特殊目的公司持有、控制境内资产及股权,并以境外特殊目的公司的名义申请境外交易所上市交易。

3. 市值/收益测试

具备不少于 3 个会计年度的营业记录；至少前 3 个会计年度的管理层维持不变；至少经审计的最近 1 个会计年度的拥有权和控制权维持不变；上市时市值至少为 40 亿港元；经审计的最近 1 个会计年度的收益至少为 5 亿港元。

企业在香港创业板上市财务指标没有明确盈利要求，但企业在申请上市前两个财政年度主营业务净现金流总额必须最少达 3000 万港元，且上市时市值至少达到 1.5 亿港元。

二、"新三板"挂牌转让退出

与相对成熟的上市转让退出不同，新三板挂牌转让退出是在近年来我国多层次资本市场不断向前发展的进程中逐渐发展起来的一种退出方式。根据"新三板"的挂牌要求，股份有限公司申请股票在全国股转系统挂牌，不受股东所有制的限制，不限于高新技术企业，只需满足以下条件：

1. 依法设立且存续满两年。有限责任公司按原账面净资产值折股整体变更为股份有限公司的，存续时间可以从有限责任公司成立之日起计算；

2. 业务明确，具有持续经营能力；

3. 公司治理机制健全，合法规范经营；

4. 股权明晰，股票发行和转让行为合法合规；

5. 主办券商推荐并持续督导；

6. 全国股份转让系统公司要求的其他条件。

根据《全国中小企业股份转让系统股票挂牌条件适用基本标准指引》的规定，"股转公司"对该 6 项挂牌条件进行细化，企业需要注意其中对第 2 项"业务明确，具有持续经营能力"细化了财务指标："……2. 最近两个完整会计年度的营业收入累计不低于 1000 万元；因研发周期较长导致营业收入少于 1000 万元，但最近一期末净资产不少于 3000 万元的除外。3. 报告期末股本不少于 500 万元。4. 报告期末每股净资产不低于 1 元/股。"

"新三板"挂牌后可采取协议方式和做市方式进行转让退出。做市转让是指做市商在全国股转系统持续发布买卖双向报价，并在其报价价位和数量范围内履行与投资者成交义务的转让方式。做市转让因为有券商为挂牌公司提供相对专业和公允的估值服务和报价服务，为挂牌公司引入外部投资者、申请银行贷款、进行股权质押融资等提供重要参考，有助于提高企业的融资效率，私募基金也更容易顺利退出。

三、区域股权交易市场份额转让退出

区域股权交易市场是为特定区域内企业提供股权、债券和融资服务的场外市场，只面向该区域的企业进行挂牌展示或交易，不允许跨区域经营。根据 2022 年 1 月证监会公示的全国区域性股权市场运营机构备案名单，目前我国共有 35 家区域股权交易市场，基本每个省都有一个该区域的股权交易市场。

私募基金投资的公司可以在该区域的股权交易市场挂牌展示及交易，如有意向的投资者愿意购买企业股权的，私募基金可以通过该股权交易登记系统进行转让实现退出。但目前区域股权交易市场交易并不活跃，投资者较少，退出功能还不强。不过，值得关注的是，现在区域股权交易市场正在试点私募股权投资基金份额转让，也就是私募基金份额的二级交易。

目前，私募股权基金份额公开转让的政策虽尚未全面铺开，但预计在不久的将来，区域股交中心会成为私募基金投资者份额转让的主阵地，会有更多的私募基金及私募基金投资者在区域股权交易市场转让退出。

四、协议转让退出

并购和回购私募基金股权也是私募基金退出的方式。由于并购和回购都是具有协议约定，我们也可以将并购和回购退出统称为协议转让退出。

并购是指股权投资基金向目标公司投资后，其他收购方购买股权投资基金所持有目标公司的全部或部分股权，使股权投资基金实现退出，即“接盘”。回购是指由被投资企业控股股东、实际控制人、管理层或关联方等出资购买股权投资基金持有的企业股份，从而使股权投资基金实现退出的行为。当股权投资基金管理人认为所投资企业效益未达到预期或被投资企业无法达到投资协议中的特定条款时，可根据投资协议要求被投企业股东及其他当事人回购股权，从而实现退出。当然，当企业发展到一定阶段，被投企业股东也可以主动提出回购股权投资基金持有的股权而使股权投资基金退出。

私募基金在投资协议中均需约定并购和回购的条件和程序，如约定当企业发生被其他企业收购的情形时，私募基金如何退出，按什么价格退出等，如无法达成一致的，私募基金有权要求企业按约定的价格回购。

五、清算退出

清算是指企业结束经营活动、处置资产并进行分配的行为，可分为解散清算和破产清算两种。私募基金因各种原因不再经营运作，可以通过清算的方式退出。

解散清算是公司因经营期满，或者因经营方面的其他原因致使公司不宜或者不能继续经营时，自愿或被迫宣告解散而进行的清算。根据《公司法》的规定，出现以下情形时，公司应当进行解散清算：(1)公司章程规定的营业期限届满或者公司章程规定的其他解散事由出现；(2)股东会或者股东大会决议解散；(3)公司依法被吊销营业执照、责令关闭或者被撤销；(4)公司经营管理发生严重困难，继续存续会使股东利益受到重大损失，通过其他途径不能解决时，持有公司全部股东表决权10%以上的股东可以请求法院解散公司并进行清算。注意第(4)项情形，在公司经营管理发生严重困难，比如公司股东之间矛盾，公司僵局，股东会长期不能召开等情形，持股10%以上的股东有请求公司解散的权利。私募基金为了获得这种权利，应该在投资时就持股10%以上。

破产清算，是指公司不能清偿到期债务，并且资产不足以清偿全部债务或者明显缺乏清偿能力时，公司被法院宣告破产，并由法院指定破产管理人对公司进行清算的情形。以破产清算方式退出的，股东收回全部投资的可能性较小，一般情况下会损失全部投资。

第十讲　私募基金的税收

一、中国税种概述

我们国家目前现行的税制中有19个税种，大概可以分为流转税类、所得税、资源税、财产行为税及特定目的税类。

（一）流转税类

流转税是指在商品和服务的流通环节，即生产、流通、加工、提供服务环节进行征收的税种。一般认为流转税包括营业税、增值税与营改增、消费税、关税4种。

1. 营业税

营业税，是对在中国境内提供应税劳务、转让无形资产或销售不动产的单位和个人，就其所取得的营业额征收的一种税。营业税的应纳税额一般按照营业额的3%～20%收取。2016年5月1日，“营改增”全面推行以后，我国营业税已经退出了历史舞台，2017年11月19日，国务院发布《关于废止〈中华人民共和国营业税暂行条例〉和修改〈中华人民共和国增值税暂行条例〉的决定》后，营业税正式废止，增值税取代营业税成为我国流转税的重要税种。

2. 增值税与营改增

现行增值税法的法律依据是1993年12月13日国务院颁布的《增值税暂行条例》（已被修改），从1994年1月1日起实施。后为实施增值税转型，对该条例进行修订，新修订条例自2009年1月1日起施行。

2011年11月16日，经国务院批准，财政部、国家税务总局联合启动营改增的试点，联合发布《关于在上海市开展交通运输业和部分现代服务业营业税改征增值税试点的通知》（财税〔2011〕111号），选择在上海交通运输业和部分现代服务业开展营改增的试点。

2012 年 7 月 25 日，国务院决定扩大试点范围，将上述营改增的范围试点由上海分批扩大到北京、天津、江苏、浙江（含宁波）、安徽、福建（含厦门）、湖北、广东（含深圳）等 8 个省市。

2013 年 8 月 1 日，营改增的试点在全国推开，并且将广播影视作为制作、发行、播映纳入试点。

2014 年 1 月 1 日，新增铁路运输业和邮政业，至此交通运输业全部纳入试点。

2014 年 6 月 1 日，电信业全部纳入试点。其中基础电信服务适用 11%，增值电信服务适用 6%。

2016 年 3 月 23 日，财政部、国家税务总局发布《关于全面推开营业税改征增值税试点的通知》（财税〔2016〕36 号），经国务院批准，从 2016 年 5 月 1 日起，在全国范围内全面推开营改增试点，并且将建筑业、房地产业、金融业、生活服务业等全部营业税纳税人，纳入试点范围。

至此，营业税全部改征增值税，营业税退出税收制度成为历史，流通环节由增值税全覆盖。

根据现行《增值税暂行条例》第 2 条的规定，增值税税率为：

（1）纳税人销售货物、劳务、有形动产租赁服务或者进口货物，除本条第 2 项、第 4 项、第 5 项另有规定外，税率为 17%。

（2）纳税人销售交通运输、邮政、基础电信、建筑、不动产租赁服务，销售不动产，转让土地使用权，销售或者进口下列货物，税率为 11%：①粮食等农产品、食用植物油、食用盐；②自来水、暖气、冷气、热水、煤气、石油液化气、天然气、二甲醚、沼气、居民用煤炭制品；③图书、报纸、杂志、音像制品、电子出版物；④饲料、化肥、农药、农机、农膜；⑤国务院规定的其他货物。

（3）纳税人销售服务、无形资产，除本条第 1 项、第 2 项、第 5 项另有规定外，税率为 6%。

（4）纳税人出口货物，税率为零；但是，国务院另有规定的除外。

（5）境内单位和个人跨境销售国务院规定范围内的服务、无形资产，税率为零。

根据《增值税暂行条例》第 4 条的规定，增值税的计算方式为：纳税人销售货物、劳务、服务、无形资产、不动产（以下统称应税销售行为），应纳税额为当期销项税额抵扣当期进项税额后的余额。应纳税额计算公式：

应纳税额 = 当期销项税额 - 当期进项税额

当期销项税额小于当期进项税额不足抵扣时，其不足部分可以结转下期继续抵扣。

小规模纳税人适用征收率计算增值税，根据《增值税暂行条例》第 12 条的规定，小规模纳税人增值税征收率为 3%，国务院另有规定的除外。

《增值税暂行条例》第 11 条规定，小规模纳税人发生应税销售行为，实行按照销售额和征收率计算应纳税额的简易办法，并不得抵扣进项税额。应纳税额计算公式：

应纳税额 = 销售额 × 征收率

小规模纳税人的标准由国务院财政、税务主管部门规定。

2018 年 4 月 4 日，财政部、税务总局发布《关于调整增值税税率的通知》，将原适用 17% 和 11% 税率的应税行为，税率分别调整为 16%、10%。

2019 年 3 月 20 日，财政部、税务总局、海关总署发布《关于深化增值税改革有关政策的公告》（财政部、国家税务总局、海关总署公告 2019 年第 39 号）又将增值税一般纳税人的适用税率调整为 13%、9%。根据行业的不同，一般纳税人的增值税税率有所区别。

3. 消费税

消费税主要在烟、酒及酒精、化妆品、贵重首饰及珠宝玉石、汽油、小汽车等消费品上面征收。消费税实行从价定率、从量定额，或者从价定率和从量定额复合计税的办法计算应纳税额。消费税应纳税额计算公式为：

实行从价定率办法计算的应纳税额 = 销售额 × 比例税率

实行从量定额办法计算的应纳税额 = 销售数量 × 定额税率

实行复合计税办法计算的应纳税额 = 销售额 × 比例税率 + 销售数量 × 定额税率

消费税税目税率表如表 10.1 所示：

表 10.1　消费税税目税率表

税　目	税　率
一、烟	
1. 卷烟	
(1) 甲类卷烟①	45% 加 0.003 元/支

① 甲类卷烟是指每标准条（200 支）调拨价格在 70 元（不含增值税）以上（含 70 元）的卷烟，低于此价格的为乙类卷烟。

续表

税　目	税　率
(2)乙类卷烟	30%加0.003元/支
2.雪茄烟	25%
3.烟丝	30%
二、酒及酒精	
1.白酒	20%加0.5元/500克(或者500毫升)
2.黄酒	240元/吨
3.啤酒	
(1)甲类啤酒	250元/吨
(2)乙类啤酒	220元/吨
4.其他酒	10%
5.酒精	5%
三、化妆品	30%
四、贵重首饰及珠宝玉石	
1.金银首饰、铂金首饰和钻石及钻石饰品	5%
2.其他贵重首饰和珠宝玉石	10%
五、鞭炮、焰火	15%
六、成品油	15%
1.汽油	
(1)含铅汽油	0.28元/升
(2)无铅汽油	0.20元/升
2.柴油	0.10元/升
3.航空煤油	0.10元/升
4.石脑油	0.20元/升
5.溶剂油	0.20元/升
6.润滑油	0.20元/升
7.燃料油	0.10元/升
七、汽车轮胎	3%
八、摩托车	

续表

税 目	税 率
1. 气缸容量(排气量,下同)在250毫升(含250毫升)以下的	3%
2. 气缸容量在250毫升以上的	10%
九、小汽车	
1. 乘用车	
(1)气缸容量(排气量,下同)在1.0升(含1.0升)以下的	1%
(2)气缸容量在1.0升以上至1.5升(含1.5升)的	3%
(3)气缸容量在1.5升以上至2.0升(含2.0升)的	5%
(4)气缸容量在2.0升以上至2.5升(含2.5升)的	9%
(5)气缸容量在2.5升以上至3.0升(含3.0升)的	12%
(6)气缸容量在3.0升以上至4.0升(含4.0升)的	25%
(7)气缸容量在4.0升以上的	40%
2. 中轻型商用客车	5%
十、高尔夫球及球具	10%
十一、高档手表	20%
十二、游艇	10%
十三、木制一次性筷子	5%
十四、实木地板	5%

4. 关税

关税是对进出口的货物、进境物品征收的税。主要分为进口关税、出口关税和过境关税,关税不仅是一种促进对外经济贸易和国民经济的发展的工具,还是一种国家之间进行贸易“战争”的武器,比如关税中的反倾销税、反补贴税、保障措施关税、报复性关税等。

《进出口关税条例》(以下简称《关税条例》)规定,进口货物的纳税义务人应当自运输工具申报进境之日起 14 日内,出口货物的纳税义务人除海关特准的外,应当在货物运抵海关监管区后、装货的 24 小时以前,向货物的进出境地海关申报。进口货物到达前,纳税义务人经海关核准可以先行申报。

关于关税的税率,我国进口关税分别设置最惠国税率、协定税率、特惠税率、普通税率、关税配额税率、暂定税率等税率。出口关税设置出口税率,也可以在一定期限内实行暂定税率。具体的税率我们可以参考《进出口税则(2021)》及其不时修正。

进出口货物关税,以从价计征、从量计征或者国家规定的其他方式征收。

从价计征的计算公式为:应纳税额 = 完税价格 × 关税税率

从量计征的计算公式为:应纳税额 = 货物数量 × 单位税额

关于关税,我们还要了解的是进境物品进口税。《关税条例》第 57 条第 1、2、3 款规定,海关总署规定数额以内的个人自用进境物品,免征进口税①。超过海关总署规定数额但仍在合理数量以内的个人自用进境物品,由进境物品的纳税义务人在进境物品放行前按照规定缴纳进口税。超过合理、自用数量的进境物品应当按照进口货物依法办理相关手续。进境物品进口税的计算公式为:进口税税额 = 完税价格 × 进口税税率。海关按照《进境物品进口税率表》及海关总署制定的《进境物品归类表》《进境物品完税价格表》对进境物品进行归类、确定完税价格和确定适用税率。

(二)所得税

所得税是指对企业、其他经济组织、个人的收入或经营利润进行征收的税种。我国的所得税包括企业所得税和个人所得税两种。注意,并不是所有名称中带有“企业”的主体都缴纳企业所得税,如个人独资企业、合伙企业不需要缴纳企业所得税,由投资者个人缴纳个人所得税。

1. 企业所得税

《企业所得税法》将企业分类为居民企业和非居民企业。居民企业,是指依法在中国境内成立,或者依照外国(地区)法律成立但实际管理机构在中国境内的企

① 目前规定为进境居民旅客携带在境外获取的个人自用进境物品,总值在 5000 元人民币以内(含 5000 元)的,海关免税放行。参见《海关总署公告 2010 年第 54 号——关于进境旅客所携行李物品验放标准有关事宜》。

业。非居民企业，是指依照外国（地区）法律成立且实际管理机构不在中国境内，但在中国境内设立机构、场所的，或者在中国境内未设立机构、场所，但有来源于中国境内所得的企业。

企业所得税的计算方式是，企业的应纳税额等于应纳税所得额乘以适用税率，减除依照企业所得税法关于税收优惠的规定减免和抵免的税额后的余额。企业应纳税所得额计算方式为，每一纳税年度的收入总额，减除不征税收入、免税收入、各项扣除以及允许弥补的以前年度亏损后的余额。本书根据《企业所得税法》的规定，将企业所得税的税率整理如表 10.2 所示：

表 10.2　企业所得税税率表

分类	适用情况	税率	法律依据
基本税率	一般情况	25%	《企业所得税法》第 4 条
低税率	非居民企业在中国境内未设立机构、场所或者虽设立机构、场所但取得的所得与其所设机构、场所没有实际联系，其来源于中国境内的所得； 符合条件的小型微利企业	20%	《企业所得税法》第 4 条、第 28 条
优惠税率	国家需要重点扶持的高新技术企业	15%	《企业所得税法》第 28 条
优惠税率	非居民企业来源于中国境内的所得	10%	《企业所得税法实施条例》第 91 条

2. 个人所得税

个人所得税法将个人分为居民个人和非居民个人。在中国境内有住所，或者无住所而一个纳税年度内在中国境内居住累计满 183 天的个人，为居民个人。居民个人从中国境内和境外取得的所得，依照规定缴纳个人所得税。在中国境内无住所又不居住，或者无住所而一个纳税年度内在中国境内居住累计不满 183 天的个人，为非居民个人。非居民个人从中国境内取得的所得，依照规定缴纳个人所得税。

根据《个人所得税法》第 2 条的规定，以下各项个人所得，应当缴纳个人所得税：(1)工资、薪金所得；(2)劳务报酬所得；(3)稿酬所得；(4)特许权使用费所得；(5)经营所得；(6)利息、股息、红利所得；(7)财产租赁所得；(8)财产转让所得；(9)偶然所得。

根据《个人所得税法》第 6 条的规定，应纳税所得额的计算为：

(1)居民个人的综合所得，以每一纳税年度的收入额减除费用 6 万元以及专项扣除、专项附加扣除和依法确定的其他扣除后的余额，为应纳税所得额。

（2）非居民个人的工资、薪金所得，以每月收入额减除费用 5000 元后的余额为应纳税所得额；劳务报酬所得、稿酬所得、特许权使用费所得，以每次收入额为应纳税所得额。

（3）经营所得，以每一纳税年度的收入总额减除成本、费用以及损失后的余额，为应纳税所得额。

（4）财产租赁所得，每次收入不超过 4000 元的，减除费用 800 元；4000 元以上的，减除 20% 的费用，其余额为应纳税所得额。

（5）财产转让所得，以转让财产的收入额减除财产原值和合理费用后的余额，为应纳税所得额。

（6）利息、股息、红利所得和偶然所得，以每次收入额为应纳税所得额。

劳务报酬所得、稿酬所得、特许权使用费所得以收入减除 20% 的费用后的余额为收入额。稿酬所得的收入额减按 70% 计算。

个人将其所得对教育、扶贫、济困等公益慈善事业进行捐赠，捐赠额未超过纳税人申报的应纳税所得额 30% 的部分，可以从其应纳税所得额中扣除；国务院规定对公益慈善事业捐赠实行全额税前扣除的，从其规定。

专项扣除，包括居民个人按照国家规定的范围和标准缴纳的基本养老保险、基本医疗保险、失业保险等社会保险费和住房公积金等；专项附加扣除，包括子女教育、继续教育、大病医疗、住房贷款利息或者住房租金、赡养老人等支出。

以上个人所得按照来源不同，适用不同的税率。

综合所得，包含工资、薪金所得，劳务报酬所得，稿酬所得，特许权使用费所得，适用3% ~45% 的超额累进税率，税率表如表 10.3 所示：

表 10.3　综合所得税率表

级数	全年应纳税所得额	税率
1	不超过 36000 元的	3%
2	超过 36000 元至 144000 元的部分	10%
3	超过 144000 元至 300000 元的部分	20%
4	超过 300000 元至 420000 元的部分	25%
5	超过 420000 元至 660000 元的部分	30%
6	超过 660000 元至 960000 元的部分	35%
7	超过 960000 元的部分	45%

根据《个人所得税法》的规定，居民个人取得综合所得，按年计算个人所得税；有扣缴义务人的，由扣缴义务人按月或者按次预扣预缴税款；需要办理汇算清缴的，应当在取得所得的次年3月1日至6月30日内办理汇算清缴。居民个人向扣缴义务人提供专项附加扣除信息的，扣缴义务人按月预扣预缴税款时应当按照规定予以扣除，不得拒绝。

经营所得包括个体工商户从事生产、经营活动取得的所得，个人独资企业投资人、合伙企业的个人合伙人来源于境内注册的个人独资企业、合伙企业生产、经营的所得；个人依法从事办学、医疗、咨询以及其他有偿服务活动取得的所得；个人对企业、事业单位承包经营、承租经营以及转包、转租取得的所得；个人从事其他生产、经营活动取得的所得。经营所得适用税率如表10.4所示：

表10.4　经营所得适用税率表

级数	全年应纳税所得额	税率
1	不超过30000元的	5%
2	超过30000元至90000元的部分	10%
3	超过90000元至300000元的部分	20%
4	超过300000元至500000元的部分	30%
5	超过500000元的部分	35%

纳税人取得经营所得，按年计算个人所得税，由纳税人在月度或者季度终了后15日内向税务机关报送纳税申报表，并预缴税款；在取得所得的次年3月31日前办理汇算清缴。

利息、股息、红利所得，财产租赁所得，财产转让所得和偶然所得，适用比例税率，税率为20%。纳税人取得利息、股息、红利所得，财产租赁所得，财产转让所得和偶然所得，按月或者按次计算个人所得税，有扣缴义务人的，由扣缴义务人按月或者按次代扣代缴税款。

（三）其他税类

除了上述流转税、所得税外，我国的税种还包括资源税类、财产与行为税类及特定目的税类等。

资源税主要是对因开发和利用自然资源差异而形成的级差收入发挥调节作用的税种，包括资源税、城镇土地使用税和土地增值税共3种。2019年8月26日，第十三届全国人民代表大会常务委员会第十二次会议通过了《资源税法》，该法于2020年9月1日起正式施行。

财产与行为税类主要是对某些财产和行为发挥调节作用，包括房产税、印花税、车船税、契税等4种。

特定目的税类主要是达到特定目的，对特定对象和特定行为发挥调节作用的税种。包括城市维护建设税、车辆购置税、耕地占用税、烟叶税等6种。

我国目前的税收总收入中，增值税和消费税占了68%左右，企业所得税和个人所得税占25%左右，其他辅助税种占税收中收入比例不高。所以，我们国家主要是流转税高。流转税的缺点是税负不公，由于日常的吃穿住行都含税，这样收入越低的人整体税负越高。例如，一个工薪阶层一年承担1万元的税，收入10万元，税负为10%；而一个收入100万元的人，承担10万元的税，税负才达到10%。

营业税改征增值税以后，私募管理人及私募基金所承担的税种，主要是以所得税和增值税为主。下面给大家简单介绍。

二、私募基金管理人及私募基金的所得税

我们首先区分私募基金管理人及私募基金两个主体。对于私募基金管理人来说，一般是公司或者有限合伙企业。如私募基金管理人是公司，按照《企业所得税法》的规定，适用税率25%计算缴纳应纳所得税额。如有享受税收优惠政策的，可享受相关的税收优惠政策。

如私募基金管理人为有限合伙企业的，因为合伙企业不适用《企业所得税法》，所以有限合伙企业无须缴纳企业所得税。根据《合伙企业法》第6条的规定，合伙企业的生产经营所得和其他所得，按照国家有关税收规定，由合伙人分别缴纳所得税。根据财政部、国家税务总局《关于合伙企业合伙人所得税问题的通知》（财税〔2008〕159号），合伙企业生产经营所得和其他所得采取“先分后税”的原则，合伙企业计算生产经营所得和其他所得后，根据合伙协议约定的分配比例，确定应纳税所得额。合伙人是个人的，按应纳税所得额缴纳个人所得税，合伙人是法人或其他组织的，缴纳企业所得税。缴纳企业所得税的税率适用《企业所得税法》规定的25%的税率。

我们知道有限合伙企业的合伙人分为普通合伙人和有限合伙人。根据《个人所得税法》的规定，个人所得税的税率因为来源不同，税率也不相同。比如，我们的工资、薪金所得，适用3%～45%的超额累进税率；个体工商户的生产、经营所得适

用 5% ~35% 的超额累进税率；个人的利息、股息、红利、财产转让所得，适用 20% 的比例税率，等等。

根据财政部、国家税务总局印发的《关于个人独资企业和合伙企业投资者征收个人所得税的规定》(财税〔2000〕91 号)第 4 条的规定："个人独资企业和合伙企业(以下简称企业)每一纳税年度的收入总额减除成本、费用以及损失后的余额，作为投资者个人的生产经营所得，比照个人所得税法的'个体工商户的生产经营所得'应税项目，适用 5% ~35% 的五级超额累进税率，计算征收个人所得税。"

但是，各地有一些不一样的税收政策，特别是对自然人普通合伙人的个人所得税规定存在较大差异。上海、深圳对执行有限合伙企业合伙事务的自然人普通合伙人统一按照"5% ~35%"的五级超额累进税率征收个人所得税。北京地区不区分普通合伙人和有限合伙人，一律要求按照 20% 的比例税率计缴个人所得税。

比如，上海市金融服务办公室等《关于本市股权投资企业工商登记等事项的通知》(沪金融办通〔2008〕3 号)规定："执行有限合伙企业合伙事务的自然人普通合伙人，按照《中华人民共和国个人所得税法》及其实施条例的规定，按'个体工商户的生产经营所得'应税项目，适用 5% ~35% 的五级超额累进税率，计算征收个人所得税。不执行有限合伙企业合伙事务的自然人有限合伙人，其从有限合伙企业取得的股权投资收益，按照《中华人民共和国个人所得税法》及其实施条例的规定，按'利息、股息、红利所得'应税项目，依 20% 税率计算缴纳个人所得税。"①

以上是私募基金管理人的所得税规定。对于私募基金而言，因为私募基金本来是一个财团概念，只是一笔财产的集合，财产的集合理论上不能作为纳税主体。《基金法》第 8 条规定："基金财产投资的相关税收，由基金份额持有人承担，基金管理人或者其他扣缴义务人按照国家有关税收征收的规定代扣代缴。"该条款实际上以法律形式明确了基金的信托性质，基于基金财产的纳税主体为基金持有人，因此，只有在持有人赎回基金份额、获得投资收益时才缴纳所得税。国际通行做法是将基金财产的税收列入所得税或资本利得税，在资金退出端征税，并对长期投资者实施税收减免或递延政策。

但是鉴于我国基金行业发展情况及税收监管实际情况，公司型基金及有限合伙型基金仍必须按时进行税收申报，契约型基金暂时未纳入所得税申报范围。

---

① 该通知虽已失效，但经咨询，实务中仍按该规定执行。

三、私募基金管理人及私募基金的增值税

2016 年 3 月 23 日，财政部、国家税务总局发布《关于全面推开营业税改征增值税试点的通知》(财税〔2016〕36 号)。该通知规定，经国务院批准，自 2016 年 5 月 1 日起，在全国范围内全面推开营业税改征增值税(以下简称营改增)试点，建筑业、房地产业、金融业、生活服务业等全部营业税纳税人，纳入试点范围，由缴纳营业税改为缴纳增值税。自 2016 年 5 月 1 日，金融业不再缴纳营业税，改为缴纳增值税。

根据《关于全面推开营业税改征增值税试点的通知》的规定，金融服务，是指经营金融保险的业务活动。包括贷款服务、直接收费金融服务、保险服务和金融商品转让。

贷款服务，是指将资金贷与他人使用而取得利息收入的业务活动。各种占用、拆借资金取得的收入，包括金融商品持有期间(含到期)利息(保本收益、报酬、资金占用费、补偿金等)收入，买入返售金融商品利息收入、融资融券收取的利息收入，按贷款服务缴纳增值税。

直接收费金融服务，是指为货币资金融通及其他金融业务提供相关服务并且收取费用的业务活动。包括账户管理、资产管理、基金管理、信托管理、资金清算、资金结算等服务。

金融商品转让，是指转让外汇、有价证券、非货物期货和其他金融商品所有权的业务活动。其他金融商品转让包括基金、信托、理财产品等各类资产管理产品和各种金融衍生品的转让。

金融服务业的增值税率为 6%，即私募基金管理人涉及金融服务的增值税税率为 6%。从 36 号文开始，对私募基金管理人的增值税征收开始正式施行，此时还未涉及私募基金等资管产品的增值税缴纳。

2016 年 12 月 21 日，财政部、国家税务总局又发布《关于明确金融　房地产开发　教育辅助服务等增值税政策的通知》(财税〔2016〕140 号)，140 号文规定，资管产品运营过程中发生的增值税应税行为，以资管产品管理人为增值税纳税人，并且规定自 2016 年 5 月 1 日(前推半年)起执行；由此，开启了营改增后私募基金管理人对私募基金产品的纳税义务。

2017 年 1 月 16 日，财政部、国家税务总局又发布《关于资管产品增值税政策有关问题的补充通知》(财税〔2017〕2 号)，明确 2017 年 7 月 1 日(含)以后，资管产品运营过程中发生的增值税应税行为，以资管产品管理人为增值税纳税人，按照现行

规定缴纳增值税。对资管产品在2017年7月1日前运营过程中发生的增值税应税行为,未缴纳增值税的,不再缴纳;已缴纳增值税的,已纳税额从资管产品管理人以后月份的增值税应纳税额中抵减。具体征收管理办法,另行制定。

2017年6月30日,财政部、国家税务总局发布《关于资管产品增值税有关问题的通知》(财税〔2017〕56号),该通知正式规定,自2018年1月1日起,管理人在资管产品运营过程中发生的增值税应税行为,暂适用简易计税方法,按照3%的征收率缴纳增值税。并且明确规定:

资管产品管理人,包括银行、信托公司、公募基金管理公司及其子公司、证券公司及其子公司、期货公司及其子公司、私募基金管理人、保险资产管理公司、专业保险资产管理机构、养老保险公司。

资管产品,包括银行理财产品、资金信托(包括集合资金信托、单一资金信托)、财产权信托、公开募集证券投资基金、特定客户资产管理计划、集合资产管理计划、定向资产管理计划、私募投资基金、债权投资计划、股权投资计划、股债结合型投资计划、资产支持计划、组合类保险资产管理产品、养老保障管理产品。

自此,对私募基金等资产管理产品征收增值税的"靴子"正式落地。

私募基金涉及的增值税应税行为,主要是贷款服务和金融商品转让两项。

(一)贷款服务

私募证券投资基金贷款服务业务较少,在私募股权投资领域,往往会涉及贷款服务项目,特别是私募股权基金采用股加债方式投资的情况下,债权投资所获得的利息收入(保本收益、报酬、资金占用费、补偿金等)会被认定为贷款服务所获得的收入,应根据规定缴纳增值税。

贷款服务取得的收入,以取得的全部利息及利息性质收入为销售额,按照3%的征收率或6%的增值税税率缴纳。

(二)金融商品转让

根据36号文附件3《营业税改征增值税试点过渡政策》的规定,证券投资基金(封闭式证券投资基金,开放式证券投资基金)管理人运用基金买卖股票、债券的转让收入及个人从事金融商品转让业务的收入,免征增值税。

但是,该规定对于私募基金的政策还不太明朗,该规定是只适用于公募基金还是对于私募证券基金也适用,目前税务局还没有明确指导,尚待确定。不过,如根据

《关于资管产品增值税有关问题的通知》(财税〔2017〕56 号)的规定,私募证券基金按照 3% 的征收率缴纳的话,增值税计算示例如下:

假设管理人管理的私募 1 号产品,在 2018 年 2 月买进 1 只股票并当月全部卖出,获得转让价差收入 100 万元,其增值税为:100/(1 +3%) ×3% =2.91 万元,附加税约为 12% ,计 0.35 万元,合计应纳 2.91 +0.35 =3.26 万元。期末资产净值,假如期初净值为 10000 万元,则期末为 10000 + 100 - 3.26 = 10096.74 万元。该净值为每份额的净值,故为 1.0097 万元。

私募股权投资基金不能在二级市场买卖股票。但是,假如私募股权基金将其持有的份额转让给第三方,可能会涉及增值税的缴纳,计算方式同上。

第十一讲　私募基金结构化产品设计

私募基金产品可以分为无结构化产品(即平层产品)和结构化产品两类。所谓结构化产品,是指基金投资者不止一类,各类投资者基金财产收益分配不按份额或出资比例计算,而由基金合同(或公司章程、合伙协议)另行约定的基金产品。基金管理人以自有资金提供有限风险补偿,且不参与收益分配或不获得高于按份额比例计算的收益的,不属于结构化产品,在产品备案时,应选择“管理人自有资金提供有限风险补偿”。

一、结构化产品的相关规定

涉及结构化产品相关规定的法律规范包括:《证券期货经营机构私募资产管理业务运作管理暂行规定》(以下简称《暂行规定》,证监会公告〔2016〕13 号)、基金业协会 2016 年 10 月 21 日发布的《证券期货经营机构私募资产管理计划备案管理规范第 3 号——结构化资产管理计划》(以下简称《备案管理规范第 3 号》)以及中国人民银行、银保监会、证监会和国家外汇管理局 2018 年 4 月 27 日发布的“资管新规”。

根据《暂行规定》第 14 条“相关术语解释”,结构化资产管理计划,是指存在一级份额以上的份额为其他级份额提供一定的风险补偿,收益分配不按份额比例计算,由资产管理合同另行约定的资产管理计划。资产管理合同约定,由资产管理人以自有资金提供有限风险补偿,且不参与收益分配或不获得高于按份额比例计算的收益的资产管理计划,不属于本规定规范的结构化资产管理计划。

结构化产品杠杆倍数 = 优先级份额/劣后级份额。结构化资产管理计划若存在中间级份额,应当在计算杠杆倍数时计入优先级份额。

《暂行规定》第 4 条规定,证券期货经营机构设立结构化资产管理计划,不得违背利益共享、风险共担、风险与收益相匹配的原则，不得存在以下情形：

1. 直接或者间接对优先级份额认购者提供保本保收益安排，包括但不限于在结构化资产管理计划合同中约定计提优先级份额收益、提前终止罚息、劣后级或第三方机构差额补足优先级收益、计提风险保证金补足优先级收益等；

2. 未对结构化资产管理计划劣后级份额认购者的身份及风险承担能力进行充分适当的尽职调查；

3. 未在资产管理合同中充分披露和揭示结构化设计及相应风险情况、收益分配情况、风控措施等信息；

4. 股票类、混合类结构化资产管理计划的杠杆倍数超过 1 倍，固定收益类结构化资产管理计划的杠杆倍数超过 3 倍，其他类结构化资产管理计划的杠杆倍数超过 2 倍；

5. 通过穿透核查结构化资产管理计划投资标的，结构化资产管理计划嵌套投资其他结构化金融产品劣后级份额；

6. 结构化资产管理计划名称中未包含“结构化”或“分级”字样；

7. 结构化资产管理计划的总资产占净资产的比例超过 140%，非结构化集合资产管理计划（即“一对多”）的总资产占净资产的比例超过 200%。

根据《备案管理规范第 3 号》的规定，证券期货经营机构开展私募资产管理业务，设立、运作结构化资产管理计划，应当严格遵守《暂行规定》有关要求，并符合以下规定：

1. 严格按照“利益共享、风险共担、风险与收益相匹配”原则设计结构化资产管理计划。所谓利益共享、风险共担、风险与收益相匹配，是指在结构化资产管理计划产生投资收益或出现投资亏损时，所有投资者均应当享受收益或承担亏损，但优先级投资者与劣后级投资者可以在合同中合理约定享受收益和承担亏损的比例，且该比例应当平等适用于享受收益和承担亏损两种情况。

2. 结构化资产管理计划合同中不得约定劣后级投资者本金先行承担亏损、单方面提供增强资金等保障优先级投资者利益的内容。

3. 结构化资产管理计划应当根据投资标的实际产生的收益进行计提或分配，出现亏损或未实际实现投资收益的，不得计提或分配收益。

4. 资产管理人可以按照《暂行规定》要求，通过以自有资金认购的资产管理计划份额先行承担亏损的形式提供有限风险补偿，但不得以获取高于按份额比例计算的收益、提取业绩报酬或浮动管理费等方式变相获取超额收益。

5. 结构化资产管理计划的投资者不得直接或间接影响资产管理人投资运作（提供投资建议服务的第三方机构同时认购优先级份额的情况除外），不得通过合同约定将结构化资产管理计划异化为优先级投资者为劣后级投资者变相提供融资的产品。

6. 结构化资产管理计划合同中应明确其所属类别，约定相应投资范围及投资比例、杠杆倍数限制等内容。合同约定投资其他金融产品的，资产管理人应当依据勤勉尽责的受托义务要求，履行向下穿透审查义务，即向底层资金方向进行穿透审查，以确定受托资金的最终投资方向符合《暂行规定》在杠杆倍数等方面的限制性要求。

证券期货经营机构不得以规避《暂行规定》及本规范要求为目的，故意安排其他结构化金融产品作为委托资金，通过嵌套资产管理计划的形式，变相设立不符合规定的结构化资产管理计划，或明知委托资金属于结构化金融产品，仍配合其进行止损平仓等保本保收益操作。

7. 结构化资产管理计划可以通过业绩比较基准形式向优先级投资者进行推介，但应同时说明业绩比较对象、业绩比较基准测算依据和测算过程等信息。结构化资产管理计划的业绩比较对象应当与其投资标的、投资策略直接相关。

根据《关于规范金融机构资产管理业务的指导意见》第 21 条的规定："公募产品和开放式私募产品不得进行份额分级。分级私募产品的总资产不得超过该产品净资产的 140%。分级私募产品应当根据所投资资产的风险程度设定分级比例（优先级份额/劣后级份额，中间级份额计入优先级份额）。固定收益类产品的分级比例不得超过 3∶1，权益类产品的分级比例不得超过 1∶1，商品及金融衍生品类产品、混合类产品的分级比例不得超过 2∶1。发行分级资产管理产品的金融机构应当对该资产管理产品进行自主管理，不得转委托给劣后级投资者。分级资产管理产品不得直接或者间接对优先级份额认购者提供保本保收益安排。本条所称分级资产管理产品是指存在一级份额以上的份额为其他级份额提供一定的风险补偿，收益分配不按份额比例计算，由资产管理合同另行约定的产品。"

虽然上述规定的适用范围里都没有明确说明包括私募股权投资基金、创业投资基金，但基金业协会在进行私募基金备案、计算杠杆比例时，仍会参考上述规定执行。所以，私募股权基金管理人在设计结构化产品时，需要熟悉上述规定。

二、结构化产品的收益分配设计

结构化产品设计中，一般将份额分为"优先级""中间级""劣后级"三类，不同份额类型主要是在收益分配上存在差异。不同的收益分配设计，就构成了不同的结构化产品。需要注意的是，如结构化产品存在“中间级”份额，在产品备案时，“中间级”份额应归入“优先级”，并合并计算杠杆比例。常见的结构化产品收益分配设计如下：

（一）优先级投资者按合同设定基准收益分配，劣后级投资者分配剩余收益

该种结构化产品采用的收益分配方式是，对优先级份额按基准收益分配，优先级份额收益分配后，如有剩余收益，由劣后级分配。例如，某股权投资基金合伙协议约定，优先级有限合伙人（优先级 LP）享有实缴出资 6% 的设定基准收益，劣后级有限合伙人（劣后级 LP）享有分配完优先级 LP 本金及设定基准收益后的剩余收益。

（二）优先级投资者按合同设定基准分配收益以及超过基准分配收益后按份额比例享受浮动收益，劣后级投资者分配剩余收益

该种结构化产品即所谓的“基准收益 + 浮动”型结构化产品。这种结构化产品和第一种产品相比的差异是，优先级投资者除享受基准的收益分配外，对于超出基准收益部分的收益，也可以按份额比例享受浮动收益，劣后级投资者分配剩余收益。

例如，某股权投资基金合伙协议约定，优先级 LP 享有实缴出资 6% 的业绩比较基准收益和超过 6% 的业绩基准后超额收益的 20%；劣后级 LP 享有分配完优先级 LP 的本金、业绩比较基准收益以及超额收益后的剩余收益。

（三）优先级投资者和劣后级投资者按照“分配比例”承担基金的收益和亏损

该种结构化产品和平层产品的区别是，平层产品按照持有的份额比例承担收益和亏损，此类结构化产品约定不按照持有的份额比例分享收益，而是直接约定优先级投资者和劣后级投资者享有收益的比例。

例如，某股权投资基金约定，当基金盈利时，优先级投资者享受 40% 收益，当基金亏损时，优先级投资者承担 40% 亏损；当基金盈利时，劣后级投资者享受 60% 收益，当基金亏损时劣后级投资者承担 60% 亏损。就是此类基金的典型代表。

(四)优先级投资者按照“业绩比较基准”计算收益,劣后级投资者享受剩余收益

私募基金的业绩比较基准,一般以公开市场的“指数”或“利率”作为基准比较基金的业绩。常见的指数基准包括中证500指数、沪深300指数等,常见的利率基准包括10年期国债收益率、同期银行贷款利率等。

例如,某私募基金合同约定,基金清算时,优先级投资者按存续期内中证500指数的收益率加1%的额外收益来分配收益,劣后级投资者享受剩余收益。类似约定便是此类结构化基金的典型代表。

(五)先分配优先级投资者本金,再分配劣后级投资者本金,剩余收益按照实缴出资比例分配

除上述四种收益分配安排外,常见的结构化安排还有先分配优先投资者本金,再分配劣后级投资者本金,剩余收益按照实缴出资比例分配的形式。例如,某私募基金合同约定,本基金清算时,先分配优先级LP投资本金,再分配劣后级LP本金;剩余收益按照双方实缴的出资比例进行分配。该种基金实际上在一定程度上给优先级LP的本金提供了保障。

第十二讲　私募基金实务中的几个法律问题

一、私募基金“保本保收益”的约定是否无效

私募基金投资者认购私募基金产品的行为，是一种民事法律行为。根据《民法典》第 143 条的规定，民事法律行为具备以下条件的有效：(1)行为人具有相应的民事行为能力；(2)意思表示真实；(3)不违反法律、行政法规的强制性规定，不违背公序良俗。双方在私募基金合同中进行“保本保收益”的约定，这样的约定效力如何呢？评价该约定的效力，我们首先需要明确“保本保收益”是否违反了法律、行政法规的强制性规定。

《基金法》第 20 条规定：“公开募集基金的基金管理人及其董事、监事、高级管理人员和其他从业人员不得有下列行为：……(四)向基金份额持有人违规承诺收益或者承担损失……”同时，第 31 条规定：“对非公开募集基金的基金管理人进行规范的具体办法，由国务院金融监督管理机构依照本章的原则制定。”显然，《基金法》并未正面对“保底保收益”约定的效力作出否定性评价。

《私募监管暂行办法》第 15 条规定：“私募基金管理人、私募基金销售机构不得向投资者承诺投资本金不受损失或者承诺最低收益。”证券期货经营机构私募资《暂行规定》第 3 条规定：“证券期货经营机构及相关销售机构不得违规销售资产管理计划，不得存在不适当宣传、误导欺诈投资者以及以任何方式向投资者承诺本金不受损失或者承诺最低收益等行为……”《暂行规定》第 4 条规定：“证券期货经营机构设立结构化资产管理计划，不得违背利益共享、风险共担、风险与收益相匹配的原则……”然而，《私募监管暂行办法》和《暂行规定》均不是法律、行政法规，而分别属于部门规章和部门规范性文件的范畴，均不属于《民法典》第 153 条规定的“法律和行政法规”，无法作为判定合同条款效力的依据。

司法实践中，关于私募基金保本保收益的效力问题，一些法院认为该约定不违

反法律行政法规的强制性规定，认定为有效。如北京海淀区人民法院在安琦诉北京盛世久天投资基金管理有限公司等合同纠纷［（2015）海民（商）初字第29182号］一案中认为，私募基金管理人对投资者承诺保本保收益的，在未有更多证据证明盛世公司存在违反我国效力性强制性法律法规规定的情况下，亦出于保护投资人权益的目的，本院对上述协议文本的民事合同效力不予否定。上海浦东新区人民法院在俞培泓与上海浙嘉投资有限公司保证合同纠纷［（2015）浦民一（民）初字第43690号］一案中也认定，《私募投资基金监督管理暂行办法》系部门规章，并非法律、行政法规。且该条为管理性规定而非效力性强制性规定。由此认定第三人对投资人购买的基金产品出具收益承诺的，也为有效。

但是，2017年8月30日，《私募投资基金管理暂行条例》（征求意见稿）发布；该条例第20条规定："私募基金管理人、私募基金销售机构……不得向投资者承诺资本金不受损失或者承诺最低收益。"第30条再次强调："私募基金管理人、私募基金销售机构应当保证所提供信息的真实性、准确性和完整性，不得有下列行为：……（三）承诺收益或者承诺资本金不受损失……"该条例如正式发布，私募基金合同中出现的"保底保收益"条款被直接认定为无效就有了直接的行政法规依据。私募基金"保本保收益"的条款，可能会面临被认定为无效的法律风险。但该条例的相关规定是效力性强制性规定还是管理性强制性规定仍待司法明确。

2019年11月14日，最高人民法院发布《全国法院民商事审判工作会议纪要》，该纪要对"强制性规定"做了一些解释。该纪要在第三部分关于合同纠纷的审理中对"效力性强制性规定"做了列举解释："……下列强制性规定，应当认定为"效力性强制性规定"：强制性规定涉及金融安全、市场秩序、国家宏观政策等公序良俗的；交易标的禁止买卖的，如禁止人体器官、毒品、枪支等买卖；违反特许经营规定的，如场外配资合同；交易方式严重违法的，如违反招投标等竞争性缔约方式订立的合同；交易场所违法的，如在批准的交易场所之外进行期货交易。关于经营范围、交易时间、交易数量等行政管理性质的强制性规定，一般应当认定为"管理性强制性规定"。"笔者认为，《私募投资基金管理暂行条例》中"不得向投资者承诺资本金不受损失或者承诺最低收益"的规定，很有可能被法院以涉及金融安全或市场秩序等理由，认定为违反"效力性强制性规定"，进而判定无效。"保底保收益"条款无效的后果是，投资者本金返还，如私募基金管理人未尽适当性义务导致金融消费者损失的，除投资本金外，投资者还能主张按中国人民银行发布的同期同类存款基准利率计算的利息损失。

二、私募股权投资中的“一票否决权”问题

在私募股权投资领域，一票否决权是一种被广泛使用的投资人利益保护机制。“一票否决权”一般出现在两种情形下：一种情形是，有限合伙人（LP）在与私募基金管理人组成的投资决策委员会中，对于拟投项目是否投资，有时候会要求“一票否决权”；另一种情形是，私募基金在投资目标企业后，在投资协议（或补充协议）中设置一票否决权条款，约定投资人对于目标企业某些重大决议事项享有特别表决权利，通常包括在股东会决议及董事会决议中享有“一票否决权”。

对于投资者，特别是有限合伙型私募基金中的有限合伙人（LP）在投决会等私募基金内部享有“一票否决权”的问题，根据《合伙企业法》第 68 条的规定，“有限合伙人不执行合伙事务，不得对外代表有限合伙企业”；基金业协会发布的《合伙协议必备条款指引》（私募投资基金合同指引 3 号）第 5 条规定：“……合伙协议可以对有限合伙人的权限及违约处理办法做出约定，但是不得做出有限合伙人以任何直接或间接方式，参与或变相参与超出前款规定的八种不视为执行合伙事务行为的约定。”根据上述两条的规定，有限合伙人在投决会中参与投资决策，并且要求“一票否决权”的行为，有可能会被视为参与执行合伙事务，可能会被认定为无效。不过，目前尚未搜集到此类“一票否决权”被法院生效判决认定无效的案例。

如果是在私募基金投资目标公司的情况下，私募基金在目标公司股东会或董事会中要求一票否决权呢？

上文我们说过判定民事法律行为有效的法律依据是《民法典》第 143 条，民事法律行为具备该条所列的三种情形即为有效，只要不违反该条规定的条件，合同条款一般会被认定为是有效。此外，商事争议的裁判原则中有一个重要原则是尊重商事主体的意思自治原则，在不损害国家、集体、第三人利益的情况下，商事主体之间平等自愿达成的协议也一般不会否定其效力。

《公司法》第 42 条规定：“股东会会议由股东按照出资比例行使表决权；但是，公司章程另有规定的除外。”第 43 条第 1 款规定：“股东会的议事方式和表决程序，除本法有规定的外，由公司章程规定。”其中，“本法有规定的”主要是指该条第 2 款的规定，“股东会会议作出修改公司章程、增加或者减少注册资本的决议，以及公司合并、分立、解散或者变更公司形式的决议，必须经代表三分之二以上表决权的股东通过”。第 48 条规定：“董事会的议事方式和表决程序，除本法有规定的外，由公司章程规定……董事会决议的表决，实行一人一票。”

对于有限公司来讲，有限公司基于其人合性特征，股东会决议在符合特别事项表决比例的前提下，董事会决议在职权范围内且符合“一人一票”规则的前提下，均可以由章程另行规定，这也就给一票否决权的设置创造了空间。也就是说，有限公司股东会、董事会中可以实现投资人的“一票否决权”。

但对于股份公司来讲，因股份公司纯粹资合性特征，《公司法》第103条规定：“股东出席股东大会会议，所持每一股份有一表决权。但是，公司持有的本公司股份没有表决权。……股东大会作出修改公司章程、增加或者减少注册资本的决议，以及公司合并、分立、解散或者变更公司形式的决议，必须经出席会议的股东所持表决权的三分之二以上通过。”第111条规定：“董事会会议应有过半数的董事出席方可举行。董事会作出决议，必须经全体董事的过半数通过。董事会决议的表决，实行一人一票。”也就是说，股份公司中，《公司法》没有给股份公司的股东留下“一票否决权”的制度空间，在股份公司中约定“一票否决权”可能会被判定无效。

在公司IPO的过程中，证券监管部门对于特殊权利条款均持有比较明确的否定态度，证券监管部门曾多次在历年的保荐代表人培训中明确指出：要求不能存在对赌条款、优先受偿权和董事会一票否决权等任何与上市公司治理要求有冲突的特殊权利安排，无论是拟上市公司与股东之间还是实际控制人与其他股东之间的特殊权利安排，均应当在IPO申报前予以解除。

在有限公司层面，“一票否决权”可以认定有效的情况下，如何能更有效地保障该权利呢？

在条款设计上，私募基金的“一票否决权”可以有两种设计方案：一是直接规定对于涉及目标公司的若干重大事项的决议拥有一票否决权；二是规定目标公司的若干重大事项的决议必须经全体股东/全体董事（必须包含私募基金或委派的董事）一致表决同意方可通过。

以上两种条款方案都能达到私募基金的一票否决的目的，但在可执行性及法律救济方面却大不相同。第一种条款方案的实际约束力相对低，私募基金的行权成本相对高。按照第一种条款方案，如果其他股东（或董事）在私募基金未参加且符合《公司法》规定表决权比例的情况下通过一项股东会决议（或董事会决议），私募基金事后得知，欲行使一票否决权进行撤销或纠正，需要增加主张、举证的额外成本，且如果决议事项涉及善意第三人法律行为，可能无法达到最终纠正的目的。原因在于，最高人民法院《关于适用〈中华人民共和国公司法〉若干问题的规定》（四）第6条规定：“股东会或者股东大会、董事会决议被人民法院判决确认无效或者撤销的,公司依据该决议与善意相对人形成的民事法律关系不受影响。”私募基金作为权利受损的股东,只能向其他股东主张侵权或违约责任。

在第二种条款方案下,根据最高人民法院《关于适用〈中华人民共和国公司法〉若干问题的规定》(四)第 5 条的规定:“股东会或者股东大会、董事会决议存在下列情形之一,当事人主张决议不成立的,人民法院应当予以支持:……(四)会议的表决结果未达到公司法或者公司章程规定的通过比例的……”在私募基金未参加的情况下,完全可以根据这条司法解释,请求法院判决决议内容因未达表决比例而无效。

当然,过量和过度的一票否决权将破坏公司决策管理的秩序和效率,私募基金作为投资人与目标企业的利益本质上是一致的。因此,一票否决权也应适度约定。双方应当在合法前提下适度分配股东会与董事会的职权、合理界定重大事项的定义和标准、明确约定决议召集程序和通知时限等,这样既有利于提升决策效率,也利于协调各轮投资人之间的利益。

三、私募基金的自融是否构成非法集资

“自融”并非专门的法律术语,目前相关法律法规及行业规则对其也无清晰、统一的定义。其常见于与 P2P 公司相关的规范性文件及新闻报道中,一般指 P2P 公司将其吸纳的投资者资金用于自身关联方经营开支。P2P 业务其本质是一种居间关系,即 P2P 公司作为中介机构,促成借贷双方借贷关系的建立,并收取一定比例的佣金。一旦 P2P 公司出现自融行为,即违背了此种居间关系,其自身将作为借款人参与到借贷关系之中。对于 P2P 公司自融行为,监管部门持严厉禁止态度。银监会于 2016 年 4 月 13 日印发的《P2P 网络借贷风险专项整治工作实施方案》要求 P2P 公司“不得触及业务‘红线’,即设立资金池、自融、向出借人提供担保或者承诺保本保息、大规模线下营销、误导性宣传、虚构借款人及标的、发放贷款、期限拆分、发售银行理财和券商资管等产品、违规债权转让、参与高风险证券市场融资或利用类 HOMS 等系统从事股票市场场外配资行为、从事股权众筹或实物众筹等”,明确禁止了 P2P 公司的自融行为。

现有的关于私募基金的法律法规及规范性文件中,均无“自融”的表述。参考 P2P 自融的相关定义,笔者认为,所谓的私募基金“自融”包括以下两种情形:

第一种情形是，私募基金管理人未按照基金合同①约定的用途使用募集资金，而是擅自将其用于其关联方的经营；

第二种情形是，按照基金合同的约定，募集资金的用途原本就是用于私募基金管理人的关联方的经营。

对于第一种情形的私募基金“自融”，即私募基金管理人未按照基金合同的约定用途使用募集资金，而是擅自将其用于自身或其关联方的经营，其行为显然违反了《私募监管暂行办法》第23条中“（三）利用基金财产或者职务之便，为本人或者投资者以外的人牟取利益，进行利益输送；（四）侵占、挪用基金财产”的规定。根据该办法第38条的规定，会被处以警告、罚款等处罚。

第二种情形的私募基金“自融”并不罕见。比如，部分房地产公司为解决资金问题而设立私募基金管理人，通过私募基金管理人发行私募基金，并将募集资金用于认购其关联公司的股权，这就属于前述第二种情形的私募基金“自融”。

根据基金业协会发布的《私募投资基金备案须知》（2019年版）中的规定，（九）风险揭示书：“……私募投资基金若涉及募集机构与管理人存在关联关系、关联交易、单一投资标的、通过特殊目的载体投向标的、契约型私募投资基金管理人股权代持、私募投资基金未能通过协会备案等特殊风险或业务安排，管理人应当在风险揭示书的‘特殊风险揭示’部分向投资者进行详细、明确、充分披露。”（十九）关联交易：“私募投资基金进行关联交易的，应当防范利益冲突，遵循投资者利益优先原则和平等自愿、等价有偿的原则，建立有效的关联交易风险控制机制。上述关联交易是指私募投资基金与管理人、投资者、管理人管理的私募投资基金、同一实际控制人下的其他管理人管理的私募投资基金或者与上述主体有其他重大利害关系的关联方发生的交易行为。

管理人不得隐瞒关联关系或者将关联交易非关联化，不得以私募投资基金的财产与关联方进行利益输送、内幕交易和操纵市场等违法违规活动。

私募投资基金进行关联交易的，应当在基金合同中明确约定涉及关联交易的事前、事中信息披露安排以及针对关联交易的特殊决策机制和回避安排等。

管理人应当在私募投资基金备案时提交证明底层资产估值公允的材料（如有）、有效实施的关联交易风险控制机制、不损害投资者合法权益的承诺函等相关文件。”

---

① 公司型基金公司章程、合伙型基金合伙协议、契约型基金合同，统称为基金合同。

因此，对于第二种情形的私募基金“自融”，即按照基金合同的约定，募集资金的用途原本就是用于私募基金管理人的关联方的经营，相关法律法规和协会的自律规则并没有禁止。只是要求私募基金管理人必须按照规定依法履行关联关系、关联交易披露等义务，并向投资人充分揭示风险。如私募基金管理人未履行披露义务，根据《信息披露管理办法》的规定，会受到基金业协会警示、行业谴责等纪律处分，情节严重的，移交证监会处理。

私募基金的“自融”会不会涉嫌非法吸收公众存款（非法集资）呢？《刑法》第176条第1款和第2款规定：“非法吸收公众存款或者变相吸收公众存款，扰乱金融秩序的，处三年以下有期徒刑或者拘役，并处或者单处罚金；数额巨大或者有其他严重情节的，处三年以上十年以下有期徒刑，并处罚金；数额特别巨大或者有其他特别严重情节的，处十年以上有期徒刑，并处罚金。单位犯前款罪的，对单位判处罚金，并对其直接负责的主管人员和其他直接责任人员，依照前款的规定处罚。”

最高人民法院《关于审理非法集资刑事案件具体应用法律若干问题的解释》（以下简称《非法集资案件解释》）第1条规定：“违反国家金融管理法律规定，向社会公众（包括单位和个人）吸收资金的行为，同时具备下列四个条件的，除刑法另有规定的以外，应当认定为刑法第一百七十六条规定的‘非法吸收公众存款或者变相吸收公众存款’：

（一）未经有关部门依法批准或者借用合法经营的形式吸收资金；

（二）通过媒体、推介会、传单、手机短信等途径向社会公开宣传；

（三）承诺在一定期限内以货币、实物、股权等方式还本付息或者给付回报；

（四）向社会公众即社会不特定对象吸收资金。

未向社会公开宣传，在亲友或者单位内部针对特定对象吸收资金的，不属于非法吸收或者变相吸收公众存款。”

即非法吸收公众存款罪有四个构成要件：主体非法性、公开宣传性、承诺还本付息或给付回报、向社会不特定对象吸收资金。

如果私募基金在业务运营过程中有上述行为，就有可能涉嫌非法吸收公众存款。以上海“中晋系”非法集资案为例，根据中国裁判文书网等公开渠道检索显示：

1.“中晋系”虽然已向基金业协会就“中晋股权投资基金管理（上海）有限公司”作了私募基金管理人登记，并就其发行的若干只私募基金在基金业协会进行了备案，但其却又通过互联网公开募资和宣传，这种“私募基金公募化”的行为属于《非法集资案件解释》中“（一）未经有关部门依法批准或者借用合法经营的形式吸收资金”的情形；

2.“中晋系”鼓励销售经理通过网站、朋友圈、宣讲会吸引投资，属于《非法集资案件解释》中“（二）通过媒体、推介会、传单、手机短信等途径向社会公开宣传”及“（四）向社会公众即社会不特定对象吸收资金”的情形；

3. 为了吸引投资，“中晋系”给其下属的销售员12%的年化率承诺，销售经理为了冲业绩，往往给用户更高的保本付息承诺，这属于《非法集资案件解释》中“（三）承诺在一定期限内以货币、实物、股权等方式还本付息或者给付回报”的情形。

因此，“中晋系”的行为完全符合《刑法》及相关司法解释中关于非法集资的定义，其相关涉案主体也因此被分别以非法吸收公众存款罪或集资诈骗罪作出了判决。

此外，还有上海天蔓投资管理有限公司非法吸收公众存款罪①一案，法院也持类似观点。在该案判决中，法院还认为公司实际控制人朱某为“规避合伙制基金的人数限制，成立多家有限合伙企业吸收资金，即使从表面上看有的合伙企业的人数没有突破50人的人数限制，但实际吸收资金总的人数已远远超过人数上限……其集资行为指向没有针对性，相反在募集对象的选择上具有普遍性……明显符合社会性特征”。

四、有限合伙人的派生诉讼

有限合伙人派生诉讼，是指当执行事务合伙人怠于行使权利时，有限合伙人可以督促其行使权利或者为了本企业的利益以自己的名义提起诉讼。

有限合伙人派生诉讼的法律依据是《合伙企业法》第68条第2款第7项“执行事务合伙人怠于行使权利时，督促其行使权利或者为了本企业的利益以自己的名义提起诉讼”的规定。根据该条规定，有限合伙人提起派生诉讼应满足如下要件：

（一）主体要件：派生诉讼系有限合伙人以自己的名义提出

派生诉讼不能以合伙企业或执行事务合伙人的名义提出，必须由有限合伙人提出，且有限合伙人必须以自己的名义提起诉讼。当存有多个有限合伙人时，派生诉讼是否必须由全体有限合伙人一同提起或是否必须在征得多数有限合伙人同意

---

① 上海市第一中级人民法院刑事判决书，（2017）沪01刑终1793号。

的情形下方可提起，现行法律虽未予明确，但从《合伙企业法》第68条第2款第7项规定的字面含义、立法用意以及便于有限合伙人通过派生诉讼来维护合伙企业合法权益等方面来看，应理解为每一位有限合伙人均可单独依法提起派生诉讼。

（二）前提要件：派生诉讼在执行事务合伙人存在怠于行使权利的情况时方能提起

《合伙企业法》第68条第1款规定，有限合伙人不执行合伙事务，不得对外代表有限合伙企业。有限合伙企业由普通合伙人执行合伙事务，只有当执行事务合伙人怠于行使权利时，有限合伙人方能为了有限合伙企业的利益以自己的名义提起派生诉讼。在实务中，执行事务合伙人是否通过诉讼或者仲裁的方式来实现或维护合伙企业的权益，往往被作为认定执行事务合伙人是否存在怠于行使权利的重要依据①。

（三）目的要件：提起派生诉讼是为了有限合伙企业的利益

有限合伙人提起派生诉讼必须是为了有限合伙企业的利益，而非直接基于有限合伙人自身的利益。也就是说，有限合伙人在对相关方提起派生诉讼时，其所提出的诉讼请求之受益主体应为有限合伙企业，而不能要求相关方直接向其自身履行一定给付或其他义务。

焦某、刘某等与安徽瑞智房地产开发有限公司金融借款合同纠纷案②是国内首起得到最高人民法院判决支持的有限合伙人派生诉讼。

该案的基本案情为：焦某、刘某、李某红作为有限合伙人曾与其他合伙人共同设立了一家有限合伙企业和信恒轩，并由和信恒轩通过浦发淮南支行向被告瑞智地产发放了一笔委托贷款；但瑞智地产在委托贷款到期后未按约定偿还贷款，且和信恒轩的执行事务合伙人和信联合资本管理有限公司（以下简称和信资本）亦未通

---

① 如焦某、刘某等与安徽瑞智房地产开发有限公司金融借款合同纠纷一案中，安徽省高级人民法院一审认定："涉两笔委托贷款到期后，和信投资中心一直没有通过诉讼或仲裁方式向瑞智公司主张债权，焦某、刘某、李某红采取包括邮寄律师函等多种方式督促和信资本公司、和信投资中心行使权利主张债权，但一直未能与其取得联系。在诉讼中，一审法院亦向和信投资中心邮寄过开庭传票等材料，也均被退回，后经公告方式送达，和信投资中心仍未到庭参加诉讼。此应视为和信资本公司怠于行使权利。"最高人民法院认定："和信资本公司作为执行事务合伙人，未就案涉到期债权向瑞智公司提起诉讼或申请仲裁，也未与瑞智公司达成任何保障有限合伙债权尽快实现的协议。如此不作为，足以认定和信资本公司怠于行使权利。"

② 最高人民法院民事判决书，（2016）最高法民终756号。

过诉讼等适当方式向瑞智地产主张权利。鉴于此，有限合伙人焦某、刘某、李某红根据《合伙企业法》第68条的规定，以自己的名义向安徽省高级人民法院（一审法院）对瑞智地产提起诉讼，要求瑞智地产向合伙企业和信恒轩偿还委托贷款本息。一审法院经审理后判决支持了原告焦某、刘某、李某红的诉讼请求，被告瑞智地产因不服一审法院作出的判决，向最高人民法院提出上诉，请求撤销。最终，最高人民法院经审理后，驳回了瑞智地产上诉，维持原判，有限合伙人胜诉。

最高人民法院在判决理由中对焦某、刘某、李某红能否代表和信投资中心提起诉讼，认定如下："本院认为，焦某、刘某、李某红与和信投资中心的关系，并非债权人与债务人的关系，而是有限合伙人与合伙企业的关系，不能适用《中华人民共和国合同法》第七十三条规定。《北京和信恒轩投资中心（有限合伙）合伙协议》约定，有限合伙人在执行事务合伙人怠于行使权利时，有权督促其行使权利或者为了本企业的利益以自己的名义提起诉讼，并未要求全体有限合伙人一致同意才能提起诉讼。《中华人民共和国合伙企业法》第六十八条第二款第七项规定，执行事务合伙人怠于行使权利时，有限合伙人督促其行使权利或者为了本企业的利益以自己的名义提起诉讼，不视为执行合伙事务。该条款赋予了合伙企业的有限合伙人以自己的名义代表合伙企业提起诉讼的权利，且并未限定其在个人出资额范围内提出诉讼请求，只要满足以合伙企业的利益为目的这一要求即可。焦某、刘某、李某红代表和信投资中心提起诉讼，既符合《北京和信恒轩投资中心（有限合伙）合伙协议》的约定，不违反《中华人民共和国合伙企业法》的规定。"这一判决理由明确支持了有限合伙人的诉权。

尽管有限合伙人的派生诉讼有《合伙企业法》的法律依据，也有最高人民法院裁判的认可，但现行法律在派生诉讼的诉讼主体、举证责任、执行事务合伙人怠于行使权利的情形及认定标准、派生诉讼费用的承担、司法文书的送达等方面都无与之相对应的具体和可操作的规定。因此，有限合伙人通过合伙协议约定相关事项，或在执行事务合伙人发生怠于行使权利时通过适当方式固定相关证据，很有必要。建议私募基金及有限合伙人委托专业的律师制定相关的规则和合同条款，发生执行事务合伙人怠于行使权利时，尽早委托律师介入固定相关证据。

五、托管人的责任承担

我们在本书第六讲中已经介绍过私募基金托管的相关内容，实务中，一些私募基金产品到期后不能兑付，甚至基金管理人失联等情况时有发生，导致投资者损失，不得不寻求法律途径解决。在诉讼过程中，投资者往往将托管人一起起诉，认为托管人没有尽到托管职责，要求其承担连带责任。司法实务中是如何认定托管人的职责，是否支持要求托管人承担连带责任的赔偿请求呢？

我们先来看托管人职责的法律规定。《基金法》第 36 条规定，基金托管人应当履行下列职责：(1)安全保管基金财产；(2)按照规定开设基金财产的资金账户和证券账户；(3)对所托管的不同基金财产分别设置账户，确保基金财产的完整与独立；(4)保存基金托管业务活动的记录、账册、报表和其他相关资料；(5)按照基金合同的约定，根据基金管理人的投资指令，及时办理清算、交割事宜；(6)办理与基金托管业务活动有关的信息披露事项；(7)对基金财务会计报告、中期和年度基金报告出具意见；(8)复核、审查基金管理人计算的基金资产净值和基金份额申购、赎回价格；(9)按照规定召集基金份额持有人大会；(10)按照规定监督基金管理人的投资运作；(11)国务院证券监督管理机构规定的其他职责。第 37 条规定，基金托管人发现基金管理人的投资指令违反法律、行政法规和其他有关规定，或者违反基金合同约定的，应当拒绝执行，立即通知基金管理人，并及时向国务院证券监督管理机构报告。基金托管人发现基金管理人依据交易程序已经生效的投资指令违反法律、行政法规和其他有关规定，或者违反基金合同约定的，应当立即通知基金管理人，并及时向国务院证券监督管理机构报告。

根据《契约型基金合同内容与格式指引》第 25 条的规定，私募基金托管人的义务，包括但不限于：(1)安全保管基金财产；(2)具有符合要求的营业场所，配备足够的、合格专职人员，负责基金财产托管事宜；(3)对所托管的不同基金财产分别设置账户，确保基金财产的完整与独立；(4)除依据法律法规规定和基金合同的约定外，不得为私募基金托管人及任何第三人谋取利益，不得委托第三人托管基金财产；(5)按规定开立和注销私募基金财产的托管资金账户、证券账户、期货账户等投资所需账户（私募基金管理人和私募基金托管人另有约定的，可以按照约定履行本项义务；如果基金合同约定不托管的，由私募基金管理人履行本项义务）；(6)复核私募基金份额净值；(7)办理与基金托管业务有关的信息披露事项；(8)根据相关法律法规和基金合同约定复核私募基金管理人编制的私募基金定期报告，并定期出具书面意见；(9)按照基金合同约定，根据私募基金管理人或其授权人的资金划拨指令，及时办理清算、交割事宜；(10)根据法律法规规定，妥善保存私募基金管理业务活动有关合同、协议、凭证等文件资料；(11)公平对待所托管的不同基金财产，不得从事任何有损基金财产及其他当事人利益的活动；(12)保守商业秘密，除法律法规规定和基金合同约定外，不得向他人泄露本基金的有关信息；（13）根据相关法律法规要求的保存期限，保存私募基金投资业务活动的全部会计资料，并妥善保存有关的合同、交易记录及其他相关资料；（14）监督私募基金管理人的投资运作，发现私募基金管理人的投资指令违反法律法规的规定及基金合同约定的，应当拒绝执行，立即通知私募基金管理人；发现私募基金管理人依据交易程序已经生效的投资指令违反法律法规的规定及基金合同约定的，应当立即通知私募基金管理人；（15）按照私募基金合同约定制作相关账册并与基金管理人核对。如公司型基金与有限合伙型基金约定托管的，可以参考该指引约定托管人的责任与义务。

根据上述规定，托管人承担相应责任具有法律依据及合同依据。但是，托管银行对于自己作为托管人的义务范围却存在不同的认识。根据原中国银行业协会发布的《商业银行资产托管业务指引》第 12 条的规定，托管银行开展资产托管业务，根据法律法规规定和托管合同约定，承担下述全部或部分职责：（1）开立并管理托管账户；（2）安全保管资产；（3）执行资金划拨指令，办理托管资产的资金清算及证券交收事宜；（4）对托管资产的资产、负债等会计要素进行确认、计量，复核受托人或管理人计算的托管资产财务数据；（5）履行投资监督和信息披露职责；（6）保管托管业务活动的记录、账册、报表等相关资料；（7）法律法规明确规定的其他托管职责。

此外，《商业银行资产托管业务指引》在第 15 条中明确了托管银行承担的托管职责仅限于法律法规规定和托管合同约定，对实际管控的托管资金账户及证券账户内资产承担保管职责，并列举式规定了不属于托管职责的情形，如：（1）投资者的适当性管理；（2）审核项目及交易信息真实性；（3）审查托管产品以及托管产品资金来源的合法合规性；（4）对托管产品本金及收益提供保证或承诺；（5）对已划出托管账户以及处于托管银行实际控制之外的资产的保管责任；（6）对未兑付托管产品后续资金的追偿；（7）主会计方未接受托管银行的复核意见进行信息披露产生的相应责任；（8）因不可抗力，以及由于第三方（包括但不限于证券交易所、期货交易所、中国证券登记结算公司、中国期货市场监控中心等）发送或提供的数据错误及合理信赖上述信息操作给托管资产造成的损失；（9）提供保证或其他形式的担保；（10）自身应尽职责之外的连带责任。

由上可知，基金业协会和银行业协会在对托管人的职责和义务上，有两种完全不同的认定。基金业协会对托管人义务的认定是扩张的，目的是想严格要求托管人，要求托管人尽到勤勉义务，在条文中使用了“包括但不限于”等用语；而银行业协会为了限缩托管人的义务和责任,用了“仅限于”及列举式的限缩规定,把托管人的义务和责任约定得较窄。

那么,在司法实务中应如何认定托管人职责呢?在私募产品出现风险后,投资者能否以托管人未履行相关义务为由,要求托管人承担责任呢?

私募基金出现争议,双方大多约定商事仲裁作为解决方式,而商事仲裁的裁决书一般不对外公开,所以公开渠道查询到的关于托管人责任认定的裁判文书较少。但笔者检索到2020年山东省临沂市罗庄区人民法院作出的一个判决。在宋某晶、杨某兰、某证券公司委托理财合同纠纷一案[(2020)鲁1311民初180号]中,法院对托管人的责任有过判定。对于托管人某证券公司是否应承担责任,法院在论述理由中的核心要点如下:(1)从私募基金基本制度设计的角度看来,托管人与投资者之间是委托法律关系,当管理人履行不当造成投资者损失时,托管人不能以仅承担保管义务为由免责。在投资者将资金汇入基金账户后,投资者失去了对资金的控制权,但并不排除所有权,且享有建立在委托关系上的收益权。由于私募基金管理人自身市场公信力不足的原因,要求作为基金托管人的银行或证券公司,需要在基金产品运行过程中予以全程监督,约束基金管理人,凭借自身金融专业机构优势,对基金产品的市场价值予以评定,及时通报投资者,提高基金产品获得收益的概率或者做到及时止损。因此,在基金管理人履行行为不当,可能造成投资者损失时,托管人仅凭不知情或者仅仅承担资金“保管”义务而免责,显然是不合适、不公平的。(2)证券公司等作为涉案基金产品的托管人,不仅要履行基金合同约定义务以外,还应当负有国家法律法规、监管机构规定的保管、监管、信息披露等法定义务。本案中,某证券公司接收了投资者转存的投资款201万元,但未提供谨慎勤勉尽到托管人义务相关证据,庭审中亦未能对托管基金的投资记录、收益分配以及回赎情况作出说明,无法证实其已经按照合同约定或法律规定向投资者履行了基金报告复核、信息披露等义务,特别是在中国证券投资基金业协会公告基金管理人北京瑞奇公司失联(异常)状态,瑞奇贰号基金应披露未披露月报的情况下,仍未尽到审查基金资产净值,监督投资运作,召集投资者代表大会等义务,即未履行基金托管人的任何重要义务,属于严重失职或者积极帮助行为,造成投资者的投资款损失,依法应承担民事赔偿责任。

法院最后判决,某证券公司在返还原告宋某晶投资本金201万元及利息(利息分别自每期转账之日起按照中国人民银行发布的同期同类存款基准利率计算至实际给付之日止)范围内承担连带清偿责任。从该案的判决书中,我们可以看到,某证券公司承担的是基于过错的侵权责任而不是基于基金合同的违约责任。即该院认定某证券公司存在共同侵权行为,进而需承担连带清偿责任,并没有根据基金合同约定判决某证券公司承担违约损害赔偿责任。

该案判决后,某证券公司不服,上诉至临沂市中级人民法院,某证券公司认为该案应该基于基金合同约定,由上海仲裁委员会金融仲裁院仲裁。临沂市中级人民法院经审理后认为案件应提交上海仲裁委员会金融仲裁院仲裁,人民法院对本案没有管辖权,撤销了(2020)鲁1311民初180号判决。

虽然这个案件最后的裁决结果不得而知,但是(2020)鲁1311民初180号判决书还是给托管人予以警示。托管人的职责不应当仅仅是资金的保管,而不承担其他任何义务,否则,有托管和没托管又有什么区别呢?尤其是在管理人失联或者不能履行管理责任的时候,托管人应该拥有哪些权利、承担什么责任,法律应该明确规定或者在基金合同中明确约定。这个判决虽然最后因管辖权问题被撤销了,但是笔者认为判词不无道理,它并没有单方面加重托管人的法律责任,而是真正注意到了托管人需要承担的责任范围,督促托管人切实履行自身职责,保障了投资者的合法权益。

附　　录

证券投资基金常识问答

1. 什么是基金

证券投资基金(简称基金)是指通过发售基金份额,把众多投资人的资金集中起来,形成独立财产,由基金托管人(如银行)托管,基金管理人管理,以投资组合的方式进行证券投资的一种利益共享、风险共担的集合投资方式。根据募集方式的不同,可以分为公开募集基金和非公开募集基金。一般来说,公开募集基金投资起点金额较低(通常为1000元),一般持有的股票在20只以上,可以满足中小投资者分散配置多只股票的需要,“不把鸡蛋放在一个篮子里”。

另外,专业管理是基金投资的重要特色。基金管理人一般拥有大量的专业投资研究人员和强大的信息网络,能够更好地对证券市场进行全方位的动态跟踪与深入分析。

2. 什么是封闭式基金和开放式基金

依据运作方式的不同,可以将基金分为封闭式基金、开放式基金。封闭式基金是指基金份额总额在基金合同期限内固定不变,基金份额可以在依法设立的证券交易所交易,但基金份额持有人在封闭期内不得申购赎回的一种基金运作方式。开放式基金是指基金份额不固定,基金份额可以在基金合同约定的时间和场所进行申购或者赎回的一种基金运作方式。

3. 什么是股票型基金

股票型基金是指以股票为主要投资对象的基金,根据中国证监会对基金类别的分类标准,基金资产60%以上投资于股票的为股票型基金。由于股票型基金的主要投资对象是股票，因而股票市场的走势对其收益会有直接的影响，但股票型基金对股票投资进行了一定的分散，基金持有一家上市公司的股票，通常市值不得超过基金资产净值的10%，因而风险往往要小于持有单只股票的风险。对于想要投资多只股票而资金量又不足的投资者来说，股票型基金是不错的选择。行业和个股配置的差异，将直接导致不同股票型基金的收益不同。

4. 什么是指数型基金

指数型基金采用被动式投资，选取某个指数作为模仿对象，按照该指数构成的标准，购买该指数包含的全部或大部分的证券，目的在于获得与该指数相同的收益水平。在牛市中，投资股票或主动管理产品常常会出现“赚了指数不赚钱”的情况，投资者没能分享股市上涨带来的投资收益，而配置指数基金可以避免这种尴尬。另外，投资指数基金另一个好处在于成本较低。由于指数基金经理用不着积极选股，所以指数基金的管理费用相对较低。

5. 什么是债券型基金

债券型基金是指主要投资于债券的基金，根据中国证监会对基金类别的分类标准，基金资产80%以上投资于债券的为债券型基金。在国内，债券型基金的投资对象主要是国债、金融债和企业债。通常，债券为投资人提供固定的回报和到期还本，风险低于股票。所以相比较股票型基金，债券型基金具有收益相对稳定、风险较低的特点，是低风险承受能力投资者资产配置的避风港。债券型基金风险相对较低，也比较适合用于养老投资。

6. 什么是混合型基金

混合型基金是同时投资于股票和债券，但投资比例又不符合股票型基金或债券型基金定义的基金品种。因此，混合型基金与股票型基金和债券型基金相比，仓位变化更加灵活。一般来说，混合型基金中股票和债券的投资比例会随着市场行情和基金经理对市场看法的变化而发生改变。因此，一些优秀的混合型基金能够在牛市中取得与股票型基金相当的收益，而在熊市中又能够通过大幅降低仓位而表现得比股票型基金更加抗跌。

7. 什么是 QDII 基金

QDII 基金是指在境内设立，经有关部门批准从事境外证券市场的股票、债券等有价证券投资的基金。由于境外证券市场和境内证券市场常常在走势上存在较大的差异，因而配置一定比例的 QDII 基金可以分散风险，在一定程度上规避单一市场的系统性风险。

值得提醒投资者的是,QDII 基金的申购、赎回时间通常较长(赎回款支付一般需 1 个星期以上),对投资者的资金流动性提出了一定要求。

8. 什么是货币市场基金

货币市场基金仅投资于货币市场工具,主要包括短期(1 年以内)的货币工具如国债、商业票据、银行定期存单、金融债、政府短期债券、企业债券等短期有价证券,具有良好的流动性。货币市场基金单位净值一般始终保持在 1 元,超过 1 元的收益会自动转化为基金份额,拥有多少基金份额即拥有多少资产。另外,货币市场基金的交易费用低廉,无须申赎费用。

货币市场基金是厌恶风险、对资产流动性和安全性要求较高的投资者进行短期投资的理想工具,或是暂时存放现金的理想场所,但其长期收益率并不具备明显优势。

9. 什么是发起式基金

发起式基金是指符合证监会规定,由基金管理人、基金管理人股东、基金管理人高级管理人员或基金经理承诺认购一定金额并持有一定期限的证券投资基金。发起式基金降低了募集成立的门槛,同时强化了基金退出机制,根据有关法规,发起式基金中基金管理人、管理人股东、基金管理人高管或基金经理认购基金的金额不少于 1000 万元人民币,且持有期限不少于 3 年。基金合同生效 3 年后,若基金资产规模低于 2 亿元的,基金合同自动终止并不得通过召开持有人大会的方式延续。

将基金投资者的利益与基金公司利益进行一定的捆绑是发起式基金最大的特点,在一定程度上起到督促基金管理人更加积极努力为投资者创造收益的效果。

10. 什么是 ETF

交易所开放式指数基金(ETF)又被称为交易所交易基金,是在交易所上市交易的、基金份额可变的一种开放式基金。ETF 一般采用被动式投资策略跟踪某一标的市场指数,因此具有指数型基金的特点。ETF 结合了封闭式基金与开放式基金的运作特点,投资者既可以像封闭式基金那样在交易所二级市场买卖,又可以像开放式基金那样申购、赎回。不同的是,它的申购是用“一揽子”股票换取 ETF 份额,赎回时则是换回“一揽子”股票而不是现金。这种交易制度使该类基金存在一级和二级市场之间的套利机制,可有效防止类似封闭式基金的大幅折价。此外,ETF 还具有交易费用低廉、投资组合透明、实时交易的特点。

2013 年,ETF 成为公募基金的主要创新领域之一,黄金 ETF、债券 ETF 和跨境

ETF 相继获批。其中,黄金 ETF 是指将绝大部分基金财产投资于上海黄金交易所挂盘交易的黄金品种,紧密跟踪黄金价格,使用黄金品种组合或基金合同约定的方式进行申购赎回,并在证券交易所上市交易的开放式基金。债券 ETF 与股票 ETF 类似,采用被动投资方式,对某个债券指数进行紧密跟踪,并可在交易所上市交易。跨境 ETF 是指依法募集的,投资特定跨境指数所对应组合证券的开放式基金。

11. 什么是联接基金

联接基金是指将大部分基金资产(通常在90%以上)投资于跟踪同一标的指数的 ETF,密切跟踪标的指数表现,追求跟踪误差最小化的开放式基金。投资者可以通过一级市场申购联接基金,增加了普通投资者投资 ETF 的渠道。

12. 什么是 LOF

LOF,也称为"上市型开放式基金"。投资者既可以通过一级市场开放式基金账户申购与赎回基金份额,也可以在二级市场交易所买卖基金。不过,投资者如果是通过一级市场开放式基金账户申购的基金份额,想要在二级市场交易所抛出,则须办理转托管手续;同样,如果是在交易所买进的基金份额,想要在一级市场赎回,也要办理转托管手续。

13. 什么是保本基金

保本基金是指通过一定的保本投资策略进行运作,同时引入保本保障机制,以保证基金份额持有人在保本周期到期时,可以获得投资本金保证的基金。保本基金在相关法律文件(如招募说明书、基金合同)中明确规定相关本金担保条款,投资者在满足一定的持有期限(通常为 3 年)后可以获得本金保证(通常是指扣除一定交易费用后的本金)。

值得投资者注意的是,如果未到保本期赎回基金,需要承担不保本的风险和较高的赎回费用。

14. 什么是短期理财债券基金

短期理财债券型基金是指定位于短期理财投资需求,期限在 1 年以内,滚动运作,采用摊余成本法定价的债券型基金。相比其他类型基金,由于短期理财债券基金多采用持有到期投资组合策略,在风险控制和管理成本上更低。因此,其费率通常也较普通债券基金、货币基金更低。

15. 什么是分级基金

分级基金又叫结构型基金,是通过事先约定基金的风险收益分配,将基金基础份额分为预期风险收益不同的子份额，并可将其中部分或全部类别份额上市交易的结构化证券投资基金。其中，分级基金的基础份额称为母基金份额，预期风险和收益较低的子份额称为A类份额，此类份额一般约定年收益率与定存利率挂钩，具有低风险的特征；预期风险、收益较高的子份额称为B类份额，此类份额适合投资理念成熟、风险承受力较高的投资者。

需要注意的是，对于分级基金中上市交易的份额，由于受二级市场供需的影响会出现折溢价情况，如股票型分级基金的B份额在市场预期后市上涨时会受到追捧，其溢价率会上升；对于有份额折算机制的分级基金，在折算日前后折溢价水平也可能发生较大变化。

16. 什么是定期折算

定期折算是指根据基金合同中约定的频率，对某一类或几类份额净值进行重新调整的行为。分级基金可以约定份额折算，一般来说是将预期风险、收益较低的子份额期末的约定应得收益（即该子份额参考份额净值超出1元部分），折算为母基金份额分配给该子份额持有人。由于每份母基金由两类子份额按固定比例构成，因此，当预期风险、收益较低的子份额进行定期折算时，母基金也相应进行定期折算。

17. 什么是不定期折算

不定期折算也称到点折算，是指分级基金可以设置上阈值或下阈值折算机制，当某类份额参考净值达到一定阈值时，进行份额折算。一般来说，当预期风险、收益较高的子份额参考净值或母基金份额净值达到规定阈值时，基金管理人于基金份额折算基准日将各类份额净值调整为1元，各自份额数按相应比例增减。

18. 分级基金的配对转换是什么

配对转换是指分级基金的母基金份额与两类子份额之间按基金合同约定的转换规则进行转换的行为，包括份额分拆和份额合并。投资者可以通过办理配对转换而获取符合自身偏好的一类份额。对于具有配对转换机制的分级基金，份额分拆是指每（M+N）份母基金份额的场内份额按照配比规则，申请配对转换成M份预期风险、收益较低的子份额与N份预期风险、收益较高的子份额的行为；相反，份额合并是指每M份预期风险、收益较低的子份额与N份预期风险、收益较高的子份额申请配对转换成（M+N）份母基金份额的场内份额的行为。

19. 什么是 QFII

合格境外机构投资者(QFII)是指符合《合格境外机构投资者境内证券投资管理办法》的规定,经中国证监会批准投资于中国证券市场,并取得国家外汇管理局额度批准的境外基金管理机构、保险公司、证券公司以及其他资产管理机构。在投资过程中,QFII 需要获得国家外汇管理局批准的投资额度,方可投资境内上市的股票及债券,所有境外资金的汇入汇出都会受到密切监察。

20. 什么是 RQFII

人民币合格境外机构投资者(RQFII)是指符合《人民币合格境外机构投资者境内证券投资试点办法》的规定,经中国证监会批准,并取得国家外汇管理局额度批准,运用来自境外的人民币资金进行境内证券投资的境外法人。RQFII 主要包括境内基金管理公司、证券公司、商业银行、保险公司等香港子公司,或者注册地及主要经营地在香港地区的金融机构,并且在香港证券监管部门取得资产管理业务资格,已经开展资产管理业务。人民币合格境外机构投资者可以参与新股发行、可转换债券发行、股票增发和配股的申购。

21. 什么是基金的认购

基金认购是指在基金募集期购买基金份额的行为。认购费率通常比申购费率低,购买的基金份额需要等封闭期结束后才能赎回。认购的申请提交成功后,除非基金合同另有规定,否则无法撤销。认购款项在募集期内会产生利息,除非基金合同另有规定,一般情况下折算为基金份额归持有人所有。

22. 什么是基金的申购

投资者在开放式基金合同生效后,申请购买基金份额的行为通常被称为基金的申购。基金申购采取"金额申购""未知价"原则。投资者申购基金份额时,申购金额需达到基金合同约定的最小申购金额,申购价格以申购日交易时间结束后基金管理人公布的基金份额净值为基准进行计算。申购时需要缴纳一定的申购费用,不同类型的基金申购费用不同,通常股票型基金最高,货币型基金无申购费用。

23. 什么是基金的赎回

基金的赎回是指在基金存续期间,基金份额持有人按基金合同规定的条件要求基金管理人购回基金份额的行为。多数基金赎回时需要缴纳一定的赎回费,赎回费用和基金类型以及投资者持有期的长短有关。

24. 什么是基金的开放日和定期开放日

开放日是指根据基金合同约定，并在招募说明书中载明的办理基金的开户、申购、赎回、销户、挂失、过户等一系列业务的日期。基金的开放日通常为证券交易所的开市日，不包含法定节假日与周末。境内投资的基金的开放日一般为沪、深两市交易所的开市日，QDII 基金的开放日一般为所投资国家的证券交易所与沪、深两市交易所的共同开市日。定期开放是目前基金的一种运作模式，在该运作模式下，基金开放期可以办理申购和赎回等业务。定期开放日是指自每个封闭期或运作周期结束之后第一个工作日起（含该日）至该开放期结束的日期。

25. 什么是比例配售

比例配售是指对投资者认购的金额按照一定比例进行部分成交的行为。在基金募集期（或集中申购期），如果规定了基金规模上限，而发售总规模超过规定上限时，管理人可以按照投资者提交的申请金额按比例确认基金份额，即发生比例配售。比例配售遵循公平原则，根据投资者提交的申请金额按比例确认基金份额，未确认的款项将依法退还给投资者。

26. 基金销售机构包括哪些

基金销售机构是指依法办理基金份额的认购、申购和赎回的基金管理人以及取得基金销售业务资格的其他机构，通常包括商业银行、证券公司、证券投资咨询机构、独立基金销售机构、期货公司、保险机构等。

27. 基金直销有什么特点

基金直销是指投资者通过基金公司或基金公司网站进行基金买卖交易的一种方式，申购和赎回直接在基金公司或基金公司网站进行，而不通过银行或证券公司等销售机构。

基金直销的优势是交易速度更快，到账效率也更高，支持基金转换，节省费用。劣势在于投资者只能在一家基金公司购买该公司旗下的产品，而不能自由选择其他公司的产品。

28. 独立基金销售机构

独立基金销售机构是指独立于基金公司、银行、证券公司等之外的取得合法的开放式基金销售资格的机构，投资者可以通过独立基金销售机构搭建的平台申购、赎回基金。相对于基金公司、银行、券商等来说，独立基金销售机构对各种基金产品的销售态度更加中立，通常有费率优惠。这些机构致力于为投资者提供更有价值的投资咨询和丰富的产品选择,在一定程度上类似于国外的"基金超市"。

29. 什么是开放式基金份额的转换,有哪些要注意的事项

开放式基金份额转换是指基金持有人可将其持有的某一只基金份额转换成另一只基金份额的行为,值得投资者注意的是,转换的两只基金必须都是同一基金管理人管理的、在同一注册登记机构处注册登记的基金。基金份额的转换常会收取一定的转换费用,但与赎回基金份额后再进行基金申购相比,基金转换业务的时间成本和交易费用都较低。

30. 基金定投是什么,跟普通的基金申购相比有什么优势

基金定投是定期定额投资基金的简称,是一种分散的投资方式,投资金额一般从数百元起步,比普通基金申购的起点金额低。最初基金定投是指在固定的时间(如每月 10 日)以固定的金额(如 200 元)投资到指定的开放式基金中,以实现平均成本、分散风险的一种长期投资。后来逐渐演变出智能定投、定期不定额投资、定额不定期投资等方式。无论定投形式如何变化,基金定投从本质上来说就是一种分散的长期投资方式。

31. 基金有哪些费用

基金运作过程中涉及的费用可以分为两大类:一类是基金销售过程中发生的由基金投资者自己承担的费用,主要包括认购费、申购费、赎回费及基金转换费,这些费用直接从投资者认购、申购、赎回或者转换的金额中收取。另一类是基金管理过程中发生的费用,主要包括基金管理费、基金托管费、信息披露费等,这些费用由基金资产承担。对于不收取申购费(认购费)、赎回费的货币市场基金等,基金管理人可以依照相关规定从基金财产中计提一定的销售服务费,专门用于该基金的销售和对基金持有人的服务。

32. 前端收费是什么,适合哪类投资者

基金的前端收费是指在申购(认购)基金份额时就支付申购(认购)费用的付费模式,投资人根据其申购(认购)金额的数额适用不同的前端收费标准。

对于持有期限较短的投资者来说,在进行基金申购时宜选择前端收费,因为后端收费会对短期持有行为进行一定的费率惩罚。

33. 后端收费是什么,适合哪类投资者

基金的后端收费是指在申购(认购)基金份额时不收费,在赎回基金份额时才支付申购(认购)费用的收费模式。后端收费收取的申购费用与基金投资者持有基金的时间长短有关,持有期越长则后端申购费用越少,通常基金持有人持有基金超过5年后,后端收费不再收取申购费,而持有时间越短,选择后端收费的持有人在赎回基金时需要缴纳的费用则越高。

34. 赎回费为什么有高有低

基金的赎回费是开放式基金投资者在赎回基金时缴纳的费用,赎回费的高低往往与基金的类型以及持有期限的长短有关。一般来说,股票型基金的赎回费用最高(通常在0.5%左右),货币市场基金无须赎回费;基金持有时间越长,赎回费一般越低。

35. 什么是基金管理费

基金管理费是指基金管理人管理基金资产而向基金收取的费用。基金管理费通常按照一定的比例,按日计提、按月支付。大多数基金的基金管理费率为固定费率,费率水平主要与基金的类型有关,通常股票型基金的管理费最高,货币市场基金或短期理财债券基金最低,主动管理型基金的管理费高于被动管理型基金的管理费。2013年开始,我国市场上也出现了与基金业绩挂钩的浮动管理费基金。

36. 什么是基金托管费

基金托管费是指基金托管人为基金提供托管服务而向基金收取的费用。与基金管理费类似,基金托管费通常按照一定的比例,按日计提、按月支付,其费率高低也主要与基金的类型有关,通常股票型基金的托管费最高,货币市场基金或短期理财债券基金最低,主动管理型基金的托管费高于被动管理型基金的托管费。

37. 什么是销售服务费

基金的销售服务费是指从基金资产中计提的用于基金销售和服务基金持有人的费用。目前,我国货币市场基金和一些债券基金收取销售服务费。收取销售服务费的基金通常不收申购费。一般来说,货币市场基金、债券基金的C份额就是不收取申购费但收取销售服务费。

38. 基金的税收有哪些,税率是多少

基金的税收主要包括营业税、印花税和所得税。目前,对基金管理人运用基金买卖股票、债券的差价收入,免征营业税。基金卖出股票是按照1‰的税率征收证券(股票)交易印花税,而对买入交易不再征收印花税。对基金从证券市场中取得的收入,包括买卖股票、债券的差价收入,股权的股息、红利收入,债券的利息收入及其他收入,暂不征收企业所得税;对基金取得的股利收入、债券的利息收入、储蓄存款利息收入，由上市公司、发行债券的企业和银行在向基金支付上述收入时代扣代缴20%的个人所得税。此外，对基金从上市公司分配取得的股息红利所得，扣缴义务人在代扣代缴个人所得税时按50%计算应纳税所得额。

39. 基金年度报告有哪些内容

基金年度报告，是指在会计年度结束后90天内公告的反映基金全年的运作及业绩情况的报告。除中期报告应披露的内容外，年度报告还必须披露基金过去3年的利润分配情况、托管人报告、审计报告等内容。

基金投资者可以通过基金年度报告，对基金进行最全面的检视，从行业持仓和个股配置、基金管理人和基金托管人的基本状况和管理人对未来市场的看法，到分红制度等，可以作为基金投资者是否进行交易操作的重要参考。

40. 什么是基金的建仓期，一般要多久

基金建仓期是指基金合同生效后，基金管理人使基金的投资组合比例符合基金合同的有关约定所需要的时间段。基金的建仓期通常不超过6个月，具体建仓的时机和时长由基金管理人综合考虑后确定。弱市中处于建仓期的基金由于尚未完成全部的建仓，通常表现得更抗跌，投资者不可以此作为投资新基金的理由。

41. 基金为什么要暂停申购

基金暂停申购是指基金管理公司根据相关规定，在基金开放日期间，暂时停止办理投资者的申购申请的一种限制措施。基金管理人在某些特定情况下可能发布基金暂停申购的提示。例如，节假日前货币市场基金常常会提前暂停大额申购，为了防止短期资金进入套利而摊薄原持有人利益；又如，一些基金规模过于庞大，管理人考虑到因此造成的管理难度加大会影响业绩，从而选择暂停申购。

42. 基金的利润分配政策有哪些

基金的利润分配政策包括不分红、到点分红和定期分红三种。不分红是指基金不进行收益分配，将可分配利润列入本金进行再投资，体现为基金份额净值的增加，这种情况下，基金份额持有人可通过赎回基金份额的方式实现基金投资收益。到点分红是指当基金满足基金合同约定的收益分配条件时则进行收益分配的基金收益分配政策，例如，每份基金份额的可供分配利润大于一定金额，基金份额净值增长率超过某一指标或一定比率，基金份额净值超过一定金额等。定期分红是指基金在基金合同约定时点进行收益分配的基金收益分配政策，如果满足收益分配条件，则进行收益分配，例如每半年末、每季度末或每月末等。

43. 封闭式基金的利润分配原则是什么

封闭式基金的利润分配每年不得少于1次，封闭式基金利润分配比例不得低于基金年度可供分配利润的90%。封闭式基金当年利润应先弥补上一年度亏损，然后才可进行当年分配。封闭式基金一般采用现金方式分红。

44. 开放式基金的利润分配原则是什么

我国开放式基金按规定需在基金合同中约定每年利润分配的最多次数和基金利润分配的最低比例。利润分配比例一般以期末可供分配利润为基准计算。开放式基金的分红方式包括现金分红和分红再投资转换为基金份额两种方式。

45. 货币基金利润分配原则是什么

对于每日按照面值进行报价的货币市场基金，可以在基金合同中将收益分配的方式约定为红利再投资，并应当每日进行收益分配。当日申购的基金份额自下一个工作日起享有基金的分配权益；当日赎回的基金份额自下一个工作日起不享有基金的分配权益。因此，周五申购的货币市场基金并不参与周末的分红，周五赎回的货币市场基金仍可享受到周末的分红。货币市场基金采取“每日计算收益、按月结转份额”的方式对投资者分配收益，通常用“万份收益”“七日年化收益率”来衡量货币基金利润分配的多少。

46. 基金跨系统转托管是什么

基金跨系统转托管是指基金份额持有人将持有的基金份额在基金注册登记系统和证券登记结算系统之间进行转登记的行为。投资者可以通过办理跨系统转托管从而实现在一、二级市场跨系统交易，进而达到套现的目的。

值得提醒投资者的是，由于跨系统转托管的办理并不能实时完成，市场往往又千变万化，因而这种套利模式的风险很高。

47. 基金的信息披露主要包括哪些内容，有什么作用

基金信息披露是指基金市场上的有关当事人在基金募集、上市交易、投资运作等一系列环节中，依照法律法规规定向社会公众进行的信息披露。透明度较高是基金的一个突出特点，这主要得益于基金的强制信息披露制度。强制信息披露制度可以有效防止利益冲突与利益输送，有利于投资者利益的保护。

48. 披露基金募集信息主要有哪些文件

披露基金募集信息的文件主要有基金合同、托管协议、招募说明书、基金份额发售公告和基金合同生效公告等。

49. 披露基金运作信息主要有哪些文件

披露基金运作信息主要有净值公告、定期报告（包括季度报告、半年度报告和年度报告）以及上市交易公告书等文件。其中，上市交易公告书是指获准在证券交易所上市交易的基金，在其上市交易的三个工作日前由基金管理人编制并披露基金相关信息的公告。披露基金上市交易公告书的基金品种主要有封闭式基金、上市开放式基金（LOF）和交易型开放式指数基金（ETF）等。

50. 基金临时信息披露主要有哪些文件

披露基金临时信息的文件主要为临时报告和澄清公告。基金临时报告的事件包括基金份额持有人大会的召开，提前终止基金合同，延长基金合同期限，转换基金运作方式，更换基金管理人或托管人，基金管理人的董事长、总经理及其他高级管理人员、基金经理和基金托管人的基金托管部门负责人发生变动，涉及基金管理人、基金财产、基金托管业务的诉讼，基金份额计价错误金额达基金份额净值的0.5%，开放式基金发生巨额赎回并延期支付，基金改按估值技术等方法对长期停牌股票进行估值，等等。在基金合同期限内，在任何公共媒体中出现或者是在市场上流传的，可能对基金份额价格或者基金投资者的申购、赎回行为产生误导性影响的信息，相关信息披露义务人知悉后，应当立即对该信息进行公开澄清。

51. 基金的绩效如何衡量，有哪些常用的衡量收益的指标

有效衡量基金的绩效，需要综合考虑基金的投资目标、风险水平、比较基准、时期选择以及基金组合的稳定性等因素。常用的衡量收益的指标，主要有净值增长率、年化收益率、七日年化收益率、日万份净收益、风险调整后收益等指标，其中，七日年化收益率和日万份净收益等指标用来衡量货币基金的收益。衡量风险调整收益的指标常用夏普指数、Stutzer 指数。夏普指数是指在某个期间内投资组合的收益率超过无风险利率部分与该投资组合收益率的标准差之比，夏普指数以标准差作为基金风险的度量，给出了基金份额标准差的超额收益率。夏普指数越大，绩效越好。Stutzer 指数是对夏普指数的修正指标。

52. 基金评价主要包括哪些内容，主要有哪些评价机构

基金评价就是通过一些定量指标或定性指标，对基金的风险、收益、风格、成本、业绩来源以及基金管理人的投资能力进行分析与评判，其目的在于帮助投资者更好地了解投资对象的风险收益特征、业绩表现，方便投资者比较与选择基金。投资者可以在报纸、网络中获取不同基金评价机构发布的基金评价结果。目前基金的评价机构主要有晨星、天相、银河证券、上海证券、海通证券、招商证券、济安金信7

家基金评级机构，以及中国证券报、上海证券报、证券时报 3 家基金评奖机构。

53. 基金监管机构和自律组织有哪些

中国证监会是我国基金市场的监管主体，依法对基金市场参与者的行为进行监督管理；中国证券投资基金业协会作为自律性组织，对基金业实施行业自律管理；证券交易所负责组织和监督基金的上市交易，并对上市交易基金的信息披露进行监督。

54. 基金份额持有人享有哪些权利

《基金法》规定基金份额持有人享有的权利包括：分享基金财产收益，参与分配清算后的剩余基金财产，依法转让或者申请赎回其持有的基金份额，按照规定要求召开基金份额持有人大会或者召集基金份额持有人大会，基金份额持有人大会审议事项行使表决权，对基金管理人、基金托管人、基金服务机构损害其合法权益的行为依法提起诉讼以及基金合同约定的其他权利。公开募集基金的基金份额持有人有权查阅或者复制公开披露的基金信息资料；非公开募集基金的基金份额持有人对涉及自身利益的情况，有权查阅基金的财务会计账簿等财务资料。

55. 基金份额持有人大会有什么职权

依据《基金法》的规定，基金份额持有人大会由全体基金份额持有人组成，行使的职权包括：决定基金扩募或者延长基金合同期限，决定修改基金合同的重要内容或者提前终止基金合同，决定更换基金管理人、基金托管人，决定调整基金管理人、基金托管人的报酬标准以及基金合同约定的其他职权。

后　　记

2017年出版《私募基金主要监管规范汇编》后，我萌生了写作一本私募基金入门书籍的想法。书稿的结构和主要内容，其实在2018年就已经大体完成，后根据新的监管规则不断更新修改，时至今日，终于等来它出版问世。

本书部分章节的内容，是由我平时撰写的专业文章扩展而成，或者是由我受邀给一些企业、金融机构做行业讲座的讲稿扩展形成的。在本书的写作过程中，还参考和借鉴了国内外关于私募基金法律实务的各类研究成果和法律法规解析，感谢这些前辈和同行提供的知识成果。衷心感谢法律出版社对于笔者的肯定与支持，感谢慕雪丹编辑的宝贵意见和高效工作。最后要感谢我的妻子王一帆女士，在工作和生活中给我的鼓励、信任、支持与照顾。谨将此书献给她及我们即将出生的宝宝。

限于个人能力以及写作时间，本书中恐难免有疏漏、不当或谬误之处，恳请广大读者不吝批评与指正，欢迎基金与资管的业界同仁交流讨论。